2015 러시아는
어디로 가는가?

한국외국어대학교 러시아연구소
HK 연구사업단 학술연구총서 15

한국외국어대학교 러시아연구소 시사칼럼집 제6권

2015 러시아는 어디로 가는가?

김현택 · 김선래 · 최우익 편저

HU:iNE

머리말

『러시아는 어디로 가는가?』 시리즈 제6권을 여러 독자 앞에 내놓게 되어 기쁜 마음입니다. 2010년 창간 이후 매년 한 차례씩 발간되는 이 책은 한국외국어대학교 러시아연구소의 주간 인터넷 저널 『Russia-Eurasia FOCUS』가 지난 한 해 동안 게재했던 원고들을 분야별 및 주제별로 정리하여 편집한 것입니다. 변화하는 러시아의 모습을 한국의 대표적 전문가들이 다양한 시각에서 분석 조망하고 이를 널리 소개하는 창구로 기능하는 이 시리즈는 연륜을 더해가며 많은 관심과 사랑을 받고 있습니다.

특히 금번에 출간하는 『2015 러시아는 어디로 가는가?』는 예년과 달리, 주요 분야별로 2014년의 러시아 상황을 회고하면서 향후 전개될 양상을 탐색하는 여러 편의 기획 에세이를 싣고 있습니다. 제1장에 포함된 제성훈 박사의 "푸틴의 연례교서에 담긴 2015년 러시아의 주요 과제," 장세호 박사의 "2014년 러시아 국내 정치, 애국주의·보수주의 파고에 묻히다," 장덕준 교수의 "'신 푸틴 독트린'과 러시아 대외정책의 향방," 김규철 연구원의 "2014 러시아 군사안보, 국가 안정과 번영을 위한 역동적 군사력 강화" 등과 같은 글들은 러시아 정치, 외교, 군사 분야의 최근 변화 추이를 섬세하게 관찰하면서 우리가 주목해야 할 점들을 적시하고 있습니다. 제2장에 포함된 이종문 교수의 "2014년 러시아 경제, '퍼펙트 스톰'의 한가운데서 길을 찾다"는 우크라이나 사태 이후 서방의 대러시아 경제제재 속에서 러시아 경제가 처하고 있는 상황을 면밀하게 추적하고 있으며, 제3장 사회·문화 영역에서 라승도 박사가 집필한 "2014 러시아 사회문화, 애국주의와 내적 동원의 논리"는 서방에 대립각을 세우고 있는 푸틴 치하 러시아 사회와 문화 영역에서 관찰되는 특징적 징후들을 예리하게 짚어내고 있습니다. 이러한 글들은 지난 한 해 동안의 러시아 상황을 분야별로 정리해보고, 또 미래를 예측하는 데 길잡이가 될 것입니다.

작년에 이어 2015년의 러시아가 당면하고 있는 중심 화두는 여전히 우크라이나 사태입니다. 이 사태의 누적적 여파는 러시아 사회 전반을 지배하는 구조적 요인으로 자리 잡아가고 있으며, 이에 대해 우리 전문가들은 각각의 문제에 대해 심층적 분석을 하고 있습니다.

그 밖에도 제1장은 러시아 국내외 정책과 남·북·러 삼각관계 문제를 비롯하여 우리 정부가 추진 중인 '유라시아 이니셔티브' 정책의 비전과 실천 전략에 대한 여러 편의 글을 싣고 있으며, 제2장은 러시아 경제 상황에 대한 다양한 시각에서의 분석과 전망, 그리고 우리 정부가 주창한 '유라시아 이니셔티브'가 갖는 경제적 함의에 대한 논의 등을 포함하고 있습니다. 사회·문화, 그리고 역사 분야 관련 글들로 구성된 제3장과 제4장에서는 러시아인의 국민의식, 최근의 예술계 동향, 역사 속에 각인된 기억 등에 관한 흥미로운 글들도 만날 수 있습니다.

"러시아 인문 공간의 한국적 재구성"이라는 아젠다를 중심으로 총 10년 기간의 연구를 수행 중인 한국외국어대학교 러시아연구소는, 연구소 구성원과 관련 학계 연구자들 사이의 학문적 소통의 네트워크를 강화하면서, 연구성과를 사회에 확산시키는 일에 특별한 노력을 기울이고 있습니다. 금년으로 창간 6주년을 맞는 『Russia-Eurasia FOCUS』와 『러시아는 어디로 가는가?』는 이 같은 연구소 활동의 역동적인 채널로 기능하고 있습니다. 러시아 관련 현안들에 대한 심층적 분석, 변화하는 러시아 사회에 대한 실증적 연구, 러시아적 정신세계와 문화 예술에 대한 독창적 해석 등을 목표로 삼아 부단한 노력을 기울이고 있는 이 매체들이, 러시아 연구자들에는 활기를 불어넣고, 나아가 러시아에 관심 있는 일반 독자들에게 가까이 다가갈 수 있는 통로가 될 수 있도록 우리 연구소 구성원들은 최선을 다할 것입니다.

『Russia-Eurasia FOCUS』의 기획 담당 김선래 교수, 편집 담당 라승도 교수, 외부 자문위원으로 활동하고 있는 대외경제정책연구원 제성훈 박사와 울산과학기술대학교 윤새라 교수 등의 수고가 없었더라면, 지난 한 해 동안의 이 온라인 저널의 원활한 운영은 결코 쉽지 않았을 것입니다. 그리고 단행본의 편집, 출판 과정에서 궂은일들을 마다치 않은 최우익 교수, 최종 단계에서 꼼꼼하게 교정 작업을 맡아준 황윤희, 김다예, 전미라 등 세 명의 HK 조교에게는 각별히 고마운 마음을 전합니다.

한국연구재단의 지원을 받아 수행된 연구 결과(NRF-2009-362-B00005)인 『2015 러시아는 어디로 가는가?』가 우리의 미래에서 갖는 중요성에 비해 국내에서 아직 제대로 조명받지 못하고 있는 러시아에 대한 관심을 불러일으키고 또 논의를 활성화하는 데 기여할 것을 기대합니다.

2015년 5월

한국외국어대학교 러시아연구소

소장 **김 현 택**

목 차

제2장 경제와 자원

제3장 사회와 문화

제4장 역사와 기억

일러두기

- 러시아 관련 외래어는 '국립국어원(http://www.korean.go.kr)'의 외래어 표기법(러시아어 자모와 한글 대조표)에 따라 작성되었다. 하지만 러시아어의 고유한 맛을 느끼도록 의도된 일부 용어는 저자의 표기 방식대로 두었다.
- 대부분의 글은 그 글이 투고된 시점을 중심으로 현안 문제를 다루고 있다. 따라서 독자는 각 글마다 말미에 표시된 글 작성 시점을 참조하여 내용과 시제를 이해할 필요가 있다. 또한 저자의 소속과 지위도 글의 투고 시점대로 기록하였다.
- 저자마다 러시아 정당에 대한 한글 표기 방식이 다른데, 이 책에서는 다음과 같이 주요 정당의 표기를 통일하였다.
  Единая Россия ⇒ 통합러시아당
  КПРФ ⇒ 러시아공산당
  ЛДПР ⇒ 러시아자민당
  Справедливая Россия ⇒ 정의러시아당

제1장

정치와 외교

러시아 국내외 정책

01. 푸틴의 연례교서에 담긴 2015년 러시아의 주요 과제

제 성 훈

대외경제정책연구원 러시아 · 유라시아팀 팀장

'러시아의 미래를 위해 아주 많은 것이 결정되는 운명적 순간들'

누구나 인정하듯이, 2014년은 러시아에 힘든 한 해였다. 블라디미르 푸틴 대통령의 회고처럼, 지난 한 해는 '러시아의 미래를 위해 아주 많은 것이 결정되는 운명적 순간들'의 연속이었다. 운명적 순간은 2014년 초 발발한 '우크라이나 위기'에서 시작됐다. 러시아는 흑해의 전략적 요충지인 크림 반도를 병합하고, 우크라이나 동남부 지역의 친러 블록화로 우크라이나 전체의 친서방 행보를 저지하는 등 자국의 사활적 이익이 걸린 상황에 대해 단호한 태도를 보여주었다. 하지만 미국과의 협력관계는 물론 그동안 긴밀했던 유럽과의 파트너십도 포기해야만 했고, 소치(Sochi) 올림픽으로 얻은 호의적인 대외 이미지도 허공으로 날려버렸으며, 서방의 대러 제재로 인한 투자 감소와 자본 유출 가속화, 연말의 환율 급상승과 유가 급락으로 사실상 경제 위기에 직면하게 되었다. 소련 해체 이후 러시아의 존재감이 이처럼 강했던 때도 없었고, 서방과의 관계가 이처럼 악화한 때도 없었으며, 적어도 1998년 이후 국가 경제가 이처럼 심각한 위기에 빠진 때도 없었다. 2014년 12월 4일 푸틴 대통령이 그야말로 험난했던 한 해의 여정을 마감하면서 전례 없이 결연한 의지를 담은 연례교서를 발표한 것도 바로 이런 배경에서였다.

'러시아에는 국가 주권이 생존의 절대적 필수조건'

예상대로 가장 먼저 언급된 이슈는 크림 반도 합병이었다. 푸틴 대통령은 이를 '역사적 사건'으로 규정하면서, 크림 공화국 주민투표와 의회의 결정이 '절대적으로 정당하게' 이뤄졌다는 점을 지적했다. 이와 동시에 크림 반도가 러시아 국민이 거주하고 있고 전략적으로도 중요한 지역이라는 의미를 넘어, 루시(Rus) 민족과 국가의 정신적 근원지, 다시 말해 블라디미르 대공이 기독교 세례를 받은 성지(聖地)로서 이슬람교와 유대교의 '성전산'(Temple Mount)과도 같은 특별한 의미가 있다고 주장했다. 이는 크림 반도 병합이 단순한 정치적·전략적 결정이 아니라, 러시아의 분리할 수 없는 일부를 수복(收復)한 결과이며, 따라서 향후 크림 반도의 지위 변경에 대해서는 어떠한 협상도 거부한다는 의지를 표명한 것이다.

이어서 푸틴 대통령은 우크라이나의 현 상황과 동남부의 비극은 반정부 세력의 '쿠데타'에 대한 러시아의 비난과 입장이 옳았음을 증명한다고 말하면서, 헌법적 권한에 따라 정당하게 이뤄진 빅토르 야누코비치의 협력협정 서명 연기 결정에 맞선 '무력적 권력 탈취'를 어떻게 러시아가 지지할 수 있느냐고 반문했다. 또 이번 사태와 관련된 서방의 태도에 대해서도 목소리를 높였다. 러시아와 우크라이나는 공히 CIS(독립국가연합) 자유무역지대 회원국이며, 양국이 산업·농업 분야에서 역사적으로 형성된 긴밀한 협력관계와 통합된 인프라를 갖고 있음에도 불구하고, 서방은 협력협정 체결과 관련하여 러시아와 어떤 대화도 시도하지 않았다고 비난했다. 특히, 미국에 대해서는 '후견국,' '스폰서'로서 러시아와 인접국의 관계에 대해 항상 직간접적으로 영향력을 행사하고 있다며 노골적으로 불만을 토로했다.

이와 함께 '러시아에는 국가 주권이 생존의 절대적 필수조건'이며, 국제관계에서는 무력이 아닌 합법적 이익에 대한 존중만이 유혈분쟁으로부터 평화를 수호할 수 있다고 강조했다. 즉 푸틴 대통령의 시각에서 볼 때 이번 사태의 근본 원인은 러시아의 사활적 이익이 걸린 '영향권'을 인정하지 않은 서방의 일방적 정책에서 비롯됐다. 따라서 "주권을 지키거나 세상에서 사라지거나"라는 그의 발언에서는 비장함마저 느껴진다. 이어서 푸틴은 이번 사태가 아니었더라도 "미국은 러시아의 성장하는 잠재력을 억제하고 영향력을 행사하며 자국의 이익대로 이용하기 위해 다른 이유를 만들어냈을 것"이라고 지적하면서, "봉쇄정책은 어제 고안된 것이 아니다"고 단언했다. 그리고 무력으로 러시아와 '대화'하려는 시도는 러시아를 파괴하려던 히틀러에게 일어났던 것처럼 무위로 끝날 것이라고 경고했다.

그러나 푸틴 대통령은 크림 반도 병합과 우크라이나 위기에 대한 입장에 대해서는 길게 설명했지만, 막상 러시아의 국제적 고립과 서방의 대러 제재 지속이라는 엄중한 국제정세에 어떻게 대처할 것인지에 대해서는 구체적으로 언급하지 않았다. 이는 '우크라이나 위기'가 여전히 계속되고 있는 가운데서 어쩌면 서방과의 협상 여지가 아직 남아 있다고 보기 때문일 것이다. 이와 관련하여 다음과 같은 몇 가지 방안이 제시됐지만, 이는 2013년 2월 발표된 '대외정책개념'의 골자와 크게 다르지 않다. 첫째, 값비싼 군비경쟁이 아닌 새로운 조건에 맞는 방위능력을 확보한다는 것이다. 둘째, 왜곡되지 않은 진

러시아와 벨라루스, 카자흐스탄 등 5개국이 참여하는
유라시아경제연합(EEU)이 2015년 1월 1일 공식 출범했다.

출처 : www.ria.ru

실한 러시아의 이미지를 국외에 전달한다는 것이다. 셋째, 통합 과정이 진행되고 있는 여러 지역에서 러시아의 입지를 확대한다는 것이다. 넷째, 어떤 환경에서도 유럽 및 미국과의 관계를 포기하지 않는다는 것이다. 다섯째, 남미와의 전통적 관계를 복원·확대하고 아프리카·중동과의 협력을 지속한다는 것이다. 여섯째, '태평양 강대국'으로서 아태지역 잠재력을 전면적으로 활용한다는 것이다. 일곱째, 유라시아경제연합(EEU) 회원국들과 긴밀하게 협력한다는 것이다.

"우리의 발전은 무엇보다도 우리 자신에 달려 있다."

러시아 경제는 사실상 위기에 직면해 있다. 서방의 대러 제재로 인해 자본과 기술 도입이 제한된 가운데 유가가 배럴당 60달러 수준에 머문다면 2015년 경제성장률은 -4.6%, 재정적자는 GDP 대비 3% 이상 기록할 것으로 전망된다. 주지하듯이, 러시아 경제는 원료 부문, 특히 석유·가스 부문에 과도하게 의존하고 있기 때문에 유가 하락에 취약하다(가스 가격도 유가에 연동됨). 러시아는 2009년부터 경제 현대화 정책을 수행하면서 이러한 의존 구조에서 탈피하려고 했지만, 이번 경제 위기로 인해 그간의 노력이 그다지 성공적이지 못했음이 여실히 드러났다. 따라서 푸틴 대통령은 연례교서에서 이러한 현실을 타개하는 방안을 제시해야만 했는데, 그 기조는 "우리의 발전은 무엇보다도 우리 자신에 달려 있다"는 그의 발언에서 찾을 수 있다. 즉 서방의 대러 제재 국면 속에서 경제 위기에 대처하려면 대외 의존도를 줄이고 내부 잠재력을 극대화해야 한다는 것이다. 이를 위한 구체적 조치들은 다음과 같은 몇 개의 범주로 구분된다.

첫째, 비즈니스 활동 자유를 확대하고 투자환경을 개선하는 것이다. 이와 관련하여 임의적·의도적·다중적 기업 조사를 방지하기 위한 기업 조사(inspection) 제한 시스템을 도입하고, 소기업에 한해 등록 후 3년 경과 시 3년간 감독(supervision)을 유예하며, 향후 4년간 기존 세제(稅制)를 유지하겠다고 밝혔다. 또 생산 소기업에 한해 등록 후 2년간 조세 유예, 우회투자

합법화 시 전면 사면 단행, 국가 투자환경 순위 조사의 연방주체 전체 확대, 지방도로 확충을 위한 지방도로 펀드 추가 지원, 연방주체의 공단 건설 지출에 대한 보상 프로그램 시행 등도 약속했다.

둘째, 중점 지역 개발이다. 이와 관련하여 푸틴 대통령은 이미 크림 경제특구(SEZ) 조성법에 서명한 바 있다. 2016년 칼리닌그라드 주 조세특혜 유효기간 만료에 대해 대안을 마련하고, 극동 개발을 위한 가속발전지대(TOP) 관련법을 조속히 통과시키고 이 제도를 일부 모노고로드(monogorod)로 전면 확대하며, 해당 지역에서 연방 조세 증가분 일부를 극동개발펀드에 지원하는 방안이 제시됐다. 또 관세 경감을 통해 블라디보스토크 항에 자유항 지위를 부여하고 태평양 연안 비즈니스 활동 및 북극지대 개발 촉진을 위한 북극항로 개발 복합 프로젝트를 수행하는 등의 과제도 제시됐다.

셋째, 합리적 수입대체 정책을 통한 비원료 부문의 발전이다. 푸틴 대통령이 연례교서 전체에 걸쳐 특히 강조하고 있는 경제개혁 방향은 외국 기술과 공산품(특히, 기계와 장비)에 과도하게 의존하고 있는 상황을 탈피하는 것이다. 다시 말해 국내 원료·인프라 기업과 국내 산업 간의 협력 확대에 중점을

러시아 극동 연해주에 조성된 가속발전지대(TOP) 일부 모습

출처 : www.deita.ru

두는 것이다. 이와 관련하여 대규모 프로젝트 수행과 국내 기업에 대한 발주 배분·국내 생산 및 연구 기반 발전·생산 현지화를 연결하는 특별조정센터 설립, 주택 공공서비스·대중교통·농업 등의 혁신에 국내 기업의 참여 확대, 국영기업 조달에 대한 중소기업의 접근 확대 및 연간 의무 구매량 규정, 전략이니셔티브청의 주도로 대외경제은행, 러시아 직접투자펀드와 함께 비원료 기업에 자본·기술·인력·장비를 지원하는 프로그램과 시스템 개발, 비원료 기업을 대상으로 하는 수출입은행 주도의 수출신용보험지원센터 가동을 통한 공산품 수출 증대 등이 제시됐다.

넷째, 경제 발전에 필요한 재원을 국내화하는 것이다. 앞서 언급한 우회투자 기업에 대한 사면도 가속화되고 있는 자본유출을 상쇄하면서 투자를 증대하려는 조치로 보인다. 이와 함께 은행 시스템 안정성 제고를 통한 예금의 투자 전환, 국부펀드 등의 재원을 활용하는 주요 국내 은행의 추가자금 확보 프로그램 시행, 국내 은행의 프로젝트 파이낸싱 메커니즘 도입 등도 제시됐다.

다섯째, 합리적인 재정지출이다. 푸틴 대통령이 언급한 예산지출의 원칙은 검약(儉約), 산출의 최대화, 올바른 우선순위 선택, 현재 경제 상황에 대한 고려이다. 이를 위해서는 향후 3년간 매년 전체의 5% 이상 예산지출 절감, 통합기술 발주자 시스템 구축 및 형태별 프로젝트 준비·건설 서류·도급업자 선정의 집중화를 통한 건설 예산지출 10~20% 절감, 국방부와 로스핀모니터링(Rosfinmonitoring) 주도의 엄격한 국방 예산지출 감독 시스템 개발, 국영기업 자금 운용의 투명성·합리성, 효율적 운영을 보장하는 통합계산센터 설립, 국가 지분 50% 이상 기업에 대한 효율성 지수 도입 및 임원진 임금의 실적 연계 등이 과제로 제시됐다.

연례교서 말미에 푸틴 대통령은 "우리가 직면하고 있는 문제들은 복잡하지만, 동시에 우리에게 새로운 기회도 만들어주고 있다. [...] 우리는 시대의 어떠한 도전도 받아들이고 승리할 준비가 되어있다"고 결연한 의지를 다시 한 번 강조했다. 2014년 러시아와 푸틴 대통령이 직면했던 복잡한 문제들은 모두가 여전히 현재 진행형으로 남아 있다. 따라서 러시아에 2015년은 또 다른 해가 아니라 2014년의 연장이다. 달라진 점이 있다고 한다면, 그것은 이제 '우크라이나 위기'로 인한 국제적 고립, 서방의 제재와 함께 경제 위기와도 맞서 싸워야 한다는 점이다. 푸틴 대통령의 말처럼 '생존의 절대적 필수조건인 국가 주권'을 지키면서 이 위기를 새로운 기회로 만들 수 있느냐는 무엇보다도 러시아 자신에게 달려 있다.

(2015년 1월 5일 제301호)

02. 2014년 러시아 국내정치, 애국주의·보수주의 파고에 묻히다

장 세 호

한국외국어대학교 러시아연구소 HK연구교수

러시아 국내 정치에서 2014년은 다른 모든 이슈를 압도한 우크라이나 사태라는 대외 이슈의 영향으로 애국주의·보수주의의 강력한 물결이 휘몰아쳤던 한 해로 규정할 수 있다. 따라서 2014년 러시아 국내 정치는 주요 현안과 의사일정들이 예년보다 상대적으로 큰 관심을 끌지는 못했지만, 다음의 몇 가지 사안을 중심으로 되돌아보고 평가해 볼 수 있다.

먼저, 푸틴 대통령의 지지율이 역사상 최고점을 기록했다. 2011년 말부터 2012년 초까지 가장 낮은 기록을 나타냈던 푸틴 대통령에 대한 지지율은 2014년 3월부터 급상승하면서 2014년 8~10월 88%로 최고치('레바다 센터' 조사 결과 기준)를 기록한 이후 현재 약 80% 수준에서 안정화 경향을 나타내고 있다. 푸틴 대통령에 대한 높은 지지율은 무엇보다도 우크라이나 사태에 대한 러시아 정부의 대응이 국민적 공감대를 형성한 데서 원인을 찾을 수 있다. 실제로 우크라이나 사태 전개 과정에서 '강대국 러시아의 부활,' '소련 붕괴로 상실한 영토의 회복,' '우크라이나 내 러시아계 주민 보호,' '서방의 부당한 공격(제재)에 대한 저항' 등 러시아 정부가 내세운 일련의 구호들은 강력한 '국민통합' 기능을 수행했다. 이 덕분에 그동안 체제에 비판적이던 국민의 상당수가 푸틴에 대한 지지 입장으로 돌아선 것으로 판단된다. 어쨌든 일반적인 현대 국가에서 쉽게 상정하기 어려운 특정 국가 지도자에 대한 이처럼 높은 지지율은 한편으로 러시아가 직면한 비상한 대외 환경을 직접 대변하고 있는 동시에, 다른 한편으로 국가와 동일시된 지도자의 부상이라는 측면에서 볼 때 우려감도 적지 않다고 볼 수 있다.

다음으로, 2014년 9월 14일 지방선거에서 여당인 '통합러시아당'(United Russia)이 압승을 거뒀다. '통합러시아당'은 전(全) 지역·전(全) 수준의 선거에서 압도적 승리를 거뒀다. 19개 보궐선거를 포함해 총 30개 연방주체 지역에서 치러진 연방주체 행정 수반(주지사) 선거에서 '통합러시아당' 소속 주지사 후보들은 대부분 70% 이상의 높은 지지율로 당선을 결정지었다. 14개 연방주체 지역에서 치러진 지역 의회 선거에서도 '통합러시아당'은 압도적인 지역구 의석 확보와 예년보다 비교적 높은 정당 지지율을 토대로 예외 없이 과반의 의석을 확보했다. 또 큰 관심이 쏠렸던 모스크바 시 두마 의원 선거에서도 '통합러시아당'은 안정적 과반 의석을 획득했다. 이는 9·14 지방선거가 우크라이나 사태에 대한 '국민투표적' 성격으로 치러진 데에서 비롯됐다. 즉 특정 국내·지역 현안이나 후보·정당에 대한 평가보다는 푸틴의 대외노선에 대한 평가가 선거에 결정적인 영향을 미쳤다는 뜻이다. 따라서 이번 선거 결과를 현 집권세력과 '통합러시아당'에 대한 러시아 국민의 정치적 선호 변화로 치환하여 평가하기는 어렵다고 생각된다.

이와 더불어, 애국주의·보수주의를 토대로 한 입법 활동이 두드러졌다. ① 특정 NGO의 외국 자금 수령 사실이 발각될 경우 법무부나 검찰이 해당 NGO를 강제로 '해외대리기관' 목록에 포함할 수 있도록 한 'NGO법' 개정, ② 하루 방문객 수 3,000명 이상 블로그 운영자가 통신·정보기술·매스컴감독국에 자신의 블로그를 대중매체로 등록할 것을 의무화한 '블로그법' 제정, ③ 이중국적 취득자가 취득일로부터 한 달 내에 연방이민국에 해당 사실을 신고토록 하고 위반 시 처벌을 강화한 '이중국적 은폐 책임에 대한 법' 제정, ④ 집시법 위반자와 조직에 대한 처벌 수위를 대폭 강화한 '집시법' 개정, ⑤ 러시아 내 출판·방송·인터넷 매체의 주식 중 외국 투자자의 소유 지분을 20% 이하로 제한한 '대중매체법' 개정, ⑥ 언론 매체와 공연, 예술 작품 등에서 욕설 등 비속어 사용을 금지한 '국어 사용에 관한 법' 제정, ⑦ 러시아 내 정당이 외국법인, 국제기구, 국내 해외대리기관으로부터 후원금, 자문 등의 각종 지원 수혜를 금지토록 한 '정당법' 개정 등이 대표적인 사례이다. 이는

2012년 5월 푸틴 3기 정부 출범을 전후로 드러난 체제 유지의 불안정 요소에 대한 법제적 대응을 통한 통제·관리 메커니즘 구축 시도가 우크라이나 사태를 계기로 더욱 강화되고 있음을 보여준다.

또한, 푸틴 대통령은 의회 연례교서 발표를 통해 우크라이나 사태의 본질에 대한 인식과 그에 대한 국제적·국내적 대응 방향을 명확히 밝혔다. 푸틴 대통령은 12월 4일 발표한 의회 연례교서에서 2014년의 가장 중요한 사건으로 '크림과 세바스토폴 재통합'을 꼽고 이에 큰 역사적·상징적 의미를 부여했다. 이와 더불어 그는 우크라이나 사태의 발생과 전개 과정에서 러시아가 취한 대응의 정당성을 역설함과 동시에, 사태의 책임이 미국과 서방에 있음을 분명히 했다. 또 미국과 서방의 대러 제재가 특정 사안, 즉 '크림의 봄'에 대한 대응이라기보다는 오래된 대러 적대 정책의 또 다른 표현일 뿐이라면서 러시아는 이에 절대 굴복하지 않을 것이며, 국가안보, 경제·비즈니스, 사회·복지 영역의 주요 현안과 그 대응 방안에 대한 입장을 피력했다. 이는 서방의 대러 제재 국면을 포괄적 국가안보 강화와 경제 활성화를 통해 정면 돌파하겠다는 의지를 표명한 것으로 분석된다. 특히, 러시아 국민에게 당면한

2014년 12월 4일 의회 연례교서를 발표하는 푸틴 대통령의 모습

출처 : www.interfax.ru

상황의 위중함을 설명하는 동시에, 위기가 곧 기회라는 관점에서 국가적·국민적 단결을 호소했다고 평가할 수 있다.

마지막으로, 2014년에도 꾸준히 위상을 증대한 '전러시아국민전선'(ОНФ), '제2의 유코스 사태'로 불렸던 유력 재벌 블라디미르 옙투셴코프의 가택연금, 반푸틴 세력을 대표하는 상징적 인물인 알렉세이 나발니의 횡령 혐의에 따른 기소와 유죄 선고, 크림 부의 신설과 지역개발부의 폐지 등 일련의 정부 조직 개편 및 인사이동 등도 주목할 만한 사건들이었다고 할 수 있다.

이러한 내용을 바탕으로 2015년 러시아 국내 정치도 다음과 같은 몇 가지 방향에서 전망해 볼 수 있다. 첫째, 2014년 조성된 애국주의·보수주의 물결의 관성은 2015년에도 국내 정치에 상당 부분 영향을 미칠 것으로 예상된다. 푸틴 대통령의 연례교서 발표 과정에서 강조된 것처럼 현 집권세력은 일차적으로 대외 문제로 말미암아 조성된 긴장 상태를 활용하여 정국운영의 안정적 동력, 즉 국민적 지지를 확보한 가운데 그 힘을 경제 활성화와 경제적 체질개선에 최대한 집중하려 할 것이다. 또 2014년과 마찬가지로 다양한 형태의 보수적 입법이 계속 이어질 것으로 예상된다.

둘째, 2015년에는 푸틴의 집권 3기 잔여 임기와 2018년 이후를 대비한 국가 이데올로기로서 '보수주의'의 이론적 정식화가 모색되고 시도될 가능성이 크다. 이를 위해 대통령 행정실 국내정책국, '전러시아국민전선'과 같은 외곽 사회단체, 그리고 관련 분야의 주요 이론가들을 통해 보수주의의 이론적 정식화가 시도될 것으로 판단된다. 이러한 측면에서 내년 70주년을 맞이하는 5월 9일 2차 세계대전 전승 기념일이 아마도 매우 중요한 의미를 띠게 될 것으로 보인다.

셋째, 메드베데프 내각은 당분간 기본적 안정성을 보장받을 것이나 러시아 경제가 치명적 상황에 직면하게 될 경우 내각 교체나 대규모 개각이 이뤄질 가능성도 배제하기 어렵다. 주목해 볼 것은 최근 러시아 엘리트 간 불협화음이 심심치 않게 나타나고 있다는 점이다. 실제로 이들 간의 갈등이 대러제재 국면의 전개 과정에서 심각한 권력투쟁으로 비화할 가능성도 있다.

넷째, 2016년 총선을 1년 앞두고 치러질 2015년 지방선거는 올해의 가장 중요한 정치 일정 중 하나이지만, 현재까지 큰 변수가 나타나지 않고 있으므로 2014년과 마찬가지로 저조한 투표율과 무관심 속에서 집권세력이 안정적으로 승리를 확보할 가능성이 커 보인다.

다섯째, 현재 완전히 주변화한 러시아 야권을 고려할 때 2015년 러시아 내에서 반체제·반정부 운동의 급격한 고양 가능성은 상대적으로 낮다고 할 수 있다. 다만, 2011년 말부터 2012년 상반기까지의 대규모 반푸틴 시위 국면이 보여줬던 것처럼 최악의 경제 상황 속에서 잠재돼 있던 반푸틴 정서가 예상 밖의 사태 전개를 통해 급격히 분출할 가능성도 완전히 배제하기는 어려워 보인다.

(2015년 1월 12일 제302호)

03. '신 푸틴 독트린'과 러시아 대외정책의 향방

장 덕 준

국민대학교 국제학부 러시아학 전공 교수

2014년 3월 러시아는 국제사회의 예상을 깨고 우크라이나 영토이던 크림 반도의 병합을 단행했다. 형식적으로는 크림 자치공화국이 주민투표를 통해 투표자 93%의 '압도적 찬성'으로 러시아 연방 편입을 결정했다. 그러나 사실상 이는 블라디미르 푸틴 러시아 대통령이 진두지휘한 '크림 병합작전'의 결과이다.

러시아의 크림 반도 병합에 대해 미국과 유럽연합(EU) 등 서방측은 즉각적이고 강력한 반발을 보이며 그에 대해 국제법 위반이자 침략행위로 규정하고 있다. 그러나 러시아는 크림 반도의 러시아 병합이 크림 주민들의 자발적 의사에 근거한 것이며 우크라이나 위기의 전반적인 원인은 서방측이 제공했다고 주장한다.

크림 반도의 병합 이후 EU와 미국은 러시아를 신랄하게 비난했을 뿐 아니라 다양한 대러 제재를 가했다. 이러한 상황 속에서 러시아는 서방과 치열한 외교적 공방을 벌이는 한편으로 자신만의 독특한 대외정책 기조와 방향성을 천명했다. 말하자면 '신 푸틴 독트린(New Putin Doctrine)'이 등장한 것이다. 그러나 '신 푸틴 독트린'은 단순히 모스크바의 새로운 대외정책 노선을 내세우는 데 그치지 않고 국제관계에 대한 독자적인 인식과 관점을 드러내고 있다.

'신 푸틴 독트린'의 주요 내용

'신 푸틴 독트린'은 2014년 푸틴 대통령이 행한 세 차례의 주요 연설에 잘 나타나 있다. 2014년 3월 18일 크림 반도 병합 연설과 10월 24일 '발다이 클럽' 기조연설, 12월 4일 발표한 연례교서가 그것으로, 주요 내용은 다음과 같다.

첫째, 러시아 당국은 자신의 핵심적 이익이 침해받는 것을 절대 허용하지 않겠다는 점을 분명히 하고 있다. 크림 반도의 러시아 병합 직후 푸틴 대통령은 이곳이 역사적으로, 문화적으로 분리될 수 없는 러시아 일부로 오랫동안 간주되어 왔으며, 지금도 그러하다고 주장하면서 크림 자치공화국의 러시아 병합은 주민들의 결정에 따른 자치권 행사의 차원이기 때문에 국제법 위반이 아니라고 선언했다. 푸틴의 러시아는 크림 병합을 통해 옛 소련 지역에 대한 '러시아의 역사적 유산'과 자국의 영향력 범위, 그리고 '러시아의 핵심적 이익'의 존재를 각인시켰으며 이 지역에서 국익이 침해받는다고 판단될 경우 개입할 수 있는 선례를 만들었다.

둘째, 우크라이나 위기가 발생한 데에는 북대서양조약기구(NATO)의 팽창과 EU 회원국의 확대, 포스트소비에트 국가들을 대상으로 한 색깔 혁명(Color Revolution) 등을 밀어붙인 미국과 서유럽 국가들의 책임이 크다는 것이다. 특히, 우크라이나가 인프라, 농·공업 등 다양한 부문에서 러시아와 협력관계에 있음에도 EU는 2013년 우크라이나와 협력협정을 추진하면서 러시아와 어떤 형태의 대화도 시도하지 않았다는 것이다. 이렇듯 러시아는 서방측이 자국의 영향력 범위를 침탈하려는 시도에 대항해 우크라이나에 개입함으로써 자신의 국익을 방어할 수밖에 없었다는 것이다.

셋째, '신 푸틴 독트린'은 작금의 국제질서에 대한 러시아의 관점을 천명하고 있다. 러시아는 미국 중심의 일극주의가 다극 질서로 대체되고 있다고 주장하면서 자국이 다극 질서의 한 축을 담당해야 한다고 본다. 똑같은 논리의 연장 선상에서 러시아는 미국과 유럽이 자신의 가치 기준을 내세우며 러시아의 내정에 간섭하거나 러시아의 핵심적 이익이 걸려 있는 지역까지 NATO 팽창과 EU 확대를 도모하는 것을 용납할 수 없다는 입장을 분명히 밝히고 있다.

넷째, 푸틴의 러시아는 국가 주권에 입각한 국제법의 원칙과 내정 불간섭의 원칙을 강조한다, 특히, 푸틴은 주권의 수호에 대한 양보할 수 없는 권리를 확보해야 한다고 주장한다. 푸틴은 서방이 힘으로 밀어붙여 러시아를 압박한다고 해도 그것은 끝내 성공을 거두지 못하리라고 경고하는 한편, 국제법도 각국의 주권이 존중되는 바탕에서 취급돼야 한다고 강조한다.

다섯째, 국제안보의 측면에서 미국의 미사일방어체제(MD) 구축과 같이 특정 국가가 러시아에 대한 전략적 우위를 차지하려고 하는 시도가 있었으나 푸틴의 러시아는 그러한 시도를 강력한 국방력으로 무력화시킬 것이라고 장담하고 있다. 러시아는 핵전력의 감축을 반대하지 않지만, 핵전력과 재래식 무기 증대 사이의 적절한 균형이 이루어져야 한다는 입장이다.

여섯째, 새로운 외교 독트린은 러시아가 결코 고립주의나 외국인 혐오주의의 길을 걷지 않을 것이며 기존의 다자적, 양자적 협력관계를 증진해 나갈 것이라고 밝히고 있다. '신 푸틴 독트린'에 따르면 러시아는 주요 국제 문제의 해결에서 국제기구의 역할을 강조한다. 또 러시아는 미국이나 유럽과의

2015년 1월 1일 출범한 유라시아경제연합(EEU) 주요 회원국 정상들의 모습

출처 : www.euobserver.com

관계를 축소하지 않을 것이며 아프리카, 라틴아메리카 등을 포함한 세계 각 지역과의 교류 협력을 발전시켜 나갈 것이라고 말한다. 특히 러시아는 아시아·태평양 지역의 일원으로서 이 지역의 급증하는 잠재력을 충분히 활용하기 위해 노력할 것이라고 밝히고 있다.

한편, 푸틴 정부는 2015년 1월 출범한 유라시아경제연합(EEU)이 각 회원국의 주권과 국익의 보전에만 아니라 평등과 실용주의, 상호신뢰의 원칙에도 입각해 있다고 밝히면서 EEU 국가 간의 긴밀한 협력은 회원국 전체의 발전을 위한 강력한 원천이라고 주장한다.

'신 푸틴 독트린'의 의미와 러시아 외교의 향방

이처럼 '신 푸틴 독트린'은 국제사회가 다극 질서로 변화되어야 한다는 전제하에 러시아도 강대국으로서 세계질서의 한 축을 담당해야 한다는 입장을 강조하고 있으며 국제 문제 해결에서 국제기구를 통한 다자적 접근을 내세움으로써 미국 등 특정 국가의 독주를 견제하려는 의도를 내비치고 있다. 또 '신 푸틴 독트린'은 주권과 내정 불간섭의 원칙을 강조하고 민주적 보편 가치에 대한 추구보다는 국내 정치와 사회에 대한 서방 등 외세의 작용 가능성 차단에 주안점을 둔다. 이와 동시에 모스크바는 NATO 팽창과 EU 확대를 국가 주권에 대한 위협으로 간주함으로써 유럽과의 협력과 통합보다는 유럽으로부터의 안보 위협 대처에 중점을 두고 있다.

다른 한편, 러시아는 중국, 북한을 비롯한 아태지역 국가들과의 협력을 강화하기 위해 많은 노력을 기울이고 있다. '신 푸틴 독트린'에서 눈여겨봐야 할 또 다른 특징으로는 옛 소련 지역에 대한 자국의 특권적 이해관계 또는 영향력을 확고히 지키고자 하는 러시아의 입장을 들 수 있다. 러시아는 크림 반도의 병합을 통해 자국의 '역사적 유산'과 '핵심적 이익'을 빌미로 삼아 포스트소비에트 국가들에 대해 언제든지 개입할 수 있는 선례를 만들었다. 이로써 러시아는 서방 중심의 국제질서와 정치체제, 사회·경제적 발전 방식에 대한 대안적 경로를 선언하게 되었다. 하지만 러시아의 이런 선택이 성공을 거둘 수 있을지는 미지수다. 이는 국제유가 하락과 서방의 대러 경제제재 조치로 러시아 경제가 혼미상태에 빠져 있는 상황에서 EU의 대항마로 내세우고 있는 EEU가 출범 초기부터 불확실성에 휩싸이게 됐을 뿐 아니라 모스크바의 영향력 범위인 포스트소비에트 지역에서 중국과 유럽 등 외부 세력의 영향력이 점차 확대되고 있다는 점 등에서 기인한다.

(2015년 1월 26일 제304호)

04. 푸틴이 주창하는 신(新)국제질서: 성공의 조건과 신뢰성

박 상 남

한신대학교 국제관계학부 교수

2014년 10월 24일 블라디미르 푸틴 러시아 대통령의 발다이 클럽(Valdai Club) 연설은 미국 중심의 국제질서에 종지부를 찍고 대등한 다극질서를 구축하는 것과 우크라이나에 대한 양보 불가, 서방에 대한 대화 촉구로 요약된다. 그렇다면 푸틴의 이번 선언의 배경과 성공 조건은 무엇일까? 푸틴은 자신의 노선이 또 다른 형태의 패권주의가 아니라 진정한 상호존중의 국제질서라는 점을 증명할 수 있을까?

이유 있는 경고

최근 주목받고 있는 푸틴 대통령의 발다이 클럽 연설의 핵심 내용은 크게 두 가지로 요약할 수 있다. 첫째, 미국의 일방적 독주 체제를 더는 용인하지 않고 러시아가 새로운 국제질서 구축에 적극적으로 나서겠다는 선언이다. 푸틴은 미국 중심의 국제안보질서가 점증하는 세계안보 불안과 위협을 해결할 수 없음이 판명됐다고 말한다. 그 근거로 미국, 서방의 패권적 팽창주의가 세계평화 체제를 구축하기보다는 오히려 이슬람국가(IS)의 공격, 우크라이나 사태, 시리아 내전 등의 사례에서 나타나듯 국제사회에 심각한 안보위기를 초래하고 있다는 점을 제시한다.

이는 일극 체제가 미국의 능력과 지도력으로는 감당할 수 없는 시스템이라는 점을 보여주는 것이며, 이를 해결하기 위해 러시아를 비롯한 다극 체제를 구성하는 국가들이 새로운 국제질서 수립에 나서야 한다는 주장이다.

러시아 전문가들은 냉전이 종식된 지 오래지만, 이를 대체할 세계질서에 대한 국제사회의 어떠한 원칙과 합의도 없었으며, 오직 미국의 자의적 일방통행만이 존재해 왔다고 말한다. 미국과 나토는 냉전 시대와 마찬가지로 여전히 핵무기와 압도적인 군사력을 바탕으로 세계를 서구적 가치로 변화시켜 지배하려 하며, 이 과정에서 러시아의 국익과 입장은 철저히 무시당해 왔다는 것이다. 사실 이러한 푸틴의 연설과 러시아의 입장은 새로운 것이 아니다. 푸틴은 집권 이후 러시아와 중국의 연대 강화를 통해 미국의 일극 체제 견제를 위한 다극 체제를 줄기차게 추구해 왔다. 이전과 다른 점은 더욱 과감하고 단호해졌다는 데 있다.

둘째, 우크라이나 사태와 관련하여 러시아는 서방의 제재에도 불구하고 우크라이나를 포기하지 않을 것이며, 문제 해결을 위해 서방이 대화에 나설 것을 촉구하고 있다. 이번 선언이 미국의 러시아 전문가 스티븐 코헨의 우려처럼 신 냉전적 대결이 아닌 대화에 방점이 있음을 의미하는 대목이다.

푸틴은 러시아와 특수한 이해관계에 있는 우크라이나와 EU의 협정체결이

발다이 클럽에서 연설하는 블라디미르 푸틴 러시아 대통령

출처 : www.valdaiclub.com

서두를 사안이 아님을 누누이 지적해 왔으나 미국과 서방은 이를 철저히 묵살했다고 지적했다. 우크라이나의 EU 편입은 러시아에 마치 스코틀랜드가 영국에서 분리 독립하는 것과 비슷한 충격일 것이다.

미국의 실패

푸틴의 이러한 주장에 대한 타당성은 미국 내에서도 이미 제기된 바 있다. 미국의 전략가 즈비그뉴 브레진스키는 냉전 붕괴 이후 미국이 승리감과 자아도취에 빠져 새로운 세계질서에 대한 비전 제시와 국제적 합의를 이끌어내지 못함으로써 절호의 기회를 놓쳤다고 비판했다. 또한, 중동과 발칸 반도에서 미국은 여전히 냉전적 방식인 군사력과 힘을 앞세운 사태해결 방식을 선택하면서 국제적으로 반미정서와 도덕적 지도력 상실을 초래했다고 진단했다. 그러나 무엇보다도 탈냉전기 미국 대외정책의 가장 큰 오류는 대러시아 정책에 있었다. 1990년대 초 사회주의를 버리고 자본주의로의 전환을 통해 경제재건을 추진했던 러시아는 역사상 유례없는 친미국가로 변신해 있었다. 만약 이 시기 미국이 러시아와의 협력관계를 성공적으로 구축했다면 현재 직면하고 있는 국제적 도전들과 대중국 견제도 효과적으로 대응할 수 있었을 것이다. 러시아는 서방의 도움으로 체제이행과 경제발전을 성공적으로 달성해서 서유럽 선진국의 일원이 되는 꿈에 부풀어 있었다.

그러나 서방을 향한 러시아의 짝사랑은 얼마 지나지 않아 배신감으로 변할 수밖에 없었다. 러시아를 돕기 위한 미국의 마셜 플랜은 없었으며, 미국은 러시아를 존중하기는커녕 오히려 차가운 무시와 배제의 대상으로 상대했다. 더욱이 나토의 동진(東進)을 통한 러시아 영향권의 축소와 압박이 지속되면서 서방에 대한 러시아의 동경은 적대감으로 변해갔다. 급기야 러시아 세력권의 마지막 보루로 간주되던 우크라이나에까지 EU가 상륙하려 하자 현재의 위기가 초래된 것이다.

서방의 대러시아 억제 정책의 기원

서방의 대러시아 억제와 배제 정책의 역사적 기원은 18세기 영국을 중심으로 형성됐던 러시아 공포증에서 유래한다. 유럽의 변방에 불과했던 러시아의 군사·영토적 확장은 유럽에 위협으로 다가왔다. 또한, 같은 기독교 문명에서 출발했지만, 러시아는 동로마 비잔틴 문화와 아시아적 요소를 계승하여 유럽과는 이질적인 문화적 특징을 갖추게 되었다. 이러한 요인들에 의해 형성된 러시아 공포증은 결국 19세기 터키, 중앙아시아, 만주, 거문도로 이어지는 영국의 대러시아 억제 전선 구축으로 이어졌다.

더욱이 러시아는 2차 세계대전에서 미국과 영국의 핵심 동맹국이자 승리의 일등 공신이었음에도 불구하고 종전 직후 서방의 배제 대상이 되고 말았다. 서방과 러시아의 이러한 운명적 관계는 냉전 붕괴 이후에도 지속되고 있다. 특히 21세기 들어 미국에 가장 큰 위기와 충격을 주었던 9·11 테러 직후 푸틴은 세계 최초로 미국에 대한 전폭적인 지지와 협력을 선언했다. 그럼에도 불구하고 미국은 러시아를 배제하고 나토 단독으로 테러와의 전쟁을 전개할 만큼 서방의 대러시아 경계심은 뿌리 깊은 것이었다.

성공의 조건

푸틴의 이번 선언은 이렇듯 지긋지긋한 서방과의 굴욕적인 관계를 청산하고 자국의 세력권을 지키면서 미국과 대등한 다극질서 구축에 나서겠다는 의미이다. 그렇다면 푸틴의 이번 선언이 공허한 푸념으로 끝나지 않기 위한 성공 조건은 무엇일까? 과연 러시아는 그럴 능력과 준비가 되어 있는가?

푸틴의 선언이 성공하려면 무엇보다도 러시아가 새로운 국제질서 설계를 주도할 만큼 강해져야 한다. 그러기 위해서는 러시아가 다음과 같은 세 가지 조건을 충족시켜야 할 것이다.

첫째, 미국과 EU, 중국에 맞설 수 있는 독자적인 경제블록 건설에 성공해야 한다. 특정 경제권에 흡수되어 버린다면 독자적인 글로벌 강대국 부활의 꿈은 요원해질 것이다. 유라시아경제연합(EEU)의 추이가 주목되는 이유이다.

둘째, 정치·군사·안보적으로 구소련권 국가들을 재결합시키고 중국과 연대를 지속할 수 있는가에 달려 있다. 이는 집단안보조약기구(CSTO), 상하이협력기구(SCO)의 향배와 밀접한 연관성을 가진 사안이다.

셋째, 냉전 시기 사회주의 이념처럼 주변국과의 연대와 통합을 이끌어낼 이데올로기를 창출할 수 있는가이다. 푸틴의 정치적 이념으로 등장한 알렉산드르 두긴의 신(新)유라시아주의는 이러한 시도의 일환으로 보인다. 슬라브 민족의 차별성을 강조한 이전의 유라시아주의와는 달리 두긴은 민족, 종교, 문명을 초월한 유라시아 지역의 대통합을 주창하고 있다.

푸틴 노선의 신뢰성

이상 살펴본 바와 같이 푸틴은 국제질서를 다시 주도하는 강대국으로서 경제적, 정치·안보적, 이념적 조건을 충족시키기 위해 노력해 왔다. 그러나 성공 여부는 푸틴이 미국에 요구하듯 자신이 주창한 신(新)국제질서가 주권의 평등성과 수평적 권력관계를 보장하는 시스템이라는 것을 주변국들이 신뢰하고 동의할 수 있느냐에 따라 결정될 것이다. 그렇다면 푸틴은 자신의 노선이 또 다른 형태의 제국주의가 아니라 진정한 상호존중의 국제질서라는 점을 증명할 수 있을까?

(2014년 11월 17일 제294호)

05. 2014 러시아 군사안보, 국가 안정과 번영을 위한 역동적 군사력 강화

김 규 철

전 러시아 주재 한국 대사관 육군무관

2014년 러시아는 이전부터 지속해서 추진해온 강력한 군사력 건설 기조를 유지한 가운데 우크라이나 사태로 촉발된 미국·유럽과의 갈등 상황에 대응하기 위해 군사 활동을 더욱 강화했다. 러시아는 이슬람국가(IS), 이란, 이라크, 시리아 문제 등 중동 지역 내 무력 분쟁과 테러 세력 확산, 다국적군의 아프가니스탄 철수 등으로 지역 내 테러 위협이 증가하고 있다고 판단한다. 게다가 미국을 비롯한 서유럽 국가들이 자국 이익을 위해 정치적으로 불안한 여러 국가에 대한 내정간섭 수단으로 '색깔 혁명'을 이용하고 있어 안보 상황이 더욱 악화되고 있다고 본다. 러시아의 이러한 위협 인식은 2014년 12월 26일 발표된 신 군사 독트린에 명시되어 있으며, '강한 러시아' 정책에 더욱 박차를 가하고 있다. 총참모장 게라시모프 대장도 12월 10일 외국 무관과의 대화에서 "2014년 러시아군의 모든 활동은 전투력 향상에 귀결되었다"고 할 만큼 러시아군은 편성 보강, 무기 현대화 추진, 훈련 강화, 군인 복지 향상 및 충원 문제 해결 등 전 방위적으로 군사력을 강화하고 있다.

먼저, 편성 보강을 보면, 나토와의 접점 지역인 서부에는 흑해함대의 해군 항공부대 증강, 신형 잠수함과 초계함 배치, 크림 반도 내 제병연합부대 창설 등 전력을 증강했다. 또한, 북극해 일대의 국가이익 수호를 위해 북부전략사령부(군관구급)를 창설하기도 했다. 한반도 주변의 동부에는 사할린 일대에 1개 군단, 캄찻카 반도에 해군 보병여단과 방공여단을 각각 창설했다. 또 12월 1일에는 국가방위지휘소를 신설하여 국내 및 세계 안보 정세에 대한 상황 파악만 아니라 실시간 결심수립체제도 보강했다.

둘째, 무기 현대화 추진이다. 러시아는 '국가무장계획 2011~2020'에 따라 무기와 장비를 신형으로 교체하고 있다. 2014년에만 ICBM 38기, 함정 40척, 전투기와 헬기 250대, 기계화 장비 280대를 배치했다. 특히, 신형 ICBM 야르스, 이스칸데르-M 미사일, 핵잠수함 세베로드빈스크, 대형 잠수함 노보로시스크, 보레이급 핵잠수함(1척 기 배치, 2척 배치 준비 중), 상륙함 3척, 미사일 탐지용 전자전 기지 2개소(추가 4개소 건설 중) 등을 배치했다.

이러한 신무기 배치 추세는 매년 지속될 예정이다. 총참모장의 말을 따르면, 함정 30척, 항공기 70~100대, 헬기 120대, 기계화 장비 600대 규모로 매년 배치할 예정이다. 또 무기 현대화 실천에 직접 영향을 미치는 요소인 방산 능력 향상을 위해 2014년 9월부터 푸틴 대통령이 직접 방산위원회 의장을 맡았으며, 방산기업 지원을 위해 3조 루블을 추가로 투입했다. 크림 공화국의 편입과 함께 크림 반도에 있는 조선, 통신 관련 방산기업 23개가 추가 편입된 것도 러시아 방산 능력 증강에 긍정적인 요소이다.

셋째, 실전적 훈련 강화이다. 2013년부터 도입한 불시점검훈련 시스템은 2014년에도 활발히 시행됐으며, 정착 단계에 이르렀다. 각 군관구는 대통령이 발령하는 비상훈련에 대비하여 자체적으로 불시점검을 하는 등 러시아 전역에 불시점검훈련 붐이 조성됐다. 2014년 시행된 최대 규모의 불시점검훈련은 동부 군관구에서 9월 11일부터 26일까지 실시한 '동부-2014' 훈련이다. 이 훈련에 병력 약 15만 명, 기계화 장비 8,000대, 함정 85척, 헬기 포함 항공기 650대가 참여했으며 동부 지역 북극해를 포함한 다양한 지역에서 실제 전쟁 상황에 대비한 훈련을 시행했다. 예를 들면, 철도와 공중 수송 수단을 이용하여 12,000㎞에 달하는 원거리 지원 병력 투사, 상륙과 대상륙방어, 전자전과 화생방 훈련, 영하 40도 조건에서 공수부대 낙하, 강상 철도 설치, 전투기의 일반도로 착륙, 무인기 사용, 관공서와 통합한 병력과 물자 동원 훈련 등을 시행했다.

또 전반적인 훈련 여건 향상을 위해 첨단 시설로 보강된 훈련장을 추가로 신설하여 군관구별로 각각 1개의 전투훈련장, 1개의 지·해·공 합동훈련장을 보유하고 있다. 이와 함께 2014년의 전반적인 훈련 강도는 예년 수준보다 3~4배로 강화된 것으로 평가되고 있다.

넷째, 병력 충원 문제 해결을 위해 군인 복지 향상과 대민 홍보 활동을 강화하여 상당한 효과를 보고 있다. 군인 복지의 핵심 내용인 주택 문제에서는 2014년에 11,700명에게 주택을 보급하고 17,300명에게 관사를 지급했다. 이와 함께 군사도시 현대화를 추진했고 유년사관학교 교육을 활성화했으며 매년 춘·추계 징병 활동 시 모병 홍보, SNS 미디어 페이스북, 트위터, 인스타그램, 브콘탁테 등을 이용하여 군사 활동을 적극적으로 홍보했다. 그 결과 "러시아군이 유사시에 국가를 수호할 능력이 있다고 보느냐"는 대국민 설문 결과 86%가 긍정적으로 평가했다. 아울러 병역 기피자 감소 현상과 함께 병력 충원율이 향상되고 있다. 모병의 경우, 매년 5만 명 충원 목표가 달성되어 2014년 말 현재 29.5만 명에 도달했으며, 2017년까지 목표치인 42.5만 명에 도달할 것으로 예상하고 있다. 또 우크라이나 동부 지역의 내전으로 80만 또는 100만 명에 달하는 우크라이나 난민을 러시아 각지에서 수용하고 난민에게 전 국민적 위문품 보내기 등을 통해 대서방 적개심과 함께 애국주

푸틴 대통령의 국가방위지휘소 순시 모습

출처 : www.mil.ru

의 고취, 푸틴 대통령 지지도 상승(80% 이상) 등 전 국민적 결집 정도도 매우 강하다.

장차 세계안보 상황은 어떻게 전개될 것인가? 러시아와 미국·유럽 간 대결 국면이 더욱 심화될 가능성이 농후하다. 미국은 10월 7일 발표한 미군작전개념(The US Army Operating Concept)에서 러시아와 중국을 위협국으로 지정했으며, 러시아 국경 일대와 흑해·지중해 일대에 군사력 증강과 함께 훈련을 강화하고 있다. 또 러시아와의 군사 협력 중단을 선포하고 대러 경제제재를 포함한 압박을 강화하고 있다. 이에 대해 러시아는 지역 내 영향력 확대와 우군 확보를 위해 집단안보조약기구(CSTO), 상하이협력기구(SCO) 회원국들과 정치·군사 협력을 강화하고 있다. 특히 2015년 인도가 상하이협력기구에 가입하여 세 강대국(러시아, 중국, 인도)이 결집하게 될 경우 SCO가 아태지역에서 지대한 영향력을 발휘할 것으로 보인다.

최근 러시아 서부에서는 러시아와 나토 군사력이 경쟁적으로 증강되고 있고, 양측의 군사훈련이 빈번하여 양 세력 간 무력충돌 가능성이 높아질 것으로 예상된다. 특히, 러시아는 군사력 증강과 전투준비태세가 완비된 상태에서 서구의 위협적 행동이 발생할 경우 군사적, 외교적으로 기민하게 공격적인 대응을 할 것으로 예상된다. 또 유럽 지역에서의 충돌과 갈등 상황은 아태지역에서의 강대국 관계에도 직접적인 영향을 미칠 것으로 보인다.

러시아의 군사력은 2020년경에 최고 수준에 도달할 것으로 전망된다. 한국 입장에서는 최소한 2020년을 전망하고 강대국 간 대결과 충돌 상황, 북한의 급변사태 등 다양한 상황에 대응할 수 있는 군사력 건설과 적절한 대비책을 강구해야 할 것이다.

(2015년 2월 2일 제305호)

06. 영웅의 몰락: 사카시빌리 기소 사건

정 세 진
한양대학교 아태지역연구센터 HK교수

유라시아 색깔 혁명의 핵심 주체였던 미하일 사카시빌리 전 조지아 대통령이 조지아 정부에 의해 전격 기소됨으로써 조지아의 내정이 매우 불안한 상황으로 치닫고 있다. 2003년 장미혁명으로 조지아의 정치적 영웅으로 부상했던 사카시빌리는 2004년 대통령에 당선되어 2013년 11월까지 연임하면서 대통령직을 수행했다. 2014년 7월 28일 조지아 검찰은 사카시빌리 전 대통령에 대한 형사 소추를 전격 결정했다. 2007년 11월 트빌리시에서 있었던 반정부 시위 탄압 과정에서 조지아 정부가 민간 TV 회사인 '이메디'를 불법적으로 점거했는데, 이 사건에 대해 대통령에 의한 직권 남용 혐의가 적용된 것이다. 이에 따라 검찰은 사카시빌리 전 대통령에 대해 부재중 미결구금 명령을 내렸다.

조지아 정부는 이후 그에 대해 새로운 범죄 목록을 추가하고 있다. 정부는 사카시빌리 전 대통령이 2009년 9월과 2013년 2월 사이에 약 500만 달러의 공금을 횡령했다는 죄목을 추가시켰다. 정부는 공금이 대통령과 그 가족, 측근들의 요트 비용 등 사적인 용도로 사용됐음을 밝혀냈다. 또 조지아 검찰청은 사카시빌리 전 대통령의 정적이었던 법률가인 발레리 게라시빌리가 2005년 당한 일련의 폭행 혐의도 기소 항목으로 추가했다. 사카시빌리 전 대통령의 혐의가 인정된다면, 최장 11년 정도의 수감이 가능하다. 이번 사건이 있기 전 2014년 3월 27일에도 조지아 검찰청은 사카시빌리 전 대통령을 공식적으로 소환했다. 당시 검찰청은 2005년 있었던 조지아 전 총리와 그의 측근 주라브 지바니아의 사망 사건을 포함한 총 10건의 사건과 관련된 조사를 위해 그에 대한 소환 결정을 내렸다.

한편 사카시빌리 전 대통령은 이번 조지아 정부의 결정과 방침에 대해 강력하게 반발하고 있다. 그는 조지아 정부가 자신의 다양한 정치적 자유 활동을 제한하기 위해 이러한 조치를 내렸다고 간주하고 있다. 그는 최근 국제사회의 쟁점이 된 러시아와 우크라이나 사태 때 그가 우크라이나를 지지하는 발언을 자주 했기 때문에 자신의 정치적 활동을 극도로 싫어하는 세력이 있다고 주장했다. 하지만 그는 정치적 망명을 신청할 계획은 없는 것으로 알려졌다. 사카시빌리 전 대통령은 현재 외국에 거주하고 있으며, 지난 3월 소환 때도 조지아로 절대로 돌아가지 않는다고 분명히 했었다. 그는 당시 조지아와 러시아 푸틴 정부 간에 밀약거래로 자신이 소환됐으며, 자신이 우크라이나의 자유를 위한 행동을 지지했다는 이유로 러시아 정부가 조지아를 뒤에서 조종하고 있다고 말했다. 올해 46세인 사카시빌리 대통령은 우크라이나에서 비공식적인 정부 고문으로 활동했으며, 언론에서 우크라이나에 대한 러시아 정부의 정책을 자주 경고한 바 있다. 그는 재임 중 어떤 범죄도 저지른 적 없다고 주장하고 있다.

미국을 비롯한 서방 국가들에서도 조지아 정부의 이번 조치에 대해 매우 우려하는 것으로 보도되고 있다. 미 국무부는 조지아의 현 상황에 대해 우려를 표하고 있는데, 조지아 정부의 조치는 누구에게나 정치적 보복 행위로 간주될 수 있는 행동이라고 대변인 명의의 성명을 발표했다. 특히 미 국무부와 의회는 조지아 정부의 이번 결정을 전직 정치가들에 대한 탄압으로 간주하고 있다. 존 매케인(공화당, 애리조나), 마르코 루비오(공화당, 플로리다), 진 섀힌(민주당, 뉴햄프셔), 제임스 리슈(공화당, 아이다호) 상원의원은 조지아 정부의 기소 결정이 사법부 정책 결정이 아니라 정치적인 선택이라고 말하며 정부의 이번 조치가 매우 잘못됐다는 견해를 밝혔다. 이에 대해 이라클리 가리바시빌리 조지아 총리는 사카시빌리 전 대통령에 대한 심리가 "객관적이고 공정하게" 이루어질 것이고, 이제 조지아에서는 고위 관리들의 범법 행위가 처벌되지 않고 그냥 지나치는 일이 없을 것이며, 이러한 정치적 관

사카시빌리 전 조지아 대통령

출처 : www.ria.ru

행이 종식되어야 한다고 말하며 강경한 태도를 보였다.

사카시빌리 전 대통령은 이에 대해 조지아 정부의 이번 결정을 하나의 익살스러운 코미디로 평가절하하면서, 현 정부 지도자들이 자신이 이끈 정당인 '국민연합운동'(United National Movement)이 성취한 '개혁의 유산'들을 파괴하고 있다고 비난했다. 그는 현 조지아 집권당인 '조지아의 꿈'이 온 힘을 기울여 '국민연합운동'과 자신을 박해하고 있다고 반발하고, '조지아의 꿈'은 그러한 행위를 중단하고 국가를 강력하게 발전시키는 데 초점을 맞추어야 한다고 덧붙였다. 특이한 것은 사카시빌리 전 대통령에 대한 기소를 발표하기 이전에 세 명의 서방 법률가가 조지아를 방문하고 법률적 자문을 했다는 사실이다. 특히 그중에서 제프리 나이스 변호사는 세르비아의 슬로보단 밀로셰비치 대통령을 헤이그 국제재판소에서 기소 심리를 맡은 바 있고, 전 이스라엘 검사였던 모시 라도르는 모시 카타즈브 전 이스라엘 대통령과 에후드 올메르트 총리를 기소한 인물이다. 이들은 고위관리들의 법률적 공정성과 규범 행동 등에 대해 자문한 것으로 알려졌다. 정치 전문가들은 정부가 서방 법률가들을 통해 사카시빌리에 대한 기소를 확신한 것으로 해석하고 있다. 이들은 2012년 총선에서 '국민연합운동'이 '조지아의 꿈'에 패배한 이후 사카시빌리의 측근들이 계속 소환되거나 기소된 데 대해 정치적 탄압의 일종이라는 의견을 개진하고 있다. 사카시빌리의 핵심 측근들은 총선 패배 이후 재직 시에 있었던 권력 남용과 관련되어 기소되거나 심문을 받고 있다.

(2014년 9월 8일 제284호)

07. 2015년 우즈베키스탄 대선: 카리모프 시대의 재연장과 역사적 시험대

이 지 은

한국외국어대학교 중앙아시아학과 교수

2015년 우즈베키스탄 대선: 카리모프의 예상된 승리

2015년 3월 29일 일요일 우즈베키스탄 대선에서 카리모프 현 대통령은 득표율 90.39%의 경이로운 수치를 기록하며 집권 연장에 다시 한 번 성공하여 2020년까지 임기를 보장받게 됐다. 국내외 전문가 대다수는 이번 대선 결과가 나오기도 전에 카리모프 대통령의 재집권을 기정사실로 받아들였다. 카리모프 대통령은 2014년 한 인터뷰에서 "내가 너무 오래 집권하고 있어 비난받는다는 것을 안다. 하지만 나는 여전히 일하고 싶다. 그게 그렇게 잘못인가?"라고 말하며 사실상 권좌에서 물러날 뜻이 없음을 밝힌 바 있다. 이번에도 카리모프 대통령이 후보로 등록함으로써 우즈베키스탄에서 선거를 통한 최초의 정권 교체에 대한 기대가 무산되면서 정권 교체는 5년 후를 기약하게 됐다. 게다가 현재 77세인 카리모프 대통령의 나이와 건강상태를 고려하면 이번이 그의 마지막 임기가 될 것으로 예상된다.

압도적 승리가 가능했던 이유

카리모프 대통령은 다양한 방식을 통해 범야권 세력을 축소해 왔고 언론 장악을 통해 권위주의적 장기 집권 체제를 발전·유지시켜 왔다. 이러한 국내 환경에서 시민사회와 국민의 정치의식 발전은 정체될 수밖에 없었다. 권위에 순응하는 이슬람의 정치문화도 권위주의 정권이 뿌리내리기 좋은 토양이 됐다. 또 2005년 안디잔 사태에서 보여준 정부의 폭력성은 우즈베키스탄 국민에게 정부에 반감보다는 두려움을 가지게 했다.

우즈베키스탄이 처한 대외적 여건도 카리모프 대통령의 집권 연장에 일조했다. 아프가니스탄과 134km의 국경을 맞대고 있는 우즈베키스탄은 2014년 미군의 아프가니스탄 철수와 최근 극렬해지는 이슬람 국가(IS)의 테러 활동으로 자국 안보에 큰 불안을 느끼고 있다. 카리모프 대통령은 아프가니스탄에서 활동하는 우즈베크 이슬람 극단주의 무장단체의 존재에 대해 종종 언급하면서 안보와 안정을 유지할 수 있는 강력한 정부와 강력한 지도력이 필요함을 그 어느 때보다도 강하게 주장했다. 우즈베키스탄 국민도 키르기스스탄과 타지키스탄, 아프가니스탄, 우크라이나 등에서 일어난 소요 사태나 불안정이 자국에서는 발생하지 않고 내부적 안정을 유지할 수 있었던 가장 큰 이유가 카리모프 정권하의 강한 국가와 지도력 덕분이라는 공감대를 형성하고 있다. 정치 개혁, 언론 자유 등의 가치도 중요하지만, 아직은 안정과 질서에 더 큰 의미를 부여하는 우즈베크 국민의 정서 속에는 주변국에서 목격된 정변과 혼란이 자신들의 삶에 곧바로 부정적인 영향을 미칠 수 있다는 불안감이 내재해 있다. 이러한 점을 간파한 카리모프 대통령은 대선 운동 과정에서 우즈베크 국민의 안보 불안감을 고조시켰다. 그는 '강한 국가'에서만이 '평화'와 '안녕'이 유지될 수 있다고 주장하면서 자신 이외의 다른 선택은 우즈베키스탄에 '혼란'만 가중시킬 뿐이라고 국민을 위협했다.

역사적 시험대에 들어서는 우즈베키스탄

이런 가운데 집권 4기를 맞이하는 카리모프 대통령이 가장 고심하고 있는 문제는 카리모프 이후 시대를 이끌 후계자 선정일 것이다. 우즈베키스탄은 독립 이후 제도화와 법치의 원칙을 세우려 노력하고 있지만, 국가 기관들이 여전히 권력 엘리트들의 사적인 영향력 아래 놓여 있는 신세습주의적 특징을 띠고 있다. 특히, 지역을 기반으로 한 파벌과 후원주의 관계로 얽힌 권력 엘리트 집단이 정부 기구들(예를 들면, 대통령 행정실과 내무부 정보기관 등)을 둘러싸고 각각 영향력을 행사하며 서로 견제하고 있다. 따라서 우즈베키스탄의 미래는 특정 지역이나 권력 기관을 기반으로 하는 권력 엘리트들이 권력과 이익 분배나 게임의 법칙에 합의할 수 있느냐에 달려 있다고 전망된다. 그동안 카리모프 대통령은 이러한 우즈베키스탄 권력의 특징을 간파하고 복잡한 경제 구조와 억압적인 정부 체제에 적절한 균형을 부여하며 안정을 유지해 왔다.

그런데 최근 2~3년 사이 우즈베키스탄에서는 후계 구도가 요동치고 있다. 가장 강력한 후계자로 거론됐던 카리모프 대통령의 맏딸 굴나라 카리모바(Gulnara Karimova)는 지난 몇 년 사이에 자신이 거느린 대규모 사업에서 모두 물러났고 급기야 작년에는 가택 연금을 당했다. 이 과정에서 카리모프 일가의 내분설, 핵심 권력으로 알려진 국가정보국장인 루스탐 이노야토프

이슬람 카리모프 우즈베키스탄 대통령의 딸 굴나라 카리모바의 모습

출처 : www.rferl.org

(Rustam Inoyatov)의 부상(浮上)설, 카리모프 대통령의 실권(失權)설 등 갖가지 소문이 파다했다. 이 가운데 어느 것이 사실인지 폐쇄적인 우즈베키스탄 정치 문화의 특성상 확인할 방법은 없지만, 현재 우즈베키스탄 후계 구도를 둘러싼 내부 권력투쟁이 본격화되고 있다는 점만큼은 점차 분명해지고 있다. 만일 차기 후계구도가 확정되지 않은 상태에서 카리모프 대통령의 유고나 직무 불가능 상황이 발생할 경우, 1) 엘리트 파벌들의 기득권 유지를 전제로 합의에 기초한 후계자 추대 가능성, 2) 특정 파벌의 독식이 예상될 경우 엘리트 간 극심한 분쟁 가능성, 3) 혼란을 틈타 정치적 반대 세력이나 이슬람 극단주의 세력의 등장 가능성도 있다.

어찌 됐든 간에 1991년부터 25년째 장기 집권해온 카리모프 대통령의 시대는 이번 대선 승리로 재연장에 돌입했다. 그러나 향후 5년은 고령인 카리모프의 나이를 고려할 때 그의 마지막 임기가 될 가능성이 크다. 이는 후계구도를 둘러싼 권력 암투가 본격화되리라는 점을 의미하기도 한다. 또 카리모프 시대 이후 평화적 정권교체의 성공 여부는 우즈베키스탄은 물론 중앙아시아 전체의 안정에도 지대한 영향을 미칠 것이다. 따라서 대선은 끝났지만, 바로 이제부터 신생 독립국 우즈베키스탄은 법과 제도가 지배하는 안정된 국가로 발전할 것인지, 아니면 불안정한 국가로 내홍에 휩싸일 것인지를 판가름할 역사적 갈림길에 들어서고 있다.

(2015년 4월 6일 제314호)

러시아와 우크라이나

08. MH17편 피격: 부질없는 싸움 멈추고 본 게임 해야

강 봉 구

한양대학교 아태지역연구센터 HK교수

서방과 러시아 간의 전초전에 너무 많은 희생이 따르고 있다. 선수들이여! 이제 본 게임을 시작하라. 장기적 가치투쟁의 전선이 이미 펼쳐지고 있지 않은가.

MH17편의 피격. 예정된 비극이 무고한 사람들을 대상으로 예기치 않게 일어났다. 장기화하고 있는 우크라이나 사태의 어떤 국면에서 이런 일이 발생했을까?

포로셴코 대통령은 우크라이나 민족주의와 국가주의, 반러 감정에 기대어 동부 반군을 무력으로 진압하려 시도했고, 러시아는 개입의 지렛대를 유지하기 위해 반군에게 무기와 군사기술을 지원하고 있었으며, 서방은 우크라이나 신정부가 반군을 조속히 정리해 주길 기대하며 러시아에 반군 지원을 중단하라고 압력을 계속 가하고 있었다.

포로셴코는 크림 병합 이후 선출된 초대 대통령으로서 우크라이나의 영토 통합성을 회복하고 싶어 한다. 크림을 되찾는 일이 거의 불가능하다는 것을 알면서도 그렇게 하는 시늉이라도 하고 싶은 것이다. 그것이 대다수 우크라이나인의 민족감정에 부응하기 때문이다. 이를 통해 신정권의 정치적 정당성과 대표성을 높여야 하는 처지다. 신정부가 일시 정전협정의 연장을 거부하고 동부 지역에서 슬라뱐스크 등 반군의 거점을 성공적으로 공략하자 반군은 도네츠크 지역으로 수세에 몰린 상황이다.

크레믈은 우크라이나의 헌법 개정 등 국가체제 개편 과정에서 분권형 연방제 확보 혹은 동부 지역 자치권을 최대화하여 동부 우크라이나를 친러시아적 이웃이자 완충지대로 유지하고 싶어 반군 지원을 지속하고 있다. 서방은 서방 주도의 국제 레짐을 위반한 러시아를 처벌하고 응징해야 할 처지지만, 이해관계와 뜻이 서로 달라 강력한 제재에 합의하기가 어렵다. 그렇다고 크게 꾸지람한 뒤 가만있기도 뭣해서 러시아의 관련 인사들에게 1차, 2차 제재에 이어 3차 제재로 더 많은 '땅콩'을 던지기로 합의했다고 한다. 맞아서 아프라고 말이다.

모두가 우크라이나 동부에서의 교전을 중지하고 평화적, 정치적으로 문제를 해결하라고 권고하지만, 이런 정황이 지속하면 우크라이나 동부 사태의 조속한 해결은 어렵다. 사태가 난관에 봉착하고 이런 참사를 초래한 원인은 모든 당사자가 형성된 객관적 상황 그리고 이와 연관된 자신의 구체적 관심과 이해관계를 인정하고 이를 의제로 삼지 않고 있기 때문이다.

첫째, 크림 병합의 본질은 지역 경제 통합을 계기로 한 EU(유럽연합)와 EEU(유라시아경제연합) 사이의 영향권 재편 과정에서 터져 나올 수밖에 없었던 '재산권 분쟁'이다. 서방은 크림 병합을 탈소 국가들 간에 소련의 유산을 정리한 예외적인 문제 처리 방식으로 인정해야 한다. 서방이 정상적인 근대 국제체제에서 기대되는 국가 간 행위 양식을 기준으로 이 문제를 바라보니 크림 병합은 국제 레짐 위반이며, 서방은 러시아에 대해 원치 않는 응징을 해야 하는 의무와 부담을 안게 된 것이다.

둘째, 우크라이나 정부와 동부 지역 주민들은 동부 지역의 자치권 수준에 대해 합의해야 한다. 이것이 동부 지역 분쟁의 핵심이며 긴급한 정치적 협상의 본질적 내용이다. 현 국면에서 최우선 과제는 우크라이나의 국민통합과 법치에 기초한 정상적 거버넌스의 회복이다. 이를 위해 신정부는 동부 지역에 일정 수준 이상의 자치권 부여를 원칙으로 제시해야 한다. 그러면 협상 타결 가능성이 높다. 무엇이 두려운가? 자치권을 인정한다고 해서 동부 지역이 주민투표를 통해 분리 독립할 것인가. 그럴 가능성은 매우 낮다. 도네츠크 주와 루간스크 주 거주 러시아인은 각각 38%와 39% 정도인데, 여론 조사에 따르면, 이들이 모두 분리 독립이나 러시아 편입에 찬성하지는 않는다.

MH17편 추락 현장과 기체 잔해

출처 : www.ria.ru

동부 지역에 거주하는 러시아인 중에는 분리주의에 반대하거나 유럽 지향성을 가진 사람이 많다. 나머지 다수 우크라이나인은 말할 나위도 없다.

우크라이나, 서방, 러시아는 동부 지역의 자치권 문제라는 핵심 의제를 제대로 내세우지도 못한 채, 향후 그 의제를 둘러싼 협상 과정에서 유리한 고지를 선점하기 위해 부질없는 소모전을 지속하고 있다. 지금까지 진행된 내전 상황에서 드러나듯이 어느 한쪽도 압승할 수 없으므로 전쟁은 '부질없는' 짓이며 애꿎은 우크라이나 주민, 이번에는 무고한 민항기 탑승객들까지 참사를 겪게 된 것이다. 삼자가 모두 핵심의제를 미뤄두고 게임의 본질을 호도하면서 전초전을 장기화하고 있다. 시간이 흐를수록 문제는 더 꼬여가고 무고한 인명피해만 늘어나며 우크라이나와 러시아의 경제는 더 피폐해진다. 어느 편에도 득이 되지 않는 의미 없는 전초전의 장기화를 멈추고, 서방도 러시아도 경제적 유인과 가치 지향성을 기준으로 한 본 게임(탈소 지역을 둘러싼 지역 통합 경쟁)을 시작해야 할 때이다.

앞으로, 민항기 피격이 동부 반군의 소행으로 밝혀진다면, 서방은 러시아에 대한 경제제재를 더욱 강화할 것이다. 러시아는 자신의 책임이 아니라며 강력히 반발할 것이지만, 국제사회에서 설득력을 얻기는 어려울 것이며 크레믈의 입지는 좁아질 것이다. 서방 일부에서는 러시아의 관련 인사들에 대한 자산동결이나 비자발급 중지 수준의 제재 대신에 러시아 경제에 타격을 줄 수 있는 실질적인 조치 즉, 러시아산 에너지 수입 금지나 본격적인 대러 금융제재 조치를 취해야 한다고 주장한다. 가능성은 낮다고 보지만, 서방이 단결하여 유사한 실질적인 조치를 취한다면, 크레믈은 게임의 판을 키우기 위해 우크라이나 동부 지역을 넘어 몰도바의 트란스니스트리아에서까지 분리주의가 촉발되도록 자극할 것으로 예상된다. 결과적으로 불안정의 전선은 EU와 나토의 회원국인 루마니아 국경까지 확대될 것이다. 지정학적 도식 속에서 사고하는 서방의 대러 강경파는 이러한 시나리오를 지지한다. 러시아 국경 지역의 혼란과 무질서를 지속하여 러시아의 힘과 잠재력을 서서히 약화하자는 의도이다. 이 경우 우크라이나 내전은 러시아를 고사시키기 위한 미끼인 셈이다.

크레믈은 이러한 상황 전개를 절대 원치 않는다. 푸틴은 동부의 내전과 대러 국제제재의 장기화가 러시아의 국력을 공연히 소모하고 국제적 고립을 심화할 것임을 잘 알고 있다. 전시 선전과 동원 상황에 지친 국내의 '전쟁 피로증'으로 인해 푸틴의 위신과 신뢰는 떨어질 것이며 지지도도 하락을 면치 못할 것이다. 그래서 크레믈은 국제사회의 비난 여론과 고립을 최소화하고자 국제조사단의 현장 접근 보장과 철저한 진상조사를 주장하면서 우크라이나 문제의 평화적인 정치적 해결을 주장하고 있다. 다른 한편, 유럽의 경제우선주의자, 실용적 노선을 걷는 유럽 지도자들도 대부분 우크라이나 동부의 갈등이 루마니아와 인접한 몰도바까지 확산되는 것을 원치 않는다. 동부 지역 내전의 확산과 장기화는 금융·재정 위기 이후 침체를 겪고 있는 유럽 지역 전체 경제에 나쁜 영향을 줄 것이기 때문이다. 이들은 MH17편의 피격이 삼자가 동부의 내전 상황을 종식하기 위한 진지한 회담의 장을 마련하는 계기가 되기를 기대한다.

향후 상황이 어떻게 전개되던, 피격에 러시아가 지원한 SA-11 Buk 미사일이 사용되었다면, 푸틴의 지도자로서의 전략적 판단과 통제 능력은 큰 타격을 입을 것이다. 서방은 말할 것도 없고 BRICS를 비롯한 비서방 블록도 푸틴의 판단 능력을 문제시할 것이며, 그간 자신이 추구해 온 '강대국 러시아'의 지도자로서 푸틴의 위신은 크게 저하될 것이다.

반군의 피격이 사실이라면, 크레믈과 크레믈의 행위를 지지한 러시아인들은 자신의 선조들이 유럽의 문명사에 이바지한 위대한 가치(휴머니즘과 인간의 영성 고양)를 스스로 바닥에 내동댕이친 것에 다름 아니다. 반군에 미사일과 기술훈련을 제공한 책임자들은 문명의 최소 규범을 저버린 집단으로 간주될 수도 있다. 무고한 인명을 한순간에 앗아간 버린, 활짝 핀 해바라기 평원 위의 섬광은 서방과 러시아 사이의 장기적 가치 투쟁에서 러시아가 이제부터 힘겨운 싸움을 해야 함을 알리는 전조가 아닐까.

(2014년 7월 28일 제278호)

09. 러시아는 우크라이나 동부에서 무엇을 원하는가

김 선 래

한국외국어대학교 러시아연구소 HK연구교수

2014년 7월 말 우크라이나 동부 지역의 친러 반군세력은 우크라이나의 대대적인 반군 진압작전에 밀려 도네츠크와 루간스크 주 일부만 장악하고 있는 형국이다. 두 달 전 동부 2개 주를 기반으로 남부 우크라이나 전체로 영향력을 확대해 나가던 모습과는 달리 지금은 전선이 많이 위축된 상태다. 아래 그림에서 보듯이 우크라이나 정부군과 반군의 전선은 도네츠크 시와 루간스크 주도를 중심으로 주내 일부 지역으로 축소되어 있다. 말레이시아 항공기 피격 사건을 둘러싼 국제적 비난 여론과 우크라이나 정부군의 대대적인 진압작전으로 이 지역에서 반군의 장악력이 급격하게 약화한 것이다.

도네츠크와 루간스크 주의 독립선언 이후 진행된 우크라이나 정부의 물리적 진압작전에 맞서 러시아는 우크라이나 동부 지역 거주 러시아계 시민들을 보호하고 이들의 생명과 재산을 지킨다는 명분 아래 제한된 군사적 개입을 하고 있다. 하지만 최근 들어 우크라이나 동부에서 정부군에게 반군이 밀리는 형세와 이 지역 주민들의 지지가 점차 약화하는 상황을 반전하기 위해 러시아는 대대적인 군사지원에 나서고 있다. 그리하여 지난 7월 말 중화기와 중무장 기갑차량, 대공화기와 미사일이 러시아 국경을 넘어 우크라이나 영내로 대거 진입하기 시작했다. 러시아 병력 일부가 반군으로 위장하여 우크라이나 사태에 개입하고 있다는 주장도 있다.

미국을 위시한 서방 국가들은 러시아의 군사적 지원을 맹비난하며 러시아 에너지, 국방, 금융에 대한 추가 제재를 강력히 추진하고 있다. 대러 제재에 머뭇거렸던 유럽연합도 경제제재안에 합의하고 추가 제재를 취할 예정이다. 러시아 정부는 서방측 경제재제안에 반발하면서 우크라이나 정부군이 민간인 거주 도시들에 대한 미사일 공격을 감행하고 있다고 비난했다. 늘어나는 민간인 희생 대다수가 우크라이나 정부군의 공격으로 발생하고 있다며 미국과 우크라이나 정부를 강력히 비난하고 있다. 만일 가까운 시일 내에 우크라이나 정부군이 도네츠크와 루간스크 대도시를 공격하여 다수의 민간인 사상자가 발생한다면 러시아군이 러시아계 시민을 보호한다는 명분으로 CSTO(집단안보조약기구) 산하 러시아 평화유지군을 이 지역에 진주시킬 수도 있다.

러시아 푸틴 정부는 미국과 러시아가 세계 패권 구도를 놓고 벌이는 전초전 성격인 우크라이나 내전에서 러시아가 밀린다면 많은 것을 잃을 수 있다

우크라이나 민족분열

출처 : State Statistics Service of Ukraine(www.ukrstat.org)

는 위기감이 팽배하다. 따라서 러시아는 한편으론 공격적이며 다른 한편으론 유화적인 화전 양면정책을 구사하고 있다. 러시아가 우크라이나 내전에 개입하면서 우크라이나 포로셴코 정부와 협상을 통해 러시아의 이익을 최대한 확보하자는 전략이다. 러시아는 우크라이나 동부 지역을 자치공화국으로 격상시켜 우크라이나 중앙정부를 견제하려는 전략적 장치를 원하고 있다. 이것이 러시아가 원하는 최상의 시나리오다. 이 두 지역의 독립국 선포는 자치공화국으로 가는 포석이다. 이러한 전략을 성공하게 하려면 우크라이나 동부 지역을 확보해 놓아야만 협상 테이블에서 유리한 고지를 점할 수 있기 때문이다. 푸틴 대통령은 러시아 상원에서 통과된 우크라이나 내 군사력 사용 승인을 취소하고 우크라이나 정부와 휴전 기간 연장을 촉구하는 유화정책도 취하면서 협상의 여지를 남겨 두고 있다.

포로셴코 대통령은 먼저 우크라이나 동부 지역이 우크라이나에 통합되고 러시아가 강제 합병한 크림 반도를 반환해야만 양국 관계가 정상화된다는 입장이 확고하다. 그러나 푸틴 대통령은 한 발자국 물러나 우크라이나 동부 지역을 포기하더라도 이미 귀속시킨 크림과 세바스토폴을 우크라이나에 반환하기에는 어려운 처지다. 러시아는 포로셴코 정부와 협상을 통해 관계를 재설정하고 우크라이나 내에서 일정한 영향력을 확보하는 것이 러시아 최대의 국가 이익이다. 그러나 이것이 어려울 때에는 우크라이나 동부 지역을 포기하더라도 크림을 확고히 장악하고자 하는 의지를 갖고 있다. 즉, 포로셴코 정부가 제안하는 동부 지역 자치권 확대와 주지사 선거 정도를 받아들이는 선에서 타협하고 그 대신 크림을 확실히 장악한다는 입장이다.

올해 우크라이나 경제는 러시아와의 갈등과 동부 지역 내전으로 -8%의 성장률을 기록하고 가파른 물가 상승이 예견된다. 우크라이나 정부는 러시아산 가스 도입 중단과 대러 교역 단절이 경제적 참사로 이어진다는 점을 알고 있다. 이런 문제들로 말미암아 포로셴코 정부는 동부의 내전 상황이 지속하는 것을 원하지 않으며 러시아와의 갈등을 어떻게든 봉합하려고 할 것이다. 이번 우크라이나 사태가 우크라이나 내부의 정치적 형태와 대외정책 방향이 확고히 형성되는 분수령이면서도 사태의 추이에 따라 러시아 국내

정치 변동에도 영향을 줄 것이라는 분석이 나오고 있다. 푸틴 대통령으로서는 앞으로 전개될 미국과의 헤게모니 전쟁과 국내 정치적 입지를 생각하더라도 우크라이나 동부 지역을 쉽게 포기하지 않을 것이다. 푸틴 대통령은 우크라이나 동부 지역의 군사적 충돌과 갈등을 지속하면서 러시아에 유리한 상황으로 반전시키려 노력할 것이다.

(2014년 8월 4일 제279호)

10. 푸틴의 야망 어디까지 가나

홍 완 석

한국외국어대학교 국제지역대학 학장

국제사회의 우려대로 우크라이나 사태가 중대한 단계로 진입하고 있다. 러시아가 우크라이나 동부 분리주의 반군에 대한 배후 지원을 넘어 군사개입을 노골화하고 있는 것이다. 서구는 추가 경제제재와 나토(북대서양조약기구)군 투입을 경고하지만, 푸틴은 이를 비웃기라도 하듯 우크라이나 동남부 영토에 대한 군사공세를 더욱 강화하고 있다. 일각에서는 크림 반도에 이어 우크라이나 동남부지역도 결국 러시아의 수중에 떨어질 것으로 전망한다.

그렇다면 푸틴의 거침없는 행보를 어떻게 설명할 수 있을까. 우크라이나가 러시아의 제국적 부활을 억제하는 지정학적 급소라는 점이 그 중요한 이유이지만 그것만으론 설명이 불충분하다. 푸틴이 강공책을 '택'하고 이것이 '통'하는 데는 몇 가지 이유가 있다.

우선 과거에 비해 러시아의 힘이 많이 '세'졌다는 점이다. 소련의 해체 이후 초강대국 지위에서 하루아침에 국제질서의 피동적 관객으로 전락했던 러시아의 국력과 국제적 위상은 2000년 푸틴의 등장 이후 지난 14년 동안 몰라보게 달라졌다. 푸틴 시대 러시아는 권력 수직화 작업을 통해 정치적 안정을 이루었고 국제 에너지 가격의 고공행진에 힘입어 세계 국내총생산(GDP) 8위 규모의 경제 강국으로 성장했다.

푸틴은 이를 바탕으로 '위대한 강대국 러시아의 재건'을 외쳤고 과거의 영광을 재현하기 위해 국제무대에서 힘과 영향력의 외부투사를 서서히 강화해 나가고 있다. 이번 우크라이나 사태에 대한 러시아의 공세적 파워게임도 그런 맥락에서 이해할 수 있다.

다음으로 미국 패권의 약화를 들 수 있다. 최근 워싱턴이 즐겨 사용하는 '전략적 인내'는 헤게모니 쇠퇴의 또 다른 표현이다. 집권 이후 버락 오바마 대통령은 국제문제에 대한 과도한 무력사용이 미국의 쇠락을 가속화한다는 판단하에 군사적 개입을 자제해왔다. 2008년 러시아의 조지아 군사공격 시에도, 지난 3월 크림 반도 병합 시에도, 또 이번 우크라이나 동남부 영토침략 시에도 워싱턴은 제대로 된 대응을 하지 못했다. 미국이 재정적자와 무역적자에 시달리고 오바마케어(Obamacare·건강보험 개혁)와 시퀘스터(Sequester·연방정부 예산 자동삭감 조치)에 발목이 잡혀 있는 사이 푸틴은 그 틈을 영민하게 파고들었다.

푸틴의 도박심을 자극한 또 하나의 요인은 서구의 분열이다. 미국과 유럽연합(EU)은 다양한 대러 제재안을 내놓았지만, 그 실효성에 의문이 제기된다. 또 제재의 강도와 수위를 놓고도 이해당사국 간 견해차가 크다. 에너지,

2014년 5월 9일 크림에서 열린 군사행진에 참석한 푸틴 대통령 모습

출처 : www.themoscowtimes.com

교역, 안보문제 등에서 러시아와 이해관계가 밀접히 교직돼 있는 EU의 핵심 구성원들은 대체로 경고성 대응과 더불어 협상을 통한 해법을 선호한다. 반면 미국과 공로(恐露)의식이 강한 동유럽 회원국들은 고강도 경제제재와 함께 군사적 대응도 불사해야 한다는 강경론을 펼친다. 얽히고설킨 유럽의 지정학적 현실은 강온 세력 간 합의점 도출을 어렵게 하고 공고한 단일 대오 형성을 방해한다.

비(非)서구연합 중국의 비호도 푸틴의 저돌적 질주에 한몫했다. 오늘날 중·러 관계는 전략적 협력 수준에 있어 최고의 밀월기를 구가하고 있다. 실제로 양국은 북한·이란·시리아 문제 등 주요 국제적 이슈가 불거질 때마다 찰떡궁합을 과시했다. 중국은 지난 3월 크림 주민 투표 무효선언과 크림 지위변경 불승인 촉구 등을 골자로 한 유엔안보리 표결에서 기권해 러시아와 함께 결의안 채택을 무산시켰다. 서구의 대러 경제제재를 헐겁게 하는 출구도 제공해주고 있다.

2008년 조지아에 이어 2014년 우크라이나에 대한 러시아의 선제적 군사행동은 중요한 지정학적 시그널을 담고 있다고 본다. 그것은 EU와 나토의 동진팽창에 대한 전면 강압수비에서 러시아의 전통적 세력권을 복원하고자 하는 공세적 정책으로의 전환을 의미한다. 문제는 러시아의 야망을 제어할 뾰족한 묘안이 없다는 점이다. "러시아는 세계 최강의 핵보유국"이라는 푸틴의 겁박에서 모스크바의 사활적 이해가 걸린 국익에 대해서는 절대 양보하지 않겠다는 강한 의지를 읽을 수 있다. 1차 세계대전 발발 100주년을 맞이하는 2014년이 데자뷔처럼 심상치 않게 여겨지는 이유다.

* 이 글은 세계일보 2014년 9월 2일 자에 발표된 필자의 시론을 전면 재인용한 것임.

(2014년 9월 15일 제285호)

11. 푸틴의 노보로시야: 명분인가, 궁극적 목표인가?

신 동 혁
국민대학교 유라시아연구소 연구원

'노보로시야'(Новороссия, New Russia)라는 용어는 블라디미르 푸틴 러시아 대통령이 2014년 4월 17일 TV 방송 대국민 연설 중에 '노보로시야'라는 단어를 반복적으로 사용하면서 언론과 인터넷을 통해 갑자기 널리 퍼지게 되었다. 푸틴은 하리코프, 루간스크, 도네츠크, 헤르손, 미콜라예프와 오데사가 러시아 제국 시기에 우크라이나의 일부가 아닌 노보로시야에 속했으며, 여러 이유로 러시아가 이 지역들을 잃어버렸지만, 사람들은 그대로 그곳에 남았다고 주장했다. 연설에서 푸틴은 20세기 초 소련 정부가 노보로시야 지역을 왜 러시아가 아닌 우크라이나에 양도했는지는 "신만이 안다"고 말함으로써 노보로시야 지역에 대한 관심이 높아지게 되었다.

러시아 역사에서 '노보로시야'라는 용어는 예카테리나 2세(1762~96년 재위) 때인 1764년으로 뉴 세르비야(Новая Сербия)(오늘날 키로보그라드주)와 슬라뱌노-세르비야(Славяно-Сербия)(루간스크 주와 도네츠크 주의 일부) 지역에 첫 번째 노보로시스크 관할 지구가 만들어졌을 때 처음 생겨났다. 노보로시야의 대략적 지역 범위는 러시아-튀르크 전쟁의 결과로 결정되었다. 당시 러시아는 오스만 튀르크와의 전쟁에서 승리함으로써 흑해 북쪽 지역을 포함한 크림 반도를 차지하게 되는데, 드네스트르 강에서 오늘날 도네츠크와 루간스크에 이르는 광대한 영토가 새로운 러시아 영토('노보로시야')가 되었다.

이후 1992년 노보로시야 지역은 우크라이나 소비에트 사회주의 공화국의 일부가 되었다. 그렇다면 당시 소련 정부가 과거 노보로시야 지역(크림 반도 제외)을 우크라이나에 준 이유는 무엇일까? 소비에트 지도부가 과거 노보로시야 지역을 우크라이나에 양도한 이유는 대(大)러시아 쇼비니즘(Great Russian chauvinism)과 싸우기 위한 소비에트 정부의 토착화(коренизация) 정책의 일환이었다. 이러한 정책에도 불구하고 소련의 민족들 사이에서 러시아 중심주의는 계속되었고 그 결과 노보로시야 지역에서의 진정한 우크라이나화가 이루어지지 못했다. 남동부 우크라이나 지역에 오늘날까지도 러시아계 우크라이나인 다수가 거주하는 것이나 러시아어가 주로 사용되고 있는 것이 이를 반증한다.

'노보로시야' 지역에 적용된 '러시아 고유 영토' 개념에 대한 반론에도 주목할 필요가 있다. 과거 노보로시야 지역(흑해 북쪽~아조프 해)이 러시아 제국의 일부가 된 이후 그 지역을 풍부한 농업생산지역으로 발전시킨 사람들은 인종적으로 주로 우크라이나인이었다. 19세기 후반~20세기 전반기에 이 지

노보로시야 지역

출처 : 위키피디아

역이 산업화되는 과정에서도 인종적으로 우크라이나인과 러시아인이 중요한 역할을 담당했다. 이러한 사실은 1926년 인구조사에서도 증명된다. 과거 노보로시야 지역에 있는 인구 중 단 16.4%(참고로 현재 우크라이나 전체 인구 중 17%)만이 인종적으로 러시아인이었으며, 65.8%(현재 78%)가 인종적으로 우크라이나인(나머지는 주로 유대인, 루마니아인, 크림 타타르인)이었다.

'노보로시야' 지역 인구 분포의 급격한 변화는 1926년 이후에 시작됐다. 특히 도네츠크와 루간스크에서 인종적 러시아인이 급증했는데, 철광과 탄광 노동자가 대규모 유입된 것이다. 1932~33년 동안 우크라이나인 수백만의 목숨을 앗아간 기근도 인종적 우크라이나인의 급감을 초래했다. 이 외에도 2차 세계 대전 기간에 거의 모든 유대인이 나치에 의해 제거된 것도 이 지역에서 인종적 러시아인 증가의 주요인이 됐다. 2001년 조사에 따르면, 과거 노보로시야로 추정되는 지역에서 인종적 러시아인은 1/4 이하지만, 인종적 우크라이나인은 2/3 이상으로 밝혀졌다. 물론 지역별 편차가 매우 큰 것도 특징이다. 일례로, 8개 지역 중에서 러시아와 국경을 접하고 있는 루간스크와 도네츠크의 경우 인종적 러시아인의 비중이 현저히 높다. 그럼에도 불구하고 2001년 조사 결과는 루간스크와 도네츠크 등 8개 지역에서 인종적 우크라이나인이 다수를 차지함을 보여줬다(우크라이나 사태 이후에는 인종적 우크라이나인 약 26만 명 이상이 동부 우크라이나를 떠난 것으로 추정되는 점을 고려할 때, 우크라이나 사태 종결 후 동부 지역의 인종적 인구 분포는 큰 변화가 예상된다). 따라서 과거 노보로시야 지역에 인종적 러시아인이 오랫동안 거주했다는 주장에는 문제가 있다.

한편, 푸틴이 사용한 '노보로시야'라는 용어는 혁명 이후부터 최근까지 거의 사용된 적이 없는 용어로 우크라이나 사태 이전에도 언급된 적이 없었다. 따라서 푸틴이 갑자기 이 용어를 사용하게 된 배경이 궁금할 수밖에 없는데, 이런 궁금증은 우크라이나 사태의 전개 과정에서 해소된다. 푸틴의 '노보로시야' 언급은 우크라이나 동부 도네츠크가 중앙정부로부터 독립을 선언한 2014년 4월 7일 이후인 4월 17일에 나왔다. 이처럼 불과 10일 이후에 나온 노보로시야 언급은 그동안 러시아가 내세워 온 이 지역 내 러시아계 우크라이나인의 보호 명분 외에 분리주의자들에게 '고유 영토' 명분을 제공한 것으로 볼 수 있다. 전자는 '보호' 차원의 일시적 개입은 가능할지 모르지만, 영토 자체를 분리하는 명분으로는 한계가 있기 때문이다. 앞서 언급했듯이 크림반도를 제외하고 우크라이나 남동부 지역에 러시아어 사용자(소련 시기 러시아어 공용어 정책의 영향)와 러시아계 우크라이나인이 많은 것은 사실이지만, 인종적 우크라이나인보다 많은 것은 아니다.

이러한 분석은 2014년 5월 24일 공식적으로 인정되지 않은 도네츠크와 루간스크 공화국 지도자들이 '노보러시야'로 명명된 공동 국가(common state)인 인민공화국연합 수립에 서명한 데서 더욱더 분명해졌다.

흥미로운 점은 '5월 24일'이 우크라이나 조기 대선 시행 하루 전날이었으며, 러시아 제국 행정 지역으로부터 영감을 받은 새로운 연합체(노보로시야)는 8개의 우크라이나 지역(오데사, 미콜라예프, 드네프로페트롭스크, 자포로지예, 하리코프, 헤르손, 도네츠크와 루간스크) 대표들이 참석하는 '새로운 러시아 당' 첫 번째 회의 2일 전에 선포됐다는 사실이다. 명분은 푸틴에게나 분리주의 세력 모두에게 필요했던 것으로 보인다.

푸틴의 의도는 적대 세력에 대한 지정학적 균형 유지나 러시아 내 민족주의 정치 저변을 넓히기 위한 것으로 볼 수 있다. 아마도 그는 적어도 도네츠크와 루간스크를 병합할 의도가 있거나 트렌스니스트리야, 압하지야와 남오세티야 라인을 따라 존재하는 또 다른 '갈등 동결'(frozen conflict)된 유사-국가(pseudo-state)를 만들려고 하는지도 모른다. 2014년 8월 31일 푸틴은 또 다른 유사-국가 수립 쪽에 힘을 실어주는 언급을 했다. 도네츠크와 루간스크에 독립국 지위(statehood) 부여 필요성을 언급한 것이다(물론 곧바로 드미트리 페스코프 러시아 대통령 공보실장은 푸틴 대통령이 그런 의미로 말한 것이 아니라고 부인했다). 이와 관련하여 오바마 대통령은 "19세기에 '상실한' 땅을 되찾으려는 시도는 분명히 21세기 러시아의 위대성을 지키는 방법이 아니다"고 말했다.

한편, 분리주의자들이 실제로 노보로시야를 만들 수 있느냐는 의문도 제기된다. 특히 우크라이나 내 친러시아 지도자들이 새로운 정부를 누가 이끌 것인가를 두고 분열하고 있다는 것이다. 2014년 4월 중순경 시행된 남동부 지역 여론 조사 결과에 따르면, 15.4%만이 우크라이나에서 벗어나 러시아와 연합하기를 원하며, 64.2%는 연방자치지역이 아닌 단일한 우크라이나의 일부로 남기를 원하는 것으로 밝혀졌다(참고로 본 여론 조사는 키예프 소재 신문인 Mirror Weekly의 요청으로 The Kiev International Institute of Sociology가 3,200명을 대상으로 시행함). 그럼에도 불구하고 새로운 노보로시야의 출현이 우크라이나 나머지 지역의 황폐화라는 데에는 의심의 여지가 없다. 분리주의자들이 주장하고 있는 경계선은 우크라이나 현지 주민 1/3 이상과 우크라이나 산업기반 대부분, 그리고 흑해 해안선 전부를 포함하고 있기 때문이다. 더욱이 노보로시야는 러시아와 우크라이나를 연결하는 주요 가스관을 포함하고 있다.

다른 한편, 푸틴이 '노보로시야'라는 용어를 언급한 지 2개월이 지난 시점에 영국 BBC 기자는 유리 페트로프 러시아 과학아카데미 러시아역사연구소 소장과 인터뷰했다. "해당 지역에 대한 러시아연방의 권리 행사를 위한 기초를 만들어갈 계획?"에 대한 기자의 질문에 페트로프는 "노보로시야 역사에 대한 연구는 학문적 차원이며 노보로시야가 누구에게 속한 지를 밝히지 않을 것"이라고 대답했다. 그러면서도 그는 "노보로시야는 객관적인 역사적, 문화적 현상"이라고 주장했다. 또한, 노보로시야 역사 교과서 편찬 여부를 묻는 말에 페트로프는 교과서가 자신들의 전문 영역이 아니라고 하면서도 다만 2015년까지 노보로시야 역사에 대한 광범위한 학문적 연구 노력을 기울여 그 성과를 교사들이 학습 자료로 사용하도록 도울 것이라고 말했다. 2개월 후인 지난 8월 러시아 과학아카데미 회원들은 『노보로시야의 역사』 제1판을 2015년 3월까지 끝낼 것이라고 약속했다. 8월 26일 자 이타르타스 통신과의 인터뷰에서 유리 페트로프는 2015년 3월까지 집필 완성을 위한 모든 준비가 완료됐으며, 분량은 1천 페이지 이상이 될 것이라고 발표했다. "역사는 만들어지는 것이다"는 문구와 함께 '노보로시야'는 '명분'보다는 '궁극적 목표'라는 표현에 마음이 더 간다.

(2014년 9월 29일 제287호)

12. 우크라이나 총선 이후 정국의 주요 변수

박 정 호
한국외국어대학교 우크라이나어과 교수

프롤로그

2014년 10월 26일 시행된 우크라이나 조기 총선은 유로마이단 세력의 승리로 막을 내렸다. 의회 해산과 조기 총선 시행이라는 페트로 포로셴코 대통령의 전략적 승부수는 정권의 안정적 기반 구축과 원활한 국정 운영을 위한 일종의 정치적 타개책이었다. 새롭게 형성될 의회의 권력 구도에서 포로셴코의 정치적 영향력 증대와 더불어, 친정부 성향의 정치 세력들을 더 강력한 형태로 결집할 필요성이 있었기 때문이다. 그런 이유로 우크라이나 신정부 세력에게 총선 승리는 매우 중대한 정치적 과제나 마찬가지였다. 그러나 친서방 세력들의 압도적인 총선 승리에도 불구하고, 총선 이후 우크라이나의 정치 과정에는 세 가지 중대 변수가 남아 있다. 이는 포로셴코 정부의 미래와 우크라이나의 정국 향방을 좌우할 수 있는 핵심 사안들이다.

제1변수. 연립정부와 의회 다수파 연합의 구성 방안

이 사안은 유로마이단 사태 이후 우크라이나 행정부와 입법부의 새로운 권력 지형도를 구성하는 작업이다. 현시점에서 볼 때, 통치 권력의 배분과 조정 과정에서 포로셴코의 정국 구상과 아르세니 야체뉴크 총리의 정치적 대응이 가장 중요한 동인으로 작용할 것이 틀림없다. 정당 지지율에서 포로셴코 블록은 기대했던 목표치(최소 35%, 최대 40%)보다 현저히 적은 22%를 기록하는 데 그쳤다. 그러나 지역 선거구에서의 압도적인 승리와 무소속 의원들의 영입 가능성을 종합적으로 고려한다면, 포로셴코 대통령이 우크라이나 권력 구도에서 상당히 유리한 정치적 입지를 차지하는 데는 별다른 문제가 없을 것이다.

다만 향후 포로셴코의 정국 운영에서 또 하나의 중요한 변수가 있다면, 그것은 총선 이후 야체뉴크와의 정치적 관계 설정 문제이다. 포로셴코가 정당 지지율에서 1위를 차지한 야체뉴크의 높은 정치적 주가를 일방적으로 무시하기가 어려울 뿐 아니라, 야체뉴크의 정치적 독주를 좌시할 수도 없는 처지이기 때문이다. 게다가 양자 간에 정치적 경쟁 구도가 형성된다면 범 서방 진영 내부에서 정치적 분열이 발생할 개연성도 존재한다.

이는 오렌지 혁명 이후 비롯된 정치적 분열의 기억을 상기한다면, 정국이 권력투쟁 현장으로 비화되어 포로셴코 정부는 국정 운영에서 심각한 도전

페트로 포로셴코 우크라이나 대통령과 아르세니 야체뉴크 총리

출처 : www.giga.ua

에 직면할 수도 있을 것이다. 따라서 상호 간 갈등 상황의 발화를 미리 방지해야 한다는 분명한 정치적 공감대가 형성되고 있다고 할 수 있다. 현재 새로운 행정부와 의회 구성에서 대통령과 총리를 둘러싸고 일종의 '정치적 거래'가 진행되고 있다. 이때 새로운 행정부와 의회 구성과 관련한 고위 직위와 영향력 채널 배분에서 상호 이해의 균형을 맞출 수 있느냐가 향후 정국 운영의 핵심 변수로 작용할 것이다.

제2변수. 동부 지역 분리주의 움직임에 대한 대처 방안

2014년 11월 2일 도네츠크 인민공화국과 루간스크 인민공화국에서 행정수반과 최고의회 의원들을 선출하기 위한 선거가 진행되었다. 돈바스 지역에서 독자적으로 진행된 선거는 우크라이나 사태의 모든 이해 당사자에게 대단히 중요한 정치적 함의를 갖는 사건이었다. 특히 반군 관할 지역에서 자체 선거 시행과 지도자 선출은 러시아에 전략적으로 특별한 의미를 부여해 줄 수 있었다. 그동안 러시아 지도부는 우크라이나의 유럽행을 차단할 목적으로 동부 지역의 분리주의 집단에 정치·군사적 지원을 제공했다는 대외적 비판에 시달려 왔다. 그러나 돈바스 선거를 통해 해당 지역 주민들이 권력을 민주적으로 위임해 주었다는 점에서 인민공화국 지도부는 통치의 합법성에 대한 공식적인 승인을 확보할 수 있게 되었다. 따라서 러시아 지도부도 이들과의 관계에서 정치적 명분을 얻게 됨으로써 향후 동부 지역 카드를 더 적절하게 사용할 기회를 확보하게 된 셈이다.

그런데 돈바스 지역 내 선거를 둘러싸고 대내외적으로 논란이 지속되고 있다. 그 결과 동부 지역에서 휴전에 대한 상호 합의점을 도출해 주었던 '민스크 프로토콜'의 유효성 여부에 대해 심각한 우려들이 제기되고 있다. 독자적인 일정을 토대로 시행된 돈바스 지역 선거의 정통성 여부에 대해 이해 당사자들 간에 심각한 불협화음이 생겨나고 있기 때문이다. 키예프 정부와 서방측은 자의적인 일정으로 진행된 돈바스 선거의 불법성을 지적하면서 민스크 합의 내용의 준수를 요구하고 나섰다. 또 유럽연합 관계자들은 만일 러시아가 돈바스 선거 결과의 합법성을 인정하고 나선다면, 러시아에 대해 새로운 제재를 도입할 것이라고 경고했다. 반면, 러시아는 돈바스 지역 내 선거 시행 자체가 해당 지역 주민들의 자발적인 선택이라는 점을 지적하면서, 선거에서 나타난 결과를 존중한다는 원론적인 태도만을 표명하고 있었다. 이와 함께, 돈바스 인민공화국 지도부도 우크라이나 정부 측의 특별 지위 법안 파기 문제에 대해 강경 대응 방침을 천명하면서 민스크 협정 자체 재고, 즉 전투 행위 재개를 배제하지 않겠다는 의사를 피력했다. 심지어 돈바스 지역에서 국지적인 군사행동이 재개될 움직임이 포착되고 있으며, 러시아가 우크라이나에 대한 군사 개입을 준비하고 있다는 소문도 돌고 있다. 이는 민스크 합의안에 대한 무효화와 우크라이나 위기를 촉발할 수 있는 사안이라는 점에서 포로셴코 정부의 대응이 매우 중요하다.

제3변수. 포로셴코 정부의 대외정책 방향 설정 문제

집권 이후 포로셴코 대통령이 당면한 가장 난처하고 어려운 국정 과제가 바로 대외정책 노선 결정 관련 문제였다. 포로셴코가 유로마이단 사태의 결과로 집권에 성공한 이상 우크라이나의 유럽행 추진은 대외정책의 최우선 과제임이 분명했다. 그렇지만 우크라이나 대외정책의 추진 과정에서 대러 관계 정립의 수준과 성격을 반드시 결정할 필요성이 있었다. 역사적·경제적 상호 관계상, 또 동과 서 사이에 있는 지정학적 현실상 우크라이나 신정부의 복합적 고민은 선택의 문제가 아니라 필수적인 고려 사항이었기 때문이다. 여기서 대표적인 사례로 유럽연합과 우크라이나 간의 자유무역협정(FTA) 시행 문제를 들 수 있다. 2014년 6월 27일 벨기에 브뤼셀에서 열린 EU 정상회담에서 포로셴코 대통령은 EU 측과 FTA를 전격적으로 체결했다. 당시 포로셴코는 "우크라이나는 유럽에의 꿈을 이루기 위해 여러 달 동안 큰 비용을 치렀으며, 오늘은 소련에서 독립한 이후 가장 중요한 날이다"고 말했다. 그러나 문제는 2014년 9월 12일 유럽연합과 우크라이나의 자유무역협정이 2015년 말까지 대략 15개월간 연기됐다는 점이다. 유럽연합 관계자의 공식 입장에 따르면, 이러한 잠정적 유예 결정은 러시아와 우크라이나 간의 휴전 협정을 지지하는 노력의 일환이었다.

더욱이 우크라이나와 러시아 관계의 본원적인 속성을 종합적으로 고려한다면, 우크라이나 신정부의 대외전략 선택지에는 상당한 제약이 존재할 수밖에 없다. 러시아는 우크라이나에 대한 다양한 압박 수단(정치에서는 동부 지역 분리주의 세력 활용, 경제에서는 에너지 자원과 무역 보복, 군사에서는 반군에 대한 군사적 지원, 사회문화에서는 전체 인구의 17%에 달하는 러시아계 주민과 동남부 지역 거주 친러 성향 우크라이나 주민)을 보유하고 있다. 따라서 러시아 지도부는 이러한 수단을 유효적절하게 활용하면서 우크라이나의 탈러시아 행보를 방지하는 데 총력을 기울여 나갈 것이 분명하다. 이 경우 과연 우크라이나의 신정부가 대외적 차원에서 어느 정도로 능동적인 외교력과 정치적 협상력을 발휘할 수 있을지가 대단히 중요한 문제로 남는다. 특히 포로셴코 정부가 유럽행 정책을 재개해 나가는 과정에서 러시아 측의 이해관계를 어느 선까지 용인해줄 수 있느냐가 현재 가장 큰 관심사 중 하나이다.

에필로그

이상의 세 가지 변수를 종합해 볼 때, 총선 이후 우크라이나 정국은 상당히 불안정한 상황에 직면할 수 있는 개연성이 적지 않다. 따라서 지금은 향후 정국 안정을 위해 포로셴코 대통령의 정치력 발휘가 필요한 시점이다.

(2014년 11월 24일 제295호)

러시아와 한반도

13. 2014 한·러 관계, 동북아 전략 환경 변화 속 지속 가능한 협력 모색

현 승 수

통일연구원 동북아 국제전략연구센터 부연구위원

2014년 한·러 관계는 우크라이나 사태로 증폭된 러시아와 서방 간 갈등이 동북아의 전략 환경을 변화시키는 가운데, 두 나라가 지속 가능한 협력을 모색하며 2013년 양국 정상회담에서 합의된 사항들을 실천하기 위해 노력한 한 해로 평가할 수 있을 것이다.

우선 정치·안보 분야에서는 서방과의 관계 악화가 지속되고 있는 러시아와의 협력에 한계가 노정된 것이 사실이다. 한국은 3월 19일 외교부 대변인 명의 성명을 통해 "우리 정부는 크림 주민투표와 러시아의 크림 병합을 인정할 수 없"으며 "우크라이나의 주권, 영토 보존과 독립은 반드시 존중돼야 한다"고 밝혔다. 그러나 우리 정부가 내놓은 입장은 미국과 유럽 등 국제사회의 입장과 같으면서도, 국제법 위반 등을 거론한 다른 나라와 비교하여 표현 수위 면에서는 강도가 낮은 것이었다. 또 우크라이나 사태에 대한 대러 경제제재 동참을 요구하는 미국에 대해 한국은 어렵다는 견해를 표명했는데, 러시아 국영 '러시아의 소리' 10월 23일 자 해설에 따르면, 러시아는 대러 제재에 동참하지 않은 한국을 높게 평가하면서 한국이 거부를 표명한 이유로 대러 수출 시장과 남·북·러 삼각협력에 대한 한국 정부의 의지를 거론했다.

2014년 들어 가속화된 북한과 러시아의 접근도 한국의 대러시아 외교력을 우려하게 했다. 북·러 관계의 급속한 진전은 양측이 미국에 대한 적대 관계를 심화시키고 있는 국제 환경의 변화에 따른 것으로 분석된다. 중국이 북한의 핵 개발과 관련해 대북 강경책을 펴는 사이 러시아는 루블화로 북·러 간

무역결제, 북한의 광물자원 개발, 나진항에 보조 선박 지원 등 북·러 간 통상 협력을 강화해 왔다. 더욱이 러시아는 대북 관계의 걸림돌이었던 북한의 채무를 과감하게 탕감해주었으며 남은 채무는 러시아가 북한의 보건과 교육, 에너지 분야에 재투자하는 형식이 될 것으로 알려졌다. 이와 관련해 세르게이 샤탈로프 러시아 재무차관은 상환금 중 일부가 남·북·러를 연결하는 천연가스관이나 철도 연결에 사용될 수 있다고 밝혔다.

무엇보다도 국제사회의 이목을 끄는 것은 푸틴 대통령이 2015년 5월 9일 개최 예정인 2차 대전 승전 기념 70주년 행사에 김정은 북한 국방위원회 제1위원장을 초청함으로써 북·러 정상회담 가능성이 농후해졌다는 사실이다. 러시아는 2014년 말 잇달아 불거진 UN의 북한 인권 결의안과 소니 픽처스 해킹 사건 문제에서 북한의 입장을 변호하고 두둔하는 행보를 취함으로써 자국의 대북 전략에서 모종의 변화 가능성을 내비쳤다.

미국이 고고도 요격미사일 '사드'(THAAD)를 주한미군 기지 내에 배치하는 방안을 추진하는 것을 놓고 러시아가 민감하게 반응한 점도 주목할 만하

2014년 9월 '한러경제포럼'에 참석한 양 국 인사들 모습

출처 : www.kidd.co.kr

다. 한민구 국방부 장관과 위성락 주러 대사 사이에 사드 배치 여부를 둘러싸고 평가가 엇갈리는 가운데, 러시아 외무부는 7월 24일 성명을 통해 '사드' 배치가 동북아 군비경쟁을 촉발하고 북핵 문제 해결에 더 큰 어려움을 초래할 것이라며 반대의 뜻을 표명했다.

동북아 전략 환경의 변화에 따라 한계가 드러났던 정치·안보 분야와는 달리, 경제 분야에서는 한·러 사이에 새로운 가능성이 모색된 한 해였다고 평가된다. 러시아는 서방과의 관계 악화로 인해 동북아로 협력의 시선을 옮기고 있으며 최근 중·러 밀착과 북·러 접근은 이러한 러시아의 대외정책 노선 수정과 무관하지 않다. 그럼에도 불구하고 주목할 것은 러시아가 북·러 관계 개선을 극동 지역 개발과 끊임없이 연계시키며 남·북·러 삼각협력 구도 속에서 추진하고 있다는 사실이며, 이는 경색일변도인 남북한 관계 개선에 러시아의 협력이 호재로 작용할 가능성을 보여준다.

이와 관련하여 11월 29일 러시아산 석탄(유연탄) 40,500톤이 북한 나진항을 거쳐 국내로 반입된 사례는 시사하는 바가 크다. 러시아산 지하자원이 북한을 거쳐 국내로 수입되는 것은 이번이 첫 사례로서, 이번 수입은 남·북·러 삼각협력 사업으로 추진되는 나진-하산 프로젝트 시범운송 사업의 일환이며 우리 정부가 추진하고 있는 '유라시아 이니셔티브' 구상의 첫 성과물로 평가된다. 같은 날 한국을 방문한 알렉산드르 갈루시카 러시아 극동개발부 장관은 통일부, 산업통상자원부, 국토부, 해양수산부 등 우리 정부 관계자들을 만나 경협 문제를 논의하고 남·북·러 삼각 경협이 한반도 안정화에 이바지하리라고 말하고 나진-하산 프로젝트에 대한 북한 측의 관심도 전달했다.

12월 9일에는 한국무역협회가 주한 러시아 무역대표부, 한러상공회의소와 공동으로 서울에서 '한러경제포럼'을 개최했는데, 한국과 러시아 극동 지역의 무역·투자 분야 협력을 주제로 한 이 포럼에는 문재도 통상자원부 차관, 한덕수 한국무역협회 회장, 유리 트루트네프 러시아 부총리, 막심 셰레이킨 극동개발부 차관, 스타니슬라프 보스크레센스키 경제개발부 차관 등 한·러 정·재계 주요 인사 300명이 참석하여 대성황을 이뤘다.

다만 한·러 양국의 교역량이 2014년에도 답보상태에 머물러 있고 우리의 대러 수출이 줄어든 반면 수입 증가율이 높은 점은 해결해야 할 과제로 남아 있다. 전문가들은 한·러 경제 협력을 더욱더 발전시키기 위해서는 소비재 수출과 원자재 수입 중심의 협력 구조를 더욱 확대하여 자원과 에너지 부문 협력을 강화하고 교역 품목을 다변화해 나가야 할 것이라고 주문한다.

한편, 2014년은 한·러 무비자 시대의 개막으로 관광 등 상호 인적 교류도 괄목할 만한 증가세를 보였으며 지방정부와 민간기업 간 교류도 활발했던 한 해로 기억된다. 한·러 간 무비자 입국은 2013년 11월 푸틴 대통령의 방한 시 양국 간 체결된 비자면제협정에 따른 것으로서 한국은 아시아에서 태국, 홍콩, 마카오 다음으로 러시아와 비자면제협정을 체결했다.

이에 따라 2014년 한 해 동안 러시아의 무비자 관광객의 방한도 대폭 증가했으며 러시아 관광객 유치를 위한 다양한 행사가 한·러 중앙정부 기관은 물론, 지방정부 간에도 활발하게 개최되었다. 일례로 6월 13일 모스크바에서 열린 '2014 한국국제의료관광컨벤션'(KIMTC)은 문광부에서 개최하는 한국관광문화대전과 연계해 한류와 한국 의료기술의 강점을 함께 선전하는 형식으로 열려 주목을 받았다. 한·러 경제인들은 양국 간 비자면제협정이 향후 두 나라 중소기업 간 교역과 거래, 투자 확대에 긍정적인 심리적 동기를 유발할 것으로 기대하고 있다.

2015년은 2014년과 마찬가지로 러시아와 서방의 갈등, 중·러 협력, 북·러 접근 등 동북아 전략 환경의 변화가 더욱 가속화·가시화될 것이며 한·러 관계도 정치·안보적 협력보다는 경제적 교류 확대를 추구하면서 상호 간 지속 가능한 협력을 모색해 나갈 것으로 전망된다. 미국과 대립각을 세우고 있는 러시아가 정치·안보적 사안에서 한국 측과 의견을 달리할 가능성이 없는 것은 아니다. 그러나 이로 인해 러시아가 한국과의 경협이나 극동 개발에 대한 한국의 참여를 포기하지는 않을 것이며, 남북한 공동의 관심사인 경제 협력 추진을 위해 협력자 또는 중개자 역할을 최대한 추구하려 할 것이다. 개성공단의 국제화나 한국, 중국, 몽골, 러시아 4개국 다자협의체인 광역두만강개발계획(GTI)의 추진에도 적극성을 보일 것으로 예상된다.

필자의 견해로는 급변하는 국제정세와 동북아의 전략 환경 변화 속에서 한국은 위기보다 기회를 더 많이 포착할 수 있으며, 이는 러시아와의 협력 가능성을 얼마나 실현하느냐에 달려 있다고 해도 과언이 아니다. 우리는 향후 대북 문제 해결에서 러시아의 영향력이 서서히 증대될 가능성에 유념하면서 러시아를 통한 대북 지렛대 확보라는 중장기 전략 카드를 준비해야 함은 물론, 러시아에 한국과의 협력이 '변수'가 아닌 '상수'로 인식되도록 외교적 노력을 기울여야 할 것이다.

(2015년 2월 9일 제306호)

14. 우크라이나 사태와 한국의 대외 국가전략 위기 대응 방안

홍 현 익

세종연구소 수석연구위원

우크라이나 사태 경과와 악화 원인

2013년 11월 21일 빅토르 야누코비치 우크라이나 대통령이 EU와의 자유무역협정(FTA)을 포함한 포괄적인 협력협정 체결 보류를 발표하자 우크라이나 국민은 그에 반발하여 대규모 반정부 시위를 벌였다. 이에 친러 성향의 야누코비치 대통령이 러시아의 지원을 요청하자 우크라이나 신정부와 미국 등 서방의 반대에도 불구하고 러시아가 개입하면서 2014년 3월 크림 반도가 주민투표를 거쳐 러시아에 합병됐다. 4월 우크라이나 동부 일대에서 친러 반군과 정부군 간 교전이 발생하여 위기는 확대됐다. 7월 17일 말레이시아 민간 항공기가 우크라이나 동부 지역에서 친러 반군이 쏜 것으로 추정되는 대공미사일에 의해 격추되어 러시아와 우크라이나, 서방의 대립 갈등은 더욱 격화됐다. 8월 말 러시아군이 우크라이나 남동부에 진입하여 우크라이나 정부군과 전면전 위기 상황까지 발생했으나 9월 3일 양측은 휴전에 합의했다. 그럼에도 불구하고 향후 우크라이나와 서방을 한 측으로 하고 우크라이나 동부 친러 반군세력과 러시아를 다른 측으로 하는 대립은 전망을 매우 어렵게 하는 정면 대립과 갈등 양상을 보일 것으로 우려된다.

이렇게 우크라이나 사태가 쉽게 해결되기 어려운 이유는 우크라이나의 영토 주권과 동부 지역 친러 주민의 자치주의적 집단 의지가 대립하는 데다, 역사적으로도 크림 반도가 1954년 이전까지 러시아 영토였다는 사실과 함께 국제정치적인 요인들이 복잡하게 얽혀 있기 때문이다. 먼저 최근 러시아에서 민주화 요구가 커진 데다 어려워진 경제 상황으로 국민의 불만이 증폭되자 푸틴 대통령은 애국주의적 포퓰리즘과 결단력에 따른 일관된 개입을 강력히 추진하여 서방 국가들이 정면 대결을 각오하지 않고는 이를 통제하기 어려운 상황이다. 우크라이나와 동유럽 국가들은 물론이고 독일을 비롯한 상당수 서유럽 국가도 러시아산 천연가스에 의존하고 있으므로 정면 대결을 불사하기는 매우 어렵다. 그렇더라도 미국이 강력한 억지 의사와 능력을 갖추고 있다면 러시아를 막을 수도 있다.

하지만 오바마 대통령은 부시 대통령이 클린턴 대통령으로부터 최전성기의 국력을 물려받아 이라크 전쟁에 일방적이고 무모하게 개입하여 오히려 세계 금융·재정위기를 야기한 것을 비판하면서 취임했고, 미국의 약화된 재정능력으로는 또다시 대규모 군사 개입은 어렵다는 것을 잘 알고 있을 뿐 아니라 시리아와 이라크 문제도 군사 개입을 요구하고 있으므로 러시아와 정면 대결할 형편이 아니다. 끝으로 국력을 급속히 강화하고 있는 중국이 사실상 러시아를 두둔하고 있으므로 미국과 서방이 러시아와 정면으로 충돌하기 어려운 것이다.

이처럼 우크라이나 사태는 우크라이나의 내분과 미국의 패권 쇠퇴, 중국의 부상에 편승한 푸틴의 애국주의적 팽창을 우크라이나와 미국, 유럽이 단합하여 억지하지 못함으로써 악화했으며, 동유럽의 영토 지도를 변경하고 미국과 러시아 관계, 유럽과 러시아 관계, 그리고 미국 패권의 장래를 포함한 국제질서의 재편에 상당한 영향을 미칠 것이 분명하다.

한국의 국가전략 위기와 대응 방안

그렇다면 우크라이나 사태가 한반도 안보정세에는 어떤 영향을 미치며 우리는 어떻게 대응해야 국가전략 목표를 달성하고 국익을 극대화할 것인가?

먼저 한국의 대외 국가전략 목표를 확실히 인식해야 해법을 찾을 수 있다. 우리 민족의 숙원인 민족통일을 달성하고 박근혜 정부의 대외전략 기조가 한반도 신뢰프로세스, 통일대박론, 동북아 평화협력 구상, 유라시아 이니셔티브이므로 이를 종합하면, 북한의 도발을 억지하고 한반도의 평화와 안정을 확보하며 북핵 문제를 해결할 뿐 아니라 분단 비용을 최소화하면서 남북관계를 정상화하고 남북경협을 호혜적으로 진흥하여 궁극적으로 국제사회의 지지 아래 대박이 될 수 있는 민주체제의 평화통일을 달성하는 것이 한국의 대외전략 목표라 할 수 있다.

우크라이나 사태는 한국이 이런 목표를 달성하기 위한 국가전략을 수행하는 데 상당한 영향을 미칠 것인데 대부분이 도전적인 요소이므로 우리의 지혜로운 대응이 절실히 요구된다.

첫째, 우크라이나 사태로 인해 미·러 관계 악화와 중·러 전략적 협력, 북·러 관계 강화가 예상된다. 최근 중국과 관계가 껄끄러워진 북한이 일본과의 관계 개선을 진행 중이고 러시아와의 관계 발전에도 박차를 가하고 있는 데다, 러시아도 미국과 대립하고 있는 북한과의 관계 개선과 경제 협력을 증진하고 대북 지원을 강화하고 있으므로 한국의 외교·안보 전략 환경이 불리한 방향으로 전개될 가능성이 크다. 또한, 미국의 한·미·일 동맹 형성 노력과 함께 중·러 관계가 강화되면 결국 한·미·일 3각 안보협력 대 북·중·러 3각 안보협력의 진영 간 대립구도로 한반도 주변 정세가 펼쳐질 수 있다. 그럴 경우 한반도 평화와 안정 구축은 더욱 어려워질 것이다. 한국의 대외전략에서 대다수 전문가가 동의하는 것이 한·미 동맹을 발전시키면서 한·중 협력을 확보하는 것인데 이 역시 매우 어려워질 수 있다. 따라서 정부는 한·미 동맹이 반중 동맹이 되지 않도록 유의하면서 한·중 대화 노력도 강화해야 한다.

둘째, 미·러 관계와 미·중 관계가 동시에 악화할 가능성이 커지기 때문에 그렇지 않아도 아시아 중시정책 또는 아태 재균형 정책이라는 이름 아래 대중 전략적 포위·견제구도 구축에 진력해온 오바마 행정부가 한국에 두 가지 난처한 요구를 할 수 있다. 먼저 1965년 한·일 국교정상화를 압박했던 것처럼 아베 정부의 일탈 행동과 무관하게 한국 정부에 일본과의 관계 개선을 종용할 가능성이 크다. 아베 정부에 대한 우리의 정당한 요구를 접고 미국의 요청대로 일본과의 관계 정상화와 협력에 나서야 할 것인가? 또한, 미 행정부는 우리 정부에 고고도미사일방어체계 사드 배치를 용인하라고 종용하고 있는데, 이를 받아들일 경우 한국과 유라시아 대륙의 단절이 더욱 심화하거나 아예 한국이 대륙세력 견제의 전초병이 될 수도 있다.

우리 정부는 사드 배치가 어렵지만, 그 대신 한국형 미사일방어체제 구축사업을 계속 진행할 것이며, 일본이 독도가 한국 영토임을 인정하고 과거사에 대해 진정한 반성을 해야만 한·일 정보보호협정 체결이 가능하다는 것에 대해 미국 정부를 설득해야 한다. 즉 미국이 한·일 안보 협력이 강화되기를 바란다면, 일본 정부로 하여금 한·일 현안을 전향적으로 해결하도록 진정성 있는 일관된 노력을 취하도록 하는 일이 선행되어야 한다는 점을 주지시켜야 한다.

셋째, 미·러 관계가 악화하면서 미국이 동맹국인 한국에 대러 제재 동참을 요청하고 있어 우리 정부는 매우 곤혹스러운 처지에 놓이고 있다. 이를 받아들이면 박근혜 정부가 추진하려는 유라시아 이니셔티브는 제대로 시동도 걸지 못하고 위기에 빠질 것이다. 또 한국이 러시아에 대해 무역 제재를 가할 경우 한·러 관계 악화는 물론이고 자동차나 경공업 제품을 수출하고

커티스 스캐퍼로티 한미연합사령관은 최근 '사드' 국내 배치를 위한 초기 검토가 이뤄지고 있음을 밝힌 바 있다.

출처 : www.ytn.co.kr

에너지와 원자재를 수입하는 교역 구조상 러시아에 대한 제재 효과보다 한국의 피해가 훨씬 더 클 것으로 우려된다. 미국의 대러 제재 입장은 이해하지만, 우리가 동참하기는 어렵다는 것을 외교력을 발휘하여 이해시켜야 한다.

넷째, 북핵 문제 해결 구도도 더욱 나빠질 가능성이 크다. 북한의 핵을 포기시키려는 국제 공조에서 러시아의 협력이 약해질 것이고 미·러 대결구도가 형성되면 중국은 결국 러시아 편을 선택할 것이므로 북핵 문제에서 중국의 협력 확보도 더욱 어려워질 것이다. 더 큰 문제는 우크라이나 사태로 북한의 핵 보유 동기가 더 커졌다는 것이다. 이미 1990년대에 IAEA 사찰을 여러 차례 받은 이라크의 사담 후세인 정권이 결국 미군의 공격으로 무너졌고 리비아의 카다피도 WMD 포기를 결심했지만, 나토군의 개입으로 내전에서 패배하고 목숨을 잃었는데, 이제 1994년 핵 포기 대가로 미국과 러시아의 안보보장을 받았던 우크라이나마저 러시아의 크림 반도 탈취와 내전 개입 과정에서 러시아에 배반당한 것은 물론 미국과 서방으로부터 제대로 지원도 받지 못한 것을 목도하고 있는 김정은은 핵 보유 결의를 더욱 확고하게 다지고 있다. 따라서 우리 정부는 두 가지 기로 앞에 서서 중차대한 안보적 결단을 내려야 할 것이다. 북핵 문제에서 미국과의 공조에 치중하여 북한의 사실상의 핵 능력 보유 상황에 부닥쳐 상시적인 안보 위협을 받을 뿐 아니라 중국과 러시아에 대한 전략적 견제·억지 전선의 전초병이 될지, 아니면 법적 구속력이 있는 조약 같은 형태로 북한 정권에 대한 안전보장을 약속하는 것을 포함하는 획기적이고 전향적이며 창의적인 포괄 공동제안을 미국, 중국과 함께 작성하고, 이를 김정은에게 제안하여 북핵 문제를 해결하면서 한반도 평화체제도 구축할지를 결단해야 할 것이다. 한국의 국익과 민족의 장래를 고려할 때 다른 지혜로운 대안을 갖고 있지 않다면 후자를 선택하는 것이 현실적이고 합리적이리라.

마지막 도전은 북한의 급변사태에 대한 대응 과정에서 매우 우려되는 상황이 발생할 수도 있다는 것이다. 현 상황에서는 가능성이 그리 크다고 여겨지지는 않지만, 정통성 없는 세습을 통해 정권을 떠맡은 젊고 경험이 모자란 김정은이 언제라도 갑자기 신체적 유고 상태가 될 수도 있다. 이 경우 합의된 후계자가 없으므로 심각한 권력투쟁이나 내전이 벌어져 중앙권력이 혼란 상황에 대한 통제력을 상실하는 급변사태가 발생할 수 있다. 우크라이나 사태도 일종의 급변사태가 갑자기 발생하자 야누코비치 대통령의 지원 요청에 따라 러시아가 군사 개입을 감행했는데 미국을 비롯한 서방은 이를 억지하지 못했다. 북한 급변사태 시에도 김정은이나 다른 집권자가 중국 정부에 군사 지원을 요청할 경우 우리 정부나 미국이 중국의 군사 개입을 억지할 수 있을지는 의문시된다. 중국과의 군사적 충돌 가능성을 포함한 이러한 안보 위기 발생을 예방하고 상황 발생 시 적절하게 대응하기 위해서는 우리 정부가 '한·미 동맹 발전과 한·중 협력 확보'라는 기조를 견지하는 동시에 한·미·중 3국 간 북한 급변시나리오에 대비한 공식·비공식적 방안에 대한 협의를 주도하여 사전에 3국 공동 대비·협력 방안을 마련해 두어야 할 것이다.

(2014년 9월 22일 제286호)

15. 러시아의 대북정책: 경제적 측면

류드밀라 자하로바

러시아 과학아카데미 극동연구소 한국학센터 선임연구원

러시아는 현재 '러시아연방 대외정책'의 선린·호혜 협력 원칙에 따라 남북한과의 우호 관계를 지향하면서 역내 발전 촉진에 남북한의 잠재력을 십분 활용하려고 한다. 또 역내 평화와 안정, 안보를 위한 가장 중요한 조건으로서 남북한의 정치 대화와 경제 협력을 지지한다. 이런 가운데 블라디미르 푸틴 러시아 대통령은 러시아가 "북한 지도부와의 대화를 계속하고 우호 관계를 발전시켜 나가야만" 한다고 말했다.

대북 관계에서 러시아의 기본 정책 방향은 두 가지로 요약할 수 있다. 첫째는 러시아 동부 국경 지역의 안보 이익이고, 둘째는 경제관계 발전에서 얻을 수 있는 실리다. 이러한 목표 달성을 위해 러시아는 한반도 비핵화와 남북 대화 진전을 시종일관 지지한다. 러시아는 한반도에서 자국의 경제적 이해관계에 따라 시베리아횡단열차와 한반도종단철도의 연결, 한반도 관통 러시아 가스관 건설, 러시아산 전력 공급 등 남북한이 함께 참여하는 대규모 프로젝트들의 실현에 큰 기대를 걸고 있다. 그리고 이러한 프로젝트들에 대한 논의는 러시아와 북한의 주요 회담 때마다 빼놓을 수 없는 의제가 되고 있다. 하지만 북한을 둘러싼 긴장관계 때문에 이들 프로젝트가 실현된 적은 한 번도 없었다.

그러나 러시아는 동북아 상황이 복잡함에도 불구하고 대북 교역 활성화 정책을 계속 추진했다. 대북 경제제재가 전 방위적으로 이뤄지고 있고 대북 투자환경이 좋지 않은 시기에도 러시아는 북·러 간 경제 활동에 방해되는 요소를 제거하고 대규모 프로젝트를 시행하면서 북한에 많은 도움을 줬다. 특히 북·러 양국 정부는 2012년 북한의 구소련 부채 탕감 합의서에 서명했다. 2014년 5월 효력이 발생한 이 합의서로 양국은 향후 경제통상 관계 발전에 저해되는 중요한 요인을 제거했다.

북·러 정부 간 통상경제·과학기술협력위원회(МПК)는 양국의 경제관계 발전을 촉진하는 핵심 기구로서 이용남 북한 대외경제상과 알렉산드르 갈루시카 극동개발부 장관이 공동 대표를 맡고 있다. 북·러 접촉은 2014년 초부터 정부 차원에서만 아니라 지역 차원에서도 활기를 띠기 시작했다.

2014년 3월 24~28일 갈루시카 장관의 방북 기간에 양국은 2020년까지 교역량을 10억 달러로 확대함과 동시에 새로운 수준의 통상 목표를 설정했다. 2013년 양국 교역량은 1억 1,270만 달러를 기록했는데, 그중에서 90% 이상은 러시아의 대북 수출이 차지했다. 앞으로 7년간 양국 교역량을 10배 가까이 늘리려면 무엇보다도 경협을 확대할 필요가 있는데, 러시아 정부는 이런

북·러 정부 간 통상경제·과학기술협력위원회 회의에 참석한 북한과 러시아 대표들

출처 : www.minvostokrazvitia.ru

비약적 성장이 충분히 가능하다고 보고 있다.

2014년 6월에는 3년간의 공백기 이후 블라디보스토크에서 양국 협력 강화를 위한 향후 여건과 계획을 논의하는 МПК 제6차 회의가 열렸다. 국제사회와 미국의 대북 경제제재로 말미암아 북한 은행의 대내외 송금이 어려워진 상황을 해결하기 위해 러시아와 북한은 수출입 거래 시 루블화 결제로 은행 간 협력 문제를 해결키로 합의했다. 6월 초에는 북한 은행의 대리계좌를 러시아 은행에 개설키로 하는 협정이 처음 체결됐다.

이와 함께 러시아 하산에서 북한 나진항까지 철도 구간 45km가 복원됐고 나진항에는 시베리아횡단철도로 화물을 옮겨 실을 수 있는 환적 터미널이 건설됐다. 러시아철도공사는 이 프로젝트 실행에 약 3억 달러를 투입해야 했다. 2013년 9월에는 복원 구간 철도 개통식이 열렸으며 2014년 7월에는 환적 터미널 개통식도 열렸다. 이 터미널은 첫 단계에서 아태지역 국가들로 러시아산 석탄 최대 500만 톤을 매년 수출하는 데 사용될 계획이다. 이 밖에도 러시아와 북한은 한국 기업들의 나진항 인프라 개발 참여를 지지하고 있다. 포스코와 현대해양상선, 코레일로 구성된 한국 기업 컨소시엄과 러시아철도공사는 현재 프로젝트 향후 실행 메커니즘을 마련하기 위한 공동 작업에 착수했다.

러시아와 북한의 지역적 차원에서는 농업 협력과 함께 러시아 내 임시 노동 활동(특히 극동 지역 임업과 건설업)에 북한 노동자들을 유치하는 협력이 계속되고 있다. 자신들의 상품을 북한에 공급하는 데 관심 있는 타타르스탄과 추바시야, 야쿠티야 공화국, 케메로보와 울리야놉스크 주도 다양한 분야에 걸친 대북 협력에 관심을 두고 있다.

회담에 직접 참석한 사람들의 증언을 따르면, 올해 북한 측은 러시아 대표들과의 회담에서 전례 없이 솔직하고 적극적인 협력 의사를 내비쳤다. 북한 당국이 러시아 기업들의 비즈니스에 필요한 여건을 조성해줄 용의가 있다고 밝힌 것이다. 특히 복수입국 비자 발급 간소화, 통신용 기술 시스템(이동통신과 인터넷) 제공, 투자 보호 보장과 경제특구 가동 관련 북한 입법 활동에 대한 접근 보장 등이 논의됐다.

러시아 일부 대기업도 지난 2년간 대북 협력에 관심을 보였다. 예브라즈(Евраз) 홀딩 소속의 석탄회사 라스파드(Распад)는 2013년부터 대북 점결탄 공급을 시작했다. 민간 자동차 산업(북한 내 화물차 공급과 생산, 운용)과 에너지 시설 재건(동평양 화력발전소) 분야에서는 '바조비 엘레멘트'(Базовый элемент) 그룹의 프로젝트들이 정부 간 차원에서 현재 논의 중이다. 또 러시아 대형 건설기업 '모스토비크'(Мостовик)가 참여하는 북한 내 교통 인프라와 광산업 현대화 방안들('승리' 프로젝트)도 논의되고 있다.

여기서 강조해야 할 점은 현 단계에서 러시아가 구체적인 프로젝트들에 따른 상호 이익과 경제적 실용주의의 관점에서 대북 경제관계를 확대할 용의가 있다는 것이다. 북한이 회담에서 '신용' 협력을 또다시 요청하려고 하고 있을지라도 러시아는 소련 시절의 관계 모델로는 절대 돌아가지 않을 것이다. 중요한 점은 러시아 정부가 현 단계에서 북한과의 경제 협력을 촉진하기 위해 확실한 역할을 떠맡고는 있지만, 이러한 역할은 필요한 제도적 여건이 조성되고 프로젝트 발의 경험이 어느 정도 완성되고 나면 민간 기업들의 손으로 넘어가야 한다는 것이다. 러시아 재계가 북한에 대한 관심을 점점 높이고 있고 러시아 정부 부처들도 북한에 관심 있는 기업들을 지원해주고 있지만, 만약 북한이 러시아 파트너들과의 협력에 필요한 정보와 조직을 제공해주지 못한다면, 현재 활발히 논의 중인 프로젝트들은 실행되지 못할 것이다.

(2014년 10월 6일 제288호)

16. 급물살 타는 러·북 관계, 어떻게 볼 것인가

이 태 림

법무법인 세종 러시아 변호사

2014년 10월 말 하바롭스크에서 열린 모 행사에 참석했다가 러시아 극동개발부 대외경제협력국 국장을 만났다. 국장은 알렉산드르 갈루시카 극동개발부 장관을 모시고 10월 20~24일 평양을 방문하고 막 돌아왔다. 그는 북한과 여러 큰 사업에 합의했다면서 바로 다음 날인 10월 28일 기자회견을 통해 발표할 수 있는 것들은 발표할 것인데 너무 놀라지 말라고 덧붙였다. 실제로 갈루시카 장관이 기자회견에서 직접 발표한 내용은 놀란 만한 것이었다.

갈루시카 장관이 '러·북 양국 관계의 역사적인 합의'라고 자평한 세 가지 방향은 다음과 같다.

첫째, 러·북이 무비자 협정 문제를 협상 테이블에 올려 시간이 걸리더라도 유의미한 의제로 인정했다는 것이다.

둘째, 러시아 기업들이 북한 내선 철도 현대화 사업에 참여하는 이른바 '포베다'(승리) 프로젝트 추진에 양국이 합의했다는 것이다.

셋째, 러·북 간 루블화 대금 결제 추진이다. 이를 위한 JSC Regional Development Bank, 북한 대외무역은행, 북한 통일개발은행 간 환거래 계좌가 개설되어 은행 간 인프라도 이미 구축된 것으로 밝혀졌다.

이와 함께 갈루시카 장관은 전력 협력 사업도 심도 있게 논의되고 있음을 시사하며 이는 크게 두 가지 방향이라고 설명했다. 첫 번째는 러시아가 북한의 나선 경제특구로 전력을 공급하는 것으로, 이를 위해 러시아 국영 수력

발전기업 '루스기드로'와 '나선시 인민위원회'가 합동 태스크포스(TF)를 발족할 계획이다. 두 번째는 러시아 전력을 북한을 거쳐 한국에 공급하는 일명 '에너지 교량' 사업으로, '루스기드로'는 이 사업에 대한 타당성 조사를 자체적으로 이미 완료했다고 밝혔다. 이 밖에도 갈루시카 장관은 개성공단을 직접 방문했고, 다수의 러시아 기업이 개성공단 진출을 검토하고 있다고 언론을 통해 밝힌 바 있다.

사안마다 시사성이 큰 합의지만, 이들 가운데서 한국 언론의 가장 큰 주목을 받은 사업은 북한 내선 철도 현대화 사업이다. 러시아 기업들이 20년간 3,500㎞(전체 철도의 60~70%)에 달하는 북한 내 노후 철로와 터널, 교량 개보수 작업을 수행키로 한 것이다.

이에 따라 지난 10월 21일 북한 동평양역에서는 갈루시카 극동개발부 장관, 리용남 북한 무역상 등이 참석한 가운데 '포베다' 프로젝트 착공식이 성대하게 열렸다. 이날 갈루시카 장관은 연설에서 "승리로 이름 붙여진 이번 프로젝트는 북한과의 새로운 협력 모델을 실현하는 실질적 사례"라고 규정했는데, 실제로 이날 행사는 러·북 관계의 새로운 시작을 알리는 신호탄으로 평가해도 무방할 것으로 보인다.

이처럼 현재 러·북 관계는 우리의 예상을 뛰어넘는 속도로 진행되고 있다. 일부에서는 이런 상황을 둘러싸고 러시아가 대북 문제에서 우리의 경쟁자가 될 것인지 동업자가 될 것인지를 놓고 기대와 우려를 표시하기도 한다. 이런 점에서 '포베다' 프로젝트와 관련한 갈루시카 장관의 발언 가운데 하나를 특히 주목할 필요가 있다. 그는 사업 규모가 250억 달러라고 소개하면서 러시아는 이 사업에 현금 투자하는 부분이 없다는 점을 강조했다. 특히 합의된 사업이 양국의 공동 이익 추구를 전제로 하는 상업적 프로젝트이고 철도 현대화 사업 추진비용도 석탄과 비철금속, 희귀금속, 희토류 등 지하자원 개발로 충당된다고 밝힌 대목은 사회주의 종주국 소련의 형제국들에 대한 '퍼주기' 시대가 끝났음을 시사하는 것이기도 하다. 다시 말해 이는 우리 언론이 '큰형님' 러시아의 '통 큰 대북 투자'로 묘사한 것과는 사뭇 다르다는 것이다.

최근 막심 셰레이킨 극동개발부 차관이 일본의 한 언론과의 인터뷰에서

동평양역 착공식 모습

출처 : 연합뉴스

밝힌 향후 사업 구상들은 앞서 인용한 갈루시카 장관의 발언을 뒷받침하고 있다. 세레이킨 차관은 한국과 중국 등이 북한 내륙 철도 개보수 사업에 투자하길 바란다고 밝히면서, 타당성 검토와 실사 등 1단계 작업이 마무리되면 외국 투자자들을 끌어들일 수 있을 것이며 외국과의 합작 투자 문제도 본격적으로 논의될 것이라고 말했다. 즉 러시아는 철도와 자원 개발 '프로젝트 개발자'(Project Developer)로서 다자 간 국제 협력을 상정해 두고 있다는 뜻이다. 아울러 그는 "외국 기업들도 금과 석탄, 희귀금속 등 북한 천연자원으로 투자액을 돌려받을 수 있다"고 강조하면서, 러시아의 대북 경제 협력에서 중요한 목표 중 하나가 '외국 기업들에 대한 북한의 문호 개방'이라고 꼽고 '외국 투자가 결정되면 북한의 경제 자유화도 촉진되리라'고 희망했다. 이는 아직도 러시아를 '북한을 편드는 사회주의 종주국' 정도로 인식하는 우리 일부 식자층에서 인식의 대전환을 요구하는 대목이라 할 수 있다.

이와 동시에 현재 러시아의 대북 광폭 행보가 우크라이나 사태로 인해 궁지에 몰린 상황에서 나온 궁여지책 정도로 깎아내리는 것도 경계했으면 한다. 서방 언론의 프리즘으로 러시아의 행보들을 지나치게 희화, 폄하하여 인식하다가 우리에게 정작 중요한 판단이 요구되는 순간을 놓치게 되지는 않을까 우려되기 때문이다.

드미트리 메드베데프 당시 러시아 대통령이 북한 김정일 국방위원장을 직접 만나 남·북·러 가스관 사업 성사를 위해 러·북 합의를 이끌어 낸 일은 이미 2011년 8월에 있었고, 이후 2012년 러시아는 러·북 경협의 제도적 걸림돌이 되었던 북한의 대러 부채 90%를 전격 탕감해 주고 나머지 10%를 국제협력 사업으로 돌리기로 합의해 주었다. 이보다 훨씬 더 거슬러 올라가면, 2001년 푸틴 대통령은 현재 진행 중인 철도 연결 사업을 제안한 바 있다. 이처럼 러시아는 자국 경제 상황이나 남북관계 온도에 따라 속도 조절은 해왔을망정, 큰 그림의 대북 정책을 일관된 방향으로 추진해왔고, 바로 지금 하나둘씩 가시화하고 있다.

한편, 갈루시카 장관은 현 대북 경협의 교섭 주체로서 지난 11월 18일 최룡해 북한 노동당 비서의 푸틴 대통령 면담에도 배석한 것으로 알려졌다. 앞서 언급한 10월 18일 기자회견 자리에서 한 기자가 "러·북 간 활발한 대화국면이 한국 측에 반감을 사지는 않겠는가?"라고 묻자 갈루시카 장관은 "우리는 한국 파트너들 등 뒤에서 한국 측 모르게 뭔가를 진행한 적이 한 번도 없었고 앞으로도 없을 것"이라고 말했다. 이렇듯 러시아는 '북한 끌어안기' 작업에서 한국과의 교감을 유지하겠다는 의지가 확고함을 정확히 이해할 필요가 있다. 더 나아가 이 시점에서 대북 문제에 관해 러시아와 정확히 소통하고 적정한 보조를 맞추어 가는 동시에, 이를 대한민국의 국익과 평화통일 환경 조성에 최대한 유리하게 이끌어 나가야 되는 우리 정부의 통일 외교력이 중요한 시험대에 올라 있는 것으로 보인다.

(2014년 12월 22일 제299호)

17. 두 겹의 시선 한·러 인문외교의 가능성과 좌표

김 수 환

한국외국어대학교 러시아학과 교수

1. 인문적 이해: 공통점과 차이

새 정부 들어 '인문외교'라는 말을 자주 듣게 된다. 외교적 수사일 뿐이라 치부할 수도 있겠지만, 이 기회를 빌려 한·러 관계를 새롭게 생각해보는 것도 의미 없지는 않으리라 생각한다. 소치 동계올림픽을 둘러싼 이모저모를 두고 불거져 나오는 갖가지 피상적 반응들을 보면 더욱더 그러하다. '인문외교'라는 용어를 두고 자연스럽게 떠오르는 첫 번째 물음은 그것의 차별적 의미에 관한 것이다. 예컨대, 그것은 정치외교, 경제외교, 혹은 문화외교와 어떻게 구별되는 것일까? 가장 손쉽게 떠오르는 답변으로는 정치나 경제외교와 비교할 때 인문외교는 자국만의 이득보다는 상호적·호혜적 이해관계를 따르고, 단기적 성과보다는 장기적 토대 구축에 관심을 기울이며, 특수한 민족적 가치보다는 인류 보편의 가치를 지향한다는 것 등이 있을 수 있다. 하지만 이런 일반적 규정보다 훨씬 더 어려운 것은 그런 차별적 관계를 가능하도록 만드는 인문적 이해의 특수성을 이해하는 것이다.

인문(학)적 이해를 규정하는 여러 지평이 존재하겠지만, 우선 두 가지 측면을 지적하고 싶다. 첫 번째로 인문적 이해의 '정신적' 측면, 문·사·철이라는 표현이 보여주듯이, 인문학의 범주는 문학으로 대표되는 예술을 포함해 역사와 철학을 포괄한다. 흔히 '문화적' 이해나 교류라고 할 때, 그것은 해당 문화권의 구체적인 생활양식이나 그것이 만들어낸 예술적 성취들을 대상으로 하는 경우가 많다. 가령 한·러 문화교류(외교)의 기존 형태들만 보더라도, 한국과 러시아의 뛰어난 고전 예술이나 현대 대중문화 콘텐츠들을 서로 소개하고 전파하는 형태를 띠고 있다. 이에 비해 한 국가나 민족의 인문적 차원은 그와 같은 문화적·예술적 생산물들을 만들어낸 조금 더 근본적인 정신적 측면을 가리키는 듯하다. 그것은 해당 문화의 기저에 깔린 무의식적 차원, 그것이 거쳐 간 특수한 역사적 경험과 그로부터 배태된 철학적 관점이 녹아 있는 집단적 의식구조(흔히 망탈리테라고 불리는)에 더 가깝다. 이를테면 국가나 민족이라는 집단적 자아의 '자의식'과 '세계관'을 지탱하는 모종의 '정신적 뿌리'에 해당한다고 말할 수 있을까. 이런 정신적 뿌리를 서로 건드리는 작업은 그 나무의 잎과 열매를 교환하는 일보다 훨씬 더 어렵고 근본적이며, 따라서 그 효과와 파장도 강력할 수밖에 없다고 믿는다.

두 번째로 지적하고 싶은 것은 인문적 이해의 '보편적' 측면에 관한 것이다. 인문적 이해란 상대의 자의식과 세계관이 보여주는 특수성에 관심을 기울이는 것이지만, 동시에 그런 독특한 특성들을 '세계사적' 흐름과 구조의 지평 위에 놓고 바라보려는 지향을 가리키는 것이기도 하다. 특수성을 단순한 예외성이 아니라 보편성의 특수한 계기로서 바라볼 수 있는 메타적 관점, '나'와 '너'의 문제를 '우리'의 문제로 바꿔서 재성찰할 수 있는 비판적 능력이 인문적 이해에는 필수적이다. 그것이 전제하는 보편성의 측면은 무엇보다 교류의 주체들이 서로에게서 '공통점'과 '차이'를 식별하는 데 필요하다. 무엇이 같고 무엇이 다른지, 어디까지가 공통의 기반이며 어디서부터 차이가 시작되는지를 아는 것은 대화를 위한 기본적인 전제조건이다. 언젠가 로트만은 "완전한 일치의 상황에서 대화는 무의미하며 완전한 차이의 상황에서 대화는 불가능해진다"고 말한 바 있다. 보편성의 차원을 전제하는 인문적 이해는 그것을 진정한 대화로 이끌어가기 위한 기반의 구축에 해당한다고 믿는다.

결국 진정한 인문적 대화를 위해 필요한 것은 '두 겹의 시선'이다. 대화 상대자와 나의 공통점과 차이를 동시에 식별할 줄 아는 이중의 시선, 나아가 그것을 더 크고 넓은 보편성의 차원에서 상호 비교할 수 있는 지평의 확대가 필요하다.

2. 러시아식 근대: 대표성의 문제

잘 알려졌듯이, 러시아의 자기 정체성의 형성에서 가장 결정적인 국면은 표트르 대제의 서구화 개혁 이후 약 100여 년이 흐른 뒤인 19세기 초반(1815년에서 1820년대 후반)에 도래한다. 대략 이 시기에 민족 신화의 토대가 되는 두 가지의 핵심적인 사건이 발생하는데, 이것들이 이후 러시아의 자의식과 세계관을 형성하는 계기가 된다.

첫 번째는 가장 완벽한 군사적 승리다. 이른바 '스승과의 싸움'인 조국전쟁(1812~15)은 러시아가 1세기 이상 지속되어 온 문화적 종속 관계에서 벗어나 갑자기 자신의 힘과 영향력을 자각하도록 만든 결정적인 사건이었다. 하지만 그것은 러시아의 끔찍한 '정체'와 숨 막히는 '폐쇄성'을 함께 느끼게 만든 계기이기도 했던바, 승전국의 주둔 병사로서 파리에 체류했던 "1812년의 아이들"은 이 지체의 감각을 "러시아는 100년 이상 뒤처져 있다"는 말로 표현하기도 했다. 마침내 스승을 물리쳤다는 자긍심과 엄연히 존재하는 아득한 격차의 실감, 이 두 가지의 이중적 감정은 러시아로 하여금 '더는 예전처럼 그대로 살 수는 없다'는 분명한 자각을 낳게 되었다.

두 번째 사건은 가장 완벽한 시인의 성숙이다. 다름 아닌 이 시기에 러시아는 민족 시인이라는 명칭에 어울리는 위대한 작가의 등장을 경험했으며, 이는 러시아가 자신의 새로운 미래를 향해 내디딘 가장 중요한 발걸음 중 하나였다. "푸시킨 - 우리의 모든 것"(아폴론 그리고리예프)이라는 구절이 잘 보여주듯이, 푸시킨으로 대표되는 러시아 근대문학은 적어도 19세기 이래로 러시아 문화의 공적 얼굴을 형성했다. 비평가 벨린스키는 러시아를 "책을 읽는" 민족으로 정의했는데, 그가 말한 바로는 "오직 러시아 문학을 사랑하고 이해하는 자만이 러시아인이 될 수" 있다. 말하자면 여기서 "민족을 결정하는 요인은 피도, 계급도 아닌 독서의 재능"인 것이다.

'전쟁'의 승리와 '문학'의 탄생이 동시적이라는 것, 이는 러시아만의 독특한 특징일까? 꼭 그런 것만은 아니다. 비근한 예를 세계사에서 드물지 않게 찾아볼 수 있기 때문이다. 예컨대, 근대 전쟁과 근대 문학이 상호 조건적인 양상을 띠는 것은 일본의 경우에도 마찬가지다. 일본 '국민문학의 아버지'라 불리는 나쓰메 소세끼가 영국 유학을 마치고 돌아온 이듬해에 '러일전쟁'이 일어났다. 그는 이제까지 일본문학에서 그다지 내세울 만한 게 없었다 해도 이제 러시아라는 대국을 물리친 만큼 문학에서도 대단한 무엇이 나올 것이라는 기대와 자신감을 피력한 바 있다. 실제로 일본 국민 문학의 대표작들은 전후의 이 시기에 발표된 것들이 대부분이다.

몇 년 전 국내의 한 비평가는 이런 사실에 기초해 "국민문학은 곧 전후문학이다"는 명제를 제출하고, 근대적 전쟁, 곧 제국주의적 전쟁의 승리를 경험하지 못한 "한국에는 근대문학이라는 것 자체가 존재한 적이 없다"는 독특한 주장을 한 적이 있는데(조영일, 『세계문학의 구조』), 이런 과격한 결론에 동의하지 않는다 하더라도, 수긍할 수 있는 한 가지 사실은 있다. 그것은 전쟁과 문학의 이런 동시적 발생이 전 세계적인 보편성을 갖는 현상은 아닐지라도, 최소한 '뒤늦게' 근대의 대열에 편입한 소위 '후발근대 국가'의 일반적 특징은 될 수 있을 거라는 사실이다. 그리고 러시아가 이런 일반성의 첫 번째 사례로서, 모종의 대표성을 띠고 있다는 점 역시 분명하다.

비사리온 벨린스키

출처 : www.mn.ru

러시아 근대문화의 '지체의식'을 지적하는 많은 평자가 그와 더불어 언급하는 또 한 가지 특징은 그 발전 과정의 급격한 '속도'다. "저곳에서라면 200년 이상 걸릴 일이 여기서는 불과 50년 만에 이루어졌다"는 평가와 "재빨리 뒤따라가서 따라잡아야 한다"는 당위는 알다시피 표트르에서 시작해 스탈린을 거쳐 오늘에 이르기까지 러시아적 멘탈리티의 불변적 항수를 이루고 있다. 성격과 유형을 조금씩 달리하면서 이런 멘탈리티가 러시아 이후의 수많은 후발근대 국가에서 반복적으로 재현되었으며, 그것이 나름의 '성취'와 '부작용'들을 낳아 왔다는 사실 또한 우리는 잘 알고 있다.

내 생각에, 러시아 근대성의 이와 같은 '대표성'과 '전염성'(마샬 버만(Marshall Berman)이 "페테르부르크 인플루엔자"라 부른 바 있는)을 올바로 인식하는 것은 한·러 관계의 인문적 진전을 위한 중요한 조건에 해당한다. 무엇보다 그건 러시아에 대한 일반 대중의 피상적 인식에서 확인되는 '분열적' 성격을 극복하는 데 도움을 줄 수 있다. 가령, 톨스토이나 차이콥스키 같은 러시아의 대표적인 예술 브랜드를 대할 때 한국의 일반 대중은 그것들이 영국이나 프랑스 같은 서구의 작품들과 어떤 '차이'를 지니는지에 주목하지 않는다. 이미 '클래식'의 반열에 오른 이 작품들은 러시아라는 기표를 소거한 채 언제든 경탄할 준비가 되어 있는 명작(名作)에 불과하다. 한편 예술문화의 영역을 떠나 정치나 경제 분야에 이르면 상황은 정반대가 되곤 한다. 그때의 러시아는 냉전 이데올로기를 경유한 불가촉의 적성국가이거나 아니면 체제 전환기 이후 제3세계의 수준으로 전락한 쇠락한 제국의 형상이 되어 버리곤 한다. 물론 여기에 '삼성과 엘지의 나라' 한국이라는 피상적 이미지에 비견될 수 있는 '석유와 가스'의 나라라는 빈약하기 이를 데 없는 이미지도 첨가할 수 있을 것이다(이러한 분열적 성격은 이번 소치 올림픽 개·폐막식에 대한 감상과 피겨 스케이트를 둘러싼 반응 사이의 '거리'에서도 여실히 드러났다고 생각한다).

러시아가 엄밀한 의미에서 '서구'가 아니라는 사실, 서구라는 대타자의 강력한 영향력하에서 '자아'의 정체성을 확립해야만 했던 수많은 비서구 국가의 '맨 앞자리'에 위치하는 나라라는 사실은 편리하게 망각되기보다는 분명하게 '의식'될 필요가 있다. 그것은 한국과 러시아 사이에 가로 놓인 '차이'를 더 섬세하게 식별하기 위한 필수적인 전제조건, 즉 둘 간의 '공통성'에 대한 인식의 첫걸음이다. 이런 공통성의 기반 위에 설 때야 비로소 무엇을 통해 연결(연대)해야만 하는지, 각자의 경험을 통해 무엇을 배울 수 있는지를 더 선명하게 드러낼 수 있다. 막연히 "당신들의 뛰어난 예술적 유산에 경의를 표합니다"고 말하는 대신에 "차용과 영향을 창조로 바꾼 당신들의 길을 우리 역시 걷고 있으며, 당신들이 보여준 선례로부터 배움과 교훈, 나아가 반면교사의 지침을 얻고자 합니다"고 말하는 편이 훨씬 더 좋다. 이와 같은 좌표의 설정은 지난 수 세기 동안 서구 문화의 거의 일방적인 '수신자'의 위치에 놓여 있다가 최근 들어 급속하게 '발신자'의 자리로 들어서기 시작한, 게다가 언젠가 러시아가 그랬듯이 강력한 외적 영향의 정확한 반대급부라 할 '과장된' 자부심(민족주의)의 그림자를 드리우고 있는 한국 문화의 경우에 특히 더 절실하다고 생각한다.

3. '대화적' 동의로서의 인문외교

다시 강조하건대, 유사한 조건하에서 발생한 미묘한 '차이들'을 식별해 내고, 그것이 낳은 결과들을 꼼꼼하게 따져 묻는 일은 평범한 수준에서의 문화적 교류와는 다른 차원의 작업이다. '두 겹의 시선'을 통해 상대편과 나의 공통점과 차이를 함께 바라보는 작업은 타자의 형상 속에서 자기 자신의 모습을 재발견하고, 그것을 비판적 성찰의 대상으로 삼을 줄 아는 진정한 인문적 이해에 해당한다.

결국, 인문적 이해의 첫걸음은 '피상적인 동일시'를 거부하는 것에서 출발해야만 할 것이다. 가령, "한국과 러시아는 논리적 이성보다 감정을 우선시하며, 자연과 삶에 대한 태도에서 애수나 한의 감성을 공유한다"는 식의 막연하고 안이한 동일시의 태도가 그러하다. 서로의 '정신적 뿌리'를 건드리는 작업은 그렇게 간단할 수 없다. 그것은 땅 위의 잎사귀와 열매를 바라보며 경탄하는 것과는 다른 종류의 것이다. 그 작업은 '그것은 진정 무엇인가'라고 묻는 대신에 '그것을 그렇게 만든 것은 무엇인가'라고 물어보려는 태도를 가리킨다. 상대방에 대한 '본질주의적 정의'가 아니라 그 본질을 만들어낸 '역사적인 조건들'에 더 큰 관심을 기울이는 것, 나아가 그것을 '세계사'의 흐름과 구조 속에 놓고 다시 생각해 보는 것, 바로 이것이 내가 생각하는 인문적 이해의 방식이다.

대화의 철학자 바흐친은 언젠가 '동의'야말로 참된 대화적 관계라고 말한 바 있다. 그에 따르면, 어떤 담론에 동의한다는 것은 이미 그것을 '시험'해보았다는 것, 그래서 무조건적 충성의 여지를 제거하고, 그것을 자신의 틀과 대면시켰다는 것을 뜻한다. 무언가에 진정으로 동의하기 위해서는 그것을 시험하고 흡수하며 재강조하는 과정, 곧 대화에 참여할 필요가 있다. 그 대화는 피상적인 동일시가 아니라 나의 맥락과 너의 맥락이 부딪히고 뒤섞이는 역동적인 과정을 가리킨다. 새롭게 시작되는 한·러 인문외교 역시 바로 이런 의미에서의 '대화적' 동의 과정이 될 수 있기를 기대한다.

(2014년 4월 28일 제265호)

18. 유라시아 이니셔티브, 막연한 선입견을 거둬내자

오 영 일

포스코경영연구소 수석 연구위원

2014년 4월 중하순 필자는 국내 모 언론사와 함께 10박 11일간 베를린, 모스크바, 아스타나, 이르쿠츠크, 블라디보스토크를 차례로 방문하며 유라시아 이니셔티브에 대한 각국 정부 고위 관계자와 전문가들의 의견을 직접 들어볼 기회가 있었다. 현지의 목소리를 듣기 전과 후, 유라시아 이니셔티브에 대한 생각은 많이 달라졌다. 이에 이번 여정을 통해 접한 생각들을 온라인 지면을 통해 많은 이들과 공유했으면 한다.

하나의 대륙, 창조의 대륙, 평화의 대륙을 만들자는 내용으로 작년 10월 박근혜 대통령은 '유라시아 이니셔티브' 정책을 밝혔다. 철도, 도로, 그리고 북극항로를 통해 아시아와 유럽이 하나가 되고(하나의 대륙), 에너지, 물류, IT, 문화가 어우러지는 다자간 경제 협력(창조의 대륙), 그리고 한반도 평화를 중심으로 한 안보협력(평화의 대륙)을 만들자는 생각이다. 하지만 이후 유라시아 이니셔티브에 대한 명확한 개념이나 관련국과의 구체적 협력 방안 등에 대한 제시 등 후속 조치가 부족해서인지 유라시아 이니셔티브를 한반도 신뢰 프로세스, 동북아 평화협력 구상 등 기존 정책들과 다소 혼동하는 느낌도 있고, 또 특정 사업에 편중된 사고를 하는 경향도 적잖이 보인다.

통일을 중심에 둔 정책으로 인식하면 곤란

최근 남북관계가 악화 일로를 걸어서인지 유라시아 이니셔티브를 통일 정책으로, 또는 결국 통일로 가기 위한 수단으로서의 정책으로 보는 시각이 매우 강하다고 느껴진다. 앞서 언급한 바와 같이 유라시아 이니셔티브는 세 가지 축으로 구성되어 있고, 통일에 대한 내용은 분명 그중 하나일 뿐인데, 이 세 가지 축 중 하나의 대륙, 창조의 대륙이라는 내용이 결국 평화의 대륙을 만들기 위한 작업이 아니겠느냐고 인식하는 경향이 강한 듯하다.

하지만 유라시아 관련국들의 적극적인 협력을 이끌어 내려면 유라시아 이니셔티브를 통일의 정책으로 접근해서는 안 된다. 대부분 국가가 적어도 외교적으로는 한반도 평화, 남북한 통일의 필요성에 동의하지만, 한반도 통일을 위해 자신들이 조연 역할을 수행하는 데에 대해 모든 국가가 적극적일 수는 없기 때문이다. 한반도 평화통일은 좋은 것이지만, 이를 통해 그들이 기대할 수 있는 뭔가가 없으면 그들의 적극적인 반응을 기대하기는 어렵다. 실제 이번 여정 중 만난 현지 고위 공무원 중 유라시아 이니셔티브 관련 논의 중 경제 협력 방향에 대한 관심은 많았지만, 통일에 관한 언급은 거의 없었다는 점이 이에 대한 단편적 증거라 생각된다. 그러므로 하나의 대륙, 창조의 대륙이라는 카테고리 속에서 구현해야 할 실질적 협력이 유라시아 이니셔티브에서는 현실적으로 더 중요한 내용일 수밖에 없는 것이다. 통일과 관련해서는 드레스덴 선언, 한반도 신뢰 프로세스라는 별도의 정책이 존재한다. 따라서 유라시아 이니셔티브는 이와 구분해서 봐야 할 것이다.

특정사업, 특정국에 치우쳐서는 곤란

정부는 유라시아 이니셔티브를 발표하며 실크로드 익스프레스(SRX)로 대변되는 철도 물류 연결(북극항로 연계 포함), 유라시아 에너지 네트워크 구축 등을 대표적 정책 사업으로 제시했다. 그래서인지 유라시아 이니셔티브 정책의 주요 내용은 물류, 에너지이고, 주요 협력 대상국은 러시아가 아니겠느냐는 추측들이 나오고 있다. 물론 러시아의 역할, 러시아와의 협력이 중요한 것은 사실이다. 유럽과 아시아에 걸친 넓은 영토, 시베리아횡단열차(TSR), 극동 항과 북극항로, 그리고 풍부한 석유, 가스를 보유한 곳이 러시아이기 때문이다. 하지만 유라시아 지역에는 러시아뿐 아니라 세계 경제의 큰손 중국, 풀어야 할 난제인 북한, 아시아와의 경제관계가 상대적으로 미미한 유럽, 그리고 전통의 실크로드 중앙아시아, 유럽과 아시아를 연결하는 또 하나의 관문 터키 등 다양한 행위주체가 존재한다는 점을 염두에 둬야 한다.

철도, 항만, 에너지 등의 콘텐츠들은 이미 20여 년 넘게 논의됐던 동북아 지역의 거대담론 중 하나일 뿐 새로운 내용은 아니다. 그리고 이를 러시아에 초점을 맞춰 추진할 거라면 굳이 유라시아 이니셔티브라는 새로운 정책 명칭을 붙일 필요가 없다. 그건 그냥 '한·러 경협사업'인 것이다.

유럽, 터키 등과 에너지 협력을 논할 상황은 아니다. 중앙아시아는 에너지, 물류보다 IT, 인프라 투자 분야에 관심이 더 있다. 러시아는 물류, 에너지에도 관심을 두고 있지만, 한국과의 첨단 기술, 제조업 분야 협력도 강력히 원한다. 유라시아 이니셔티브는 다양한 국가, 다양한 이해관계를 종합적으로 고려한 포괄적이면서 다각도의 유연한 접근이 필요하다. 그렇지 않다면 유라시아 이니셔티브 정책은 과거를 답습하는 진부한 대외정책 중 하나로 남을 수밖에 없을 것이다.

유사 정책은 곳곳에 존재, 한국의 역할은 '협력 촉진자'

유라시아 이니셔티브는 기존에 볼 수 없던 소위 '썸씽 뉴'(Something new)는 아니다. 유라시아 지역에 속하는 국가들은 유라시아 이니셔티브와 유사한 정책들을 우리보다 먼저 발의하여 그중 일부는 이미 실천 단계에 있기도 하다. 중국은 '뉴 실크로드'(New Silk Road) 정책을 통해 중앙아시아, 러시아 등과의 철도, 도로 물류망 건설을 이미 차곡차곡 진행하고 있다. 러시아는 구소련 국가들을 중심으로 '유라시아 경제 공동체'(EurAsEC: Eurasian Economic Community)를 창설해 이 중 카자흐스탄, 벨라루스와는 이미 관세동맹까지 맺어 가동하고 있으며, 이제는 EU와 유사한 유라시아경제연합(EEU)으로 발전시키겠다는 포부도 구체화하려 한다. 중앙아시아 국가들은 아시아개발은행(ADB)의 금융지원까지 확보하여 중앙아시아와 유럽, 중국 등 간의 물류망을 건설하는 '중앙아시아지역경제협력'(CAREC: Central Asia Regional Economic Cooperation) 프로그램을 가동하고 있다.

유라시아경제연합

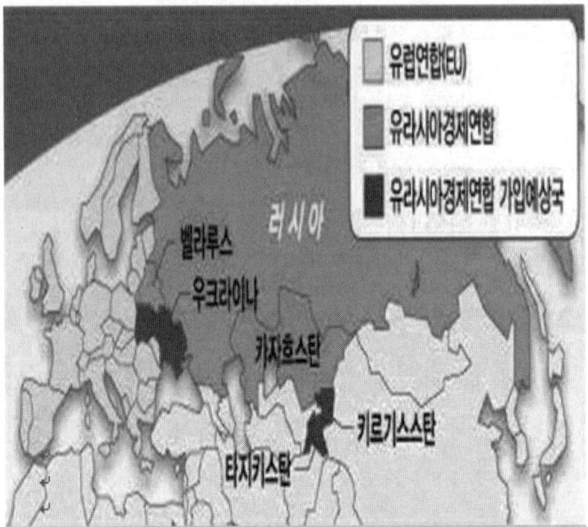

출처 : www.eknews.net

이런 일련의 정책들이 가진 방향성, 목표는 좁게는 주변국, 넓게는 아시아와 유럽, 중동과의 경제, 안보협력을 추구하고 있다는 점에서 우리 정부의 유라시아 이니셔티브와 사실상 그 맥을 같이하고 있다. 그리고 이 분야에 관해서는 많은 고민과 경험을 통해 우리보다 더 많은 노하우를 가지고 있을지도 모른다. 그러므로 유라시아 이니셔티브의 성공적 추진을 위해 우리는 불필요한 주도권 싸움보다는 우리가 담당할 수 있는 역할과 이바지할 수 있는 부분을 찾아 이에 역량을 결집할 필요가 있다.

즉 다자간 협력 부분에서는 각국, 각 지역에 산재해 있는 기존의 유사 정책 중 공통된 관심사를 모아 정책 간의 간극을 메워 이를 결집할 수 있는 창조적 추진방안을 제시하고, 양자 간 관계에서는 우선적 관심 분야를 발굴해 상호 이익을 충족시킬 수 있는 맞춤형 협력 사업을 제시해야 한다. 결국, 유라시아 국가들의 공통 관심사를 이끌어 내어 실천 및 효율성을 극대화하는 일종의 지역 간 '협력 촉진자'(Facilitator)가 우리의 역할인 것이다.

유라시아 이니셔티브가 발표된 지 반년이 넘었지만, 아직 정책 방향과 이를 구체화할 콘텐츠 마련은 이루어지지 못하고 있다. 지금은 각 부처, 재외 주재 공관의 산발적 움직임만 있는 수준이다. 이제는 이를 종합적으로 관리할 시기이다. 앞서 언급했듯 유라시아 이니셔티브는 다양한 참여국이 있기에 다자간, 양자 간 사업 콘텐츠로 다양화하여 때로는 공동의 추진 전략으로, 때로는 개별적 추진 전략으로 접근해야 한다. 이를 위해선 해외에서 일관된 정책 세일즈를 할 수 있도록 명확한 정책 방향을 제시하고, 분야별 공동 사업 콘텐츠와 특정국 맞춤형 사업을 분리 발굴하고, 이들을 취합, 연결, 보완하는 역할을 누군가가 해야만 한다. 적당한 수준의 추진 조직으로는 유라시아 이니셔티브의 광범위한 정책 콘텐츠를 조율하기 어렵다. 최근 통일대박 구상을 구체화할 조직으로 대통령 직속의 통일준비위원회가 발족되었는데, 이는 좋은 예가 될 것이다.

(2014년 5월 26일 제269호)

19. 한국이 유라시아의 평화와 외교 허브가 되려면

김 석 환

한국유라시아연구소 소장 · 한국외대 초빙교수

2015년은 2차 세계대전 종전 70년이 되는 해다. 러시아와 미국 등 연합국에게는 승전 70년, 일본과 독일, 이탈리아 등에게는 패전 70년이 되는 해다. 또 한국과 다른 피식민지 국가들에는 광복 70년이기도 하다. 중국에는 반식민지에서 연합국과 함께 일본에 승리한 70년이고 한국에는 분단 70년이라는 또 다른 의미가 있다.

종전과 패전, 광복(해방)과 분단 등 나라마다 의미는 다르지만, 70년이라는 숫자가 갖는 의미의 각별함 때문인지 올해 다양한 형태의 국제 행사가 많은 나라에서 예정되어 있다. 그중에서도 오는 5월 러시아에서 열릴 2차 대전 전승 70주년 기념일 행사는 큰 관심거리다. 우크라이나 사태 이후 차가운 대립을 계속하고 있는 러시아와 서방이 같은 연합국으로서 나치 세력과 파시스트, 군국주의 세력을 패퇴시킨 역사적 기억을 가지고 다시 한자리에 모일 명분을 갖기 때문이다.

물론 이날의 행사로 유럽과 미국이 러시아에 대한 제재를 해제할 분위기는 아직 보이지 않는다. 또 5월 행사에 초청받은 서방 국가 중에서 어느 나라 정상이 참석할지도 아직은 확실치 않다. '노르만츠키 포르마트'(Нормандский формат) 또는 '노르만 4국 모임'(Нормандская четверка)으로 불리는 우크라이나 문제 해결을 위한 다자간 최고위급 회동마저 아직 제대로 된 일정을 잡지 못하는 상황이기 때문이다. 실제로 푸틴 러시아 대통령과 메르켈 독일 총리가 신년을 맞아 지난 1월 10일 가동한 전화 통화에서도 메르켈은 민스크 합의에 따른 진전이 있어야 '노르만츠키 포르마트'의 최고위급 회담이 가능하다는 입장을 견지한 바 있다.

러시아인에게 전승 기념일은 특별한 의미가 있다. 전승국이자 전후 질서의 설계자로서 러시아의 위상을 다시 한 번 확인하고 과거의 영광을 회고하는 날이기 때문이다. 전승 기념일은 러시아 지도부와 러시아인들에게 약화된 러시아의 현실에 대한 위안과 복고주의적 경향을 강화하는 회고의 기념일이기도 하고 다시 강대국으로 부활할 수 있다는 다짐을 재확인하는 심리적 자산이기도 하다.

올해 러시아 전승 기념일 행사가 우리의 관심을 끄는 이유는 몇 가지가 있다. 우선 북한 김정은의 국제무대 데뷔전이 이루어질 가능성이 높기 때문이다. 그리고 경우에 따라서는 남북 정상회담이 열릴 수도 있기 때문이다. 남북 정상은 이미 신년사와 연두 기자회견을 통해 정상회담을 할 용의가 있음을 밝힌 바 있다. 푸틴은 이날 행사에 김정은을 초청했다. 그리고 박근혜 대통령에게도 초청 의사를 전했다.

집권 3년 차를 맞은 김정은은 최근 최룡해, 리용남 등을 러시아에 파견해

2005년 모스크바 '붉은 광장'에서 열린 2차 대전 승전 60주년 기념행사에
참석한 세계 각국 정상들의 모습

출처 : www.interfax.ru

최고위급 접촉을 위한 사전 준비 작업을 마쳤다. 러시아 측도 극동 개발에 속도를 내고 실질적인 진전을 위해 동(東)유라시아의 단절선인 북한을 설득하기 위해 적극적이다. 특히 우크라이나 사태로 인해 서방과 갈등을 빚고 있기 때문에 동쪽에서의 성과와 진전이 시급하다. 동쪽에서의 진전은 러시아 극동 개발 계획과 직접 연계되며, 이는 결국 중국, 한국의 협력이 필수적이다. 하지만 한·러 협력의 활성화와 러시아 경제의 아태지역과의 연동은 북한의 적극적인 국제사회 편입이 이루어지지 않으면 효과가 떨어진다.

이 때문에 러시아는 북한 설득을 위해 과거와는 달리 상당한 노력을 기울이고 있다. 알렉산드르 갈루시카 극동개발부 장관의 방북, 유리 트루트네프 부총리의 방북 등을 잇달아 진행했고 나진항 개발 및 북한 내륙 철도 개발('포베다' 사업), 북·러 간 노동 협력 확대를 위한 비자 문제 개선 협상 등에 대해서도 상당한 진전을 이룩한 것으로 알려져 있다. 특히 최룡해의 방북에서는 러시아의 최신예 스텔스 전투기인 SU-35의 구매 의사까지도 타진한 것으로 알려져 있다. 물론 러시아에 대해 북한이 최신예 전투기 구매를 비롯한 신형 무기 구매 의사를 밝힌 것은 이번이 처음은 아니다. 북한은 기회가 될 때마다 군비 현대화를 위해 러시아와 중국에 신형무기 판매를 요청했으나 성공하지 못했다. 대표적인 예로 김정일이 사망하기 직전까지 세 차례에 걸쳐 진행한 방러 기간 중 항공기 제작 공장을 방문한 것이나 러시아 방문 때마다 신형 전투기 판매를 요청한 것을 들 수 있다. 지금까지 러시아는 이를 거부해왔다. 하지만 최근 우크라이나 사태는 러시아의 이러한 판단에 상당한 변화를 초래할 계기를 부여하고 있다. 서쪽 국경의 갈등이 장기화하고 격화되면 동쪽 국경의 재래식 군비 경쟁도 연동될 개연성이 있다.

따라서 김정은이 5월 9일 전승 기념일 행사에 참석하게 되고 박근혜 대통령도 이날 행사에 참석하게 되면 남북한 정상이 2차 대전 종전 70주년을 맞아 모스크바에서 다양한 이슈를 놓고 정상회담을 할 수 있게 된다. 남북 정상회담이 이루어지게 되면, 이는 동북아와 동유라시아 정세에 상당한 영향을 미치게 될 것이다. 남·북·러 협력과 북·중·러 협력의 모습이 급작스럽다는 느낌을 줄 정도로 대단히 강력하게 부각될 수도 있기 때문이다. 이럴 경우 러시아의 전승 기념일 70주년 행사는 글로벌 사회에서 강력한 관심을 끌게 될 것이고 푸틴의 중재력도 부각될 것이다.

물론 이러한 정상회담이 제3국 땅인 러시아에서보다는 한반도에서 이루어지는 것이 더 자연스럽고 바람직하다. 하지만 정상회담은 이루어지지 않을 수도 있다. 미국 등 서방의 대우크라이나 문제 해법과 속도에 따라 모스크바 전승 기념일 참석 자체가 국제 이슈가 될 수도 있다. 그럴 경우엔 박근혜 대통령의 방러 일정도 매우 유동적으로 흐를 수 있다. 따라서 남북 정상회담이 5월 모스크바에서 이루어지지 않을 가능성도 상존한다.

올해 모스크바 전승 기념일 행사가 또 다른 관심을 끄는 이유는 바로 이러한 점과 연동되어 어느 해보다 더 글로벌적인 의미를 갖게 될 것이기 때문이다. 이번 행사를 계기로 세계는 글로벌화된 현 국제체제가 직면한 새로운 도전들과 위협들에 어떻게 대응할 것인지를 어떤 식으로든 표현할 것이다. 서방과 러시아가 다시 화해와 공조의 길로 들어서는 조짐이 나타날 수도 있고 반대로 중·러 연대가 강화되면서 서방과의 차가운 갈등이 더욱 지속되는 상황이 초래될 수도 있다.

러시아는 종전 70주년 행사를 반파시스트·반패권 행사로 강조하고 있다. 또 과거와 달리 오는 8월에는 태평양 전쟁 종전 70주년을 맞아 극동에서 대대적인 기념식을 중국과 함께 거행할 계획이다. 시진핑 중국 주석과 푸틴 러시아 대통령은 이러한 계획을 이미 수차례 확인했고 지난해 베이징에서 개최된 아시아태평양경제협력체(APEC) 회의를 계기로 만난 자리에서도 이를 재확인했다. 또 시진핑 주석은 이 행사에 한국도 같이 하자고 박근혜 대통령에게 제안을 내놓은 바 있다.

2015년 8월 2차 대전 승리를 기념하는 행사를 아시아·태평양 지역에서 중국과 러시아가 공동으로 진행한다는 것은 상당한 노림수를 가진 행사라고 본다. 이는 과거사 이슈를 가지고 미래의 이슈를 선점하는 전략이다. 한국을 중·러 연대의 축으로 이끌어내는 한편으로, 일본을 압박할 수 있고 일본에 대해 공세적 자세를 취할 수 있다. 이는 2차 대전 승리가 반주축국·반파시스트 세력과의 전쟁에서의 연합군의 승리였다는 명분을 고려한다면 미국이 반대하기 어려운 행사이기도 하다. 따라서 이를 유라시아 동쪽 지역에서 러시아와 중국의 영향력 지대 선포의 또 다른 모습이나 시도의 하나로 살펴볼 필요가 있다.

오는 5월 모스크바 전승 기념일 행사에서의 남북 정상 초청과 8월 중국에서의 반파시스트 연대 승리 70주년 행사가 잇달아 이루어지는 것은 한편으로는 중·러의 외교적 공세이자 도전이다. 특히 남북한이 분단된 동북아의 정세에서 볼 때, 패전국 일본은 차치하더라도, 전승국인 미국과 광복을 이룩한 한국이 당사자로서 주도권을 행사하지 못하는 형식으로 이끌려 가는 것은 모양새가 좋지 않다. 또 통합과 화해를 목표로 하고 이를 추구해야 하는 종전 기념일의 의미상 미래 지향적이지도 않다.

하지만 논쟁보다 더 중요한 것은 현시점에서 세계가 더 큰 통합과 협력으로 가야 한다는 점이다. 특히 동유라시아 지역에서 초국경 간 협력과 새로운 개발을 통해 성장과 평화의 지속 가능한 엔진을 만들어 내야 하는 한국의 입장에서는 더욱 그렇다. 분단된 한반도의 당사자인 한국은 더욱더 창의적이고 용기를 갖고 이 지역 내 협력과 대화를 촉진해야 한다. 그러려면 새로운 아이디어가 필요하다. 중국과 러시아 간 연대의 축과 범위가 산업과 에너지 협력을 넘어 가치에서도 한국과 일본, 미국을 배제하거나 경쟁시키는 방향이 아닌 포용의 아이디어가 필요하다.

이런 점에서 필자는 2015년 중국과 러시아가 공동으로 진행하려는 반파시스트 승전 70주년 기념행사를 한국이 더욱더 적극적이고 창의적으로 확대해 한국에서 거행하는 방안을 제시하고 싶다. 2차 대전 종전에도 불구하고 분단 상태인 한반도의 서울이나 인천에서 노르망디 상륙 작전 기념행사와 같은 태평양판 종전 기념식을 거행하자는 게 필자의 제안이다. 필자는 이미 이러한 제안을 작년부터 몇 차례 비공개적으로 전문가 회의 등을 통해 제안한 바 있다. 하지만 이제 종전 70주년의 해가 됐고 중국과 러시아가 올해 70주년을 기념하는 반파시스트·반패권 기념식을 중·러 양국 공동으로 거행하기 때문에 이를 공개적으로 다시 제안하고자 한다. 한국이 태평양 전선의 승전국과 패전국들을 모두 참석시켜 노르망디 상륙작전 기념식과 같은 형식의 행사를 주도적으로 창안해 거행할 경우 한국은 유라시아의 평화와 외교의 허브가 될 수도 있다. 그리고 이러한 연례적 행사를 통해 동북아와 동아시아 지역, 동유라시아 지역의 과거사 갈등을 극복하고 협력을 촉진해 이 지역의 화해와 협력의 메커니즘이 한 단계 상승할 수 있다고 본다.

주지하듯 2차 대전에서 연합국의 승리는 동쪽 전선과 서쪽 전선 양쪽에서 이루어졌다. 서쪽 전선에서의 승리는 노르망디 상륙작전에서의 승리로 시작됐고 이를 기념해 매년 전승 기념일 행사가 연합국과 승전국, 패전국이

박근혜 대통령은 2013년 5월 8일 미국 의회 연설에서
'동북아 평화협력 구상'을 공식 제안한 바 있다.

출처 : www.yonhapnews.com

모두 참여한 가운데 프랑스에서 열린다. 여기에서 유럽 대다수 국가와 미국은 매년 공동으로 새로운 형태의 협력 중요성을 강조하며 전승국과 패전국 간의 진정한 화해와 협력을 위한 노력의 필요성을 다시 한 번 새기게 된다.

하지만 이러한 행사가 그동안 동쪽에서는 열리지 못했다. 2차 대전의 주요 전장과 승리의 의미를 나치 독일의 패퇴에 놓고 있는 유럽인과 미국인들, 그리고 고대로부터 존재했던 강력한 유럽 중심주의도 한몫을 했다. 게다가 동쪽 전장의 승전국들과 패전국들을 한 자리에 모아 협력을 고양할 이념과 계기도 적절치 않았다. 유럽은 유럽연합 창설의 시도와 진정한 하나의 유럽 정신의 고양이 이러한 노르망디 상륙작전 승리 공동 행사를 가능케 했지만, 동아시아에서는 이를 주도할 국가나 지도자가 적절치 않았던 것이다. 물론 중국과 러시아 간 이념 분쟁과 갈등, 북한과 남한으로의 한반도 분단, 군국주의에 대한 일본의 반성 결여와 미흡, 냉전 격화 등도 원인의 일부로 작용했다.

하지만 소련 해체는 동유라시아 지역에도 새로운 분위기를 형성했다. 필자가 기회가 될 때마다 강조하듯 동유라시아 지역에 산업협력의 패러다임이 새롭게 형성되고 있다. 자원과 시장, 기술과 시장, 자원 수급이 같은 지역, 같은 공간에서 과거와는 현격하게 다르게 빠르게 그리고 단축되어 이루어지고 있다. 동북아 공동체와 동아시아 협력에 관한 시민사회의 인식과 국가적 아젠다로서 이를 추진하고자 하는 움직임도 발생했다. 따라서 이제는 동북아 지역에서도 그리고 2차 세계대전의 또 다른 주요 전장이었던 유라시아의 동쪽 전장에서도 패전국과 승전국이 모두 모여 2차 대전 종전과 승전 기념식을 열 때가 됐다.

필자는 이를 한국이 주도할 수 있으며 한국이 주도할 명분을 충분히 갖고 있다고 본다. 한국은 2차 대전 종전의 주요 수혜자이면서도 여전히 분단된 마지막 피해자이기도 하다. 동북아와 동유라시아 전체의 협력과 새로운 발전은 한반도의 평화적 통일과 유라시아 지역과의 유기적 역동성의 회복 없이는 불가능하다. 한반도가 유라시아에 연동되어야만 진정한 유라시아의 단일성이 회복된다. 그러므로 2차 대전 종전 70주년, 승전 70주년 행사를 분단된 한반도에서 연합국의 주축이었던 미국과 러시아, 중국과 남북한, 여타 국가들, 그리고 전쟁 도발국이자 패전국인 일본이 모두 참여해 서쪽의 노르망디 상륙작전과 2차 대전 승전 기념식처럼 진행한다면 큰 의미가 있을 것이다. 또 이를 통해 한국은 한반도의 평화를 고양하고 평화의 중요성을 동북아 지역에 다시 한 번 강조할 수 있고 한국을 동북아와 동유라시아 지역에서 평화의 허브이자 새로운 외교안보 대화의 핵심 장소로 만들 수 있을 것이다.

한국은 분단 70주년의 비극적 모습을 지속해서는 안 된다. 우리 역사에서 한반도가 이렇게 오랫동안 분단된 모습으로 날카로운 대립을 지속한 예는 없다. 따라서 한국은 용기와 자신감을 가지고 중국과 러시아의 연대가 유라시아 대륙에서 두 강대국만의 연대와 패권의 강화로 흘러가지 않도록 견인하며 새롭고도 창의적이며 모두를 포함할 수 있는 이러한 아이디어로 대응할 필요가 있다.

(2015년 1월 14일 특별호)

20. '유라시아 이니셔티브'에 대한 단상(斷想)

표 상 용

한국외국어대학교 노어과 교수

'유라시아 이니셔티브'(Eurasia Initiative)는 박근혜 대통령의 대선 공약이었지만, 2015년 들어서 현 정부의 핵심 사업으로 급부상하고 있다. 박근혜 대통령은 2013년 10월 서울에서 열린 유라시아 국제 컨퍼런스 기조연설에서 ▲하나의 대륙 ▲창조의 대륙 ▲평화의 대륙 세 가지 유라시아 이니셔티브를 제안했다. 이를 위해 부산-북한-러시아-중국-중앙아시아-유럽을 관통하는 '실크로드 익스프레스'를 실현하고, 전력·가스·송유관 등 에너지 네트워크 구축 필요성을 역설했다. 2014년 10월 아시아유럽정상회의(ASEM)에서도 '유라시아 이니셔티브'를 강조했다. 박 대통령이 아시아와 유럽 간 연계성 강화를 위해 제안한 ▲물리적 연계 ▲디지털 연계 ▲문화 및 교육의 연계 세 가지 방안은 '유라시아 이니셔티브'의 실현을 뒷받침한다. 2013년 아시아태평양경제협력체(APEC), 동아시아정상회의(EAS) 등에서 제시한 것보다 좀 더 구체적인 내용으로 진일보한 모습이다. 정부는 최근 '제1차 유라시아경협조정위원회'를 열고 '유라시아 이니셔티브'를 본격화하기 위한 통합 지원체계를 출범시킨다고 밝혔다. 기재부, 외교부, 농식품부, 산업부 등 11개 부처와 금융위원회, 한국수출입은행, 대외경제정책연구원, 한국개발연구원, KOTRA 등 총 16개 국가기관으로 구성된 범정부 경협조정위원회는 앞으로 유라시아 국가와의 정상회담과 양자·다자 협의체 등을 적극적으로 활용해 지원 사업을 본격적으로 추진한다는 계획이다.

그러나 '유라시아 이니셔티브'는 중국의 '신(新) 실크로드프로젝트(신 실크로드경제벨트)'나 '일대일로(一帶一路)협력' 그리고 러시아의 '유라시아경제연합'(EEU) 등과 상당 부분 상충하며, 정작 유라시아 핵심 당사국, 즉 우즈베키스탄, 카자흐스탄, 투르크메니스탄, 키르기스스탄, 타지크스탄, 몽골 등의 큰 관심을 끌 수 있는 동인이 부족한 것도 사실이다. 박 대통령이 '유라시아 이니셔티브'를 주창하고 점차 현실화하자 일본 언론은 "한국이 환태평양경제동반자협정(TPP) 참가에는 소극적인 모습을 보이고 있는 등 미국과 일본의 이익에 부합하지 않는 정책을 구상하고 있다"고 냉소적인 태도를 보이고 있다. 유라시아 지역 전략에 관한 한 중국은 우리와는 상당한 격차로 우위를 점하고 있다.

다행히 우리 정부가 제기한, 중국의 신 실크로드 구상과 유라시아 이니셔티브 간 연계 필요성에 대해서 중국 당국은 긍정적인 반응을 보이고 있다. 유라시아를 관통하는 교통·통신망을 기반으로 물류에서부터 자원 개발, 신산업 협력, 문화교류로까지 확대해 나가자는 '유라시아 이니셔티브'와 중국-중앙아를 통합하는 거대 지역 경제 협력체인 '신 실크로드 구상'의 연계를 위해 양국이 함께 연구하고 역량을 모아 나가자는 데 의견을 같이하고 있다. 최경환 경제부총리와 쉬사오스(徐绍史) 중국 국가발전개혁위원회(NDRC) 주임은 올해 1월 말 중국 북경에서 제13차 한·중 경제장관회의를 열어 한국과 중국이 '유라시아 이니셔티브'와 '일대일로(一帶一路) 협력'에서 공동 연구

유라시아 시대를 대비한 각국의 개발 계획과 움직임

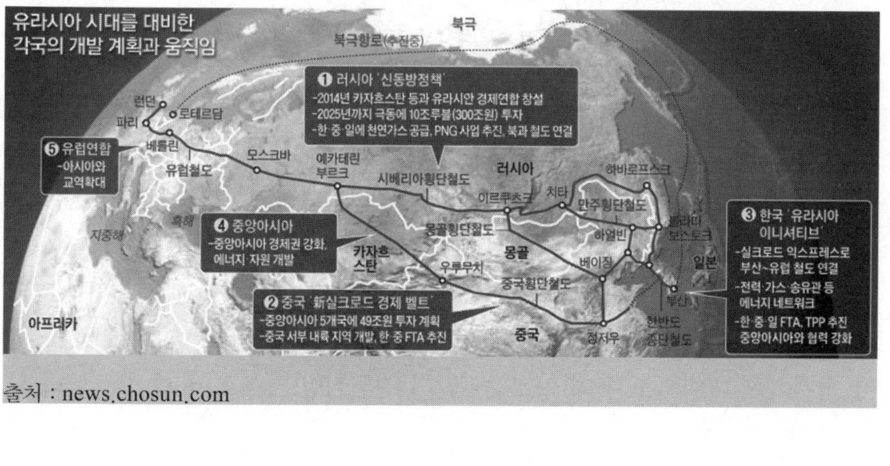

출처 : news.chosun.com

를 진행하기로 합의했다.

자원 보유국인 중앙아시아 국가들과 기술 혁신국인 한국은 찰떡궁합이다. 또 중앙아시아 국가들의 공통점은 이들이 해안이 없는 내륙으로 해양에 대한 꿈을 갖고 있다는 점이다. 초강대국 접경국인 러시아, 중국 등을 통해서 이 꿈을 실현하기에는 장기적인 위험(?)이 적지 않다. 육로를 거쳐 해양과 연결된다면 가장 가까운 해양 통로인 강소국 한국이 이들의 가장 선호하는 파트너가 될 수 있다.

재계, 학계뿐만 아니라 야당도 '유라시아 이니셔티브'에 대해서는 적극적으로 협조하겠다고 분명히 밝히고 있다. 필자는 성장 동력이 약화된 우리 경제의 지속 성장을 위해서, 그리고 남북한의 공동 혜택 및 장기적으로는 남북통일을 위해서 '유라시아 이니셔티브'는 현재 우리가 구사할 수 있는 최선의 구상이라는 데 전적으로 동의한다. 다만 과거 정부들이 국고를 쏟아 붓고도 성공적이지 못했던 대형 국책사업들에서 보듯이 수십 년을 내다보는 장기적인 안목과 해당 국가에 천착할 수 있는 깊이 있는 분석과 접근이 절실히 필요하다. '유라시아 이니셔티브'에 대해서 지난해 후반기부터 관계, 재계, 학계에서 요란하게 떠들고 있어 오히려 우려되는 것은 기우일까?

유라시아 이니셔티브의 진척을 위한 소회를 다음과 같이 풀어본다.

① 유라시아 이니셔티브의 성공을 위한 핵심은 러시아다.

러시아는 우리 정부의 '유라시아 이니셔티브'에 대해서 시큰둥한 반응을 보였는데 좀처럼 나아지지 않고 있다. 러시아의 호의적인 태도를 당장 기대하기에는 우크라이나 사태, 전승 70주년 기념행사 국가 정상 참석 문제, 북한과의 3자 관계 등 복잡하게 얽혀 있는 현실적인 난관으로 쉽지 않은 것은 사실이다. 그러나 러시아와 중앙아시아 국가들의 밀접한 관계와 특수한 근현대사를 고려하면 적극적인 참여는 아니더라도 러시아의 긍정적인 시그널을 얻는 것은 매우 중요하다. 앞에서 언급한 우리 정부의 중국과 향후 중앙아시아 전략에서의 공조와 광역두만강개발계획(GTI)에서의 협력을 교훈 삼아 러시아에 대해서도 우리 정부는 좀 더 진취적인 자세로 바뀌어야 한다.

러시아 주도의 '유라시아경제연합' 회원국 대부분이 유라시아 이니셔티브에 해당되므로 '유라시아경제연합'에 대한 우리 정부의 호의적인 관계 정립이 필요하다. 러시아가 한국의 참여를 원했던 '나진-하산 프로젝트'는 자체의 경제성으로 판단할 것이 아니라 '유라시아 이니셔티브'의 장기적인 성공을 위한 시의적절한 투자로 봐야 할 것이다. 2014년 말 우리 정부가 나진-하산 프로젝트에 전면적 지원 방침을 공표하고 양해각서를 체결한 것은 다행스러운 일이다. 이번 프로젝트 동참으로 그동안 항만을 통해서 이뤄졌던 러시아산 석탄을 북한 육로로 수송할 수 있는 명분이 생겼다. 러시아, 북한이 공동으로 추진하는 '승리(Pobeda) 공동 프로젝트'에도 협력 의사 표명이 있어야 할 것이다. '유라시아 이니셔티브'의 성공을 위해서는 박근혜 대통령의 '러시아 전승 70주년' 기념행사 참여도 미국의 양해를 구하면서 이뤄져야 할 것이다.

단기적인 성과를 위해 너무 성급하게 밀어붙이게 되어 러시아가 원하는 대로 우리 정부나 기업들의 돈만 퍼주다가 러시아의 공감과 협조를 얻는 데 실패할 수 있다는 점도 유념해야 한다. 하지만 저유가와 우크라이나 사태로 러시아가 힘든 상황에 부닥친 지금이 '유라시아 이니셔티브'에 대한 러시아의 우호적인 입장을 이끌어 낼 좋은 기회다. 2013년 3월 러시아는 12년 동안 천문학적인 돈을 투자하는 '극동 및 바이칼 지역의 사회·경제발전 국가 프로그램 2025'를 발표했다. 러시아의 극동 지역에 집중하는 정책 기조가 '유라시아 이니셔티브'에 좋은 기회가 되도록 해야 한다.

② '유라시아 이니셔티브'의 성공을 위해서는 북한의 협조가 중요한 열쇠다.

정부는 '유라시아 이니셔티브' 실현 방안으로 한반도종단철도(TKR)와 시베리아횡단철도(TSR)를 연결하는 '실크로드 익스프레스'를 제안했지만, 북한에 가로막혀 진전을 보지 못하고 있다. 북한의 협조를 얻기 위해서는 우리 정부의 상당한 양보와 아량이 필요하며 우리 정부의 '유라시아 이니셔티브'에는 여타 숨은 전략이 전혀 없음을 명백히 밝혀야 한다. 박근혜 대통령은 "물류, 에너지, 인적 교류를 비롯한 대부분의 협력 과제가 남북관계의 안정과 북한의 개혁·개방 없이는 풀어가기 어려운 과제"라고 언급했다. 그러나 언제까지 북한의 개혁·개방만을 학수고대하고 있을 수는 없지 않은가? 철도를 연결하고 석탄, 석유, 가스를 위시한 물류를 흐르게 하려면 북한에 대한 우리의 양보와 포용하는 자세가 필요하다.

정부는 신뢰를 대내외정책의 슬로건으로 내세우며, 신뢰외교는 대외정책의 근간이 되었다. 신뢰외교는 국가 간에 신뢰를 쌓는 가운데 다방면에서 상호 공동이익을 모색하자는 것으로 한반도에 대한 것이 '한반도 신뢰 프로세스,' 동북아에 적용한 것이 '동북아 평화협력 구상'이다. '한반도 신뢰 프로세스'는 다른 어떤 국가보다도 바로 북한 당국에 대한 것이다. 복합 교통·물류 네트워크 구축을 골자로 하는 '유라시아 이니셔티브'의 시금석은 북한을 통과하는 육로 구축이다. '유라시아 이니셔티브'를 통해 북한도 적지 않은 경제적 이익을 지속해서 취하며 큰 혜택을 얻게 되리라는 점을 이해시켜야 한다. 2015년 들어서 정부는 북한에 "형식에 구애받지 않는 대화"를 제의하며 5.24 해제 조치와 금강산 관광 재개까지도 할 수 있다는 유연한 입장을 보이고 있다. 하지만 북한은 여전히 한국의 제안을 외면하고 있다. 정부는 2월 22일 '박근혜 정부 2년 정책 모음집'을 통해 "'동북아 평화협력 구상'과 '유라시아 이니셔티브' 등 한반도 평화와 통일 환경 조성을 위한 노력에 대해 국제사회의 공감과 지지를 확보했다"고 긍정적으로 평가하고 있다. 남북 간 대화와 협력을 통해 상호 신뢰를 쌓아 나아간다는 '한반도 신뢰 프로세스'를 대북 기조로 내세웠지만, 필자의 시각으로 보면 지난 2년간 남북관계는 답보상태에 있다. 당사자인 북한 당국이 "형식에 구애받지 않는 대화"라는 우리의 제의까지 여전히 외면하는 현실을 직시하고 북한을 변화해야 할 대상으로 보지 말고 대화해야 할 대상으로 봐야 한다. 우리 정부의 대북정책 가운데 북한이 혐오하는 부분은 과감히 수정해서 상실된 남북대화 동력을 다시 불러일으켜야 실질적인 성과를 얻을 수 있다. 최근에 와서 러시아가 북한과 인사 및 군사 교류뿐만 아니라 경제 협력으로 확대하는 등 밀착 관계를 형성하고 있어 ①과 ②는 일맥상통하는 부분이 있다.

우리 정부가 북한에 대해 대담하고 포용적인 자세로 바뀌면 우선해서 유라시아 물류 수송을 위한 '북한 무정차통과 철도' 연결이나 우리 정부의 올

'동북아 평화협력 구상' 실천 방안 제시하는 박근혜 대통령

출처 :www.yonhapnews.com

해 역점사업인 '한반도열차 시범운행'은 성공 가능성이 높아질 것이다. 북한 당국의 결정으로 2007년 경의선과 동해선 열차가 군사분계선을 넘어 시범 운행한 바 있다. 우리는 대륙의 끝에 놓여 있는데 북한에 가로막혀 대륙에서 분리되어 있다. 북한의 협조 없는 유라시아 이니셔티브는 허공에 울부짖는 아우성에 불과하다.

③ 경제 일변도의 정책을 펴는 것은 장기적인 측면에서 지양해야 한다.

'유라시아 이니셔티브'의 지속적인 성공을 위해서는 물자 교류 못지않게 인적 교류, 문화 교류가 중요하다. 박근혜 대통령도 위에서 언급한 2014년 ASEM에서 '유라시아 이니셔티브' 차원에서 3대 과제 중 하나로 문화와 교육 분야를 제시했다. 1년 전 새누리당 의원 20명이 참여해 구성된 '유라시아 철도추진위원회' 출범 선언문은 "...... 유라시아 국가들은 인적, 문화 교류 확대를 통해 새로운 비즈니스를 발굴할 것"이라고 밝혔다. 위에서 언급한 정부

의 경협조정위원회는 지난해 12월 대외경제장관회의에서 확정된 '유라시아 이니셔티브' 로드맵에 따른 범정부적 협의·조정기구다. 그러나 컨트롤 타워 역할을 맡은 경협조정위원회는 경제 외적인 분야, 이를테면 문화, 역사, 인적 교류에 대한 이해가 부족하다. 인적 교류를 경제적 효과에만 초점을 맞추어서는 안 된다.

방대한 유라시아 지역의 문화 정체성과 공통 가치를 정의하기가 쉽지 않고 문화 교류 사례도 드물다. 그러나 유라시아 국가들과 우리는 서로 많은 유연성(有緣性)을 갖고 있다. 중앙아시아 지역은 이슬람교가 전파되기 이전에는 불교가 융성했던 지역이다. 우리와 알타이 문화, 스키타이 문화도 서로 공유되어 있다. 한국과 유라시아 각국의 역사적, 문화적 유연성을 발굴하고, 문화·자연유산의 보존과 연구에 참여하며 고고학, 역사학, 종교학, 언어학 분야 등에서 공동 프로젝트를 꾸준히 진행하는 것이 필요하다.

중국은 유라시아 여러 국가에 공자아카데미를 설치하면서 이제는 문화 교류와 교육에도 노력을 기울이기 시작했고, 일본은 몽골을 위시한 여러 국가에서 고고학, 역사학에 관한 공동학술 행사를 다양하게 열고 있다. 우리 정부도 50만 명에 달하는 러시아와 중앙아시아 고려인, 한류 문화 유행, 관광·의료 수요 등을 바탕으로 무형의 교류에 더 많은 신경을 써야 한다. 개별 국가의 특성을 반영한 지식 네트워크 플랫폼을 구축하며 유라시아 각국에 대한 전문가를 양성하여 현지화하고 다양한 인적 교류에 비중을 두어야 한다. 이를 위해서 문화, 관광, 교육, 예술, 의료 분야를 총괄하는 전담부서를 설치하고 한국어, 한류·한국 문화, 관련 서비스 산업 3개의 축이 작동하는 종합 시스템을 갖추어야 한다. 또 지금까지의 일방향성 교류를 지양하고 쌍방향 교류를 지향해야 한다.

무엇보다도 우선 ▷한국과 중앙아 국가들이 공동으로 운영하는 한·중앙아 문화 포털·아카이브 구축 ▷한국에는 낯설고 중앙아시아에는 익숙한 한·중앙아 비대칭적 문화 교류 개선을 위해 한국에 중앙아 국가들의 문화원 개설이 필요하다. 한·카자흐 정부 간 보건·의료 협력, 국제교류재단의 카자흐스탄 나자르바예프 대학 내 한국학센터 설립, 문화관광연구원의 '유라시아 문화포럼' 등 정부 차원의 노력도 중요하지만, 지자체와 민간 차원의 문화 및 인적 교류도 매우 중요하다. 경상북도와 경주시의 우즈베키스탄을 중심으로 한 '실크로드 프로젝트,' 대한한의사협회와 민화협의 '유라시아의학센터' 등은 지자체와 민간 차원에서 이루어지고 있는 좋은 본보기다.

'유라시아 이니셔티브'가 박근혜 대통령 임기 이후에도 더욱더 번창할 수 있는 대한민국의 새로운 국운이 되기를 바라면서, 그 성과로 기차를 타고 북한을 거쳐 이식쿨 호수에 휴양을 다녀오고, 새벽하늘에서 라비하우즈 연못으로 쏟아지는 별을 보러 '실크로드 익스프레스'로 나들이하는 날을 고대하면서...

* 이 칼럼의 내용 일부는 조선일보 2015년 3월 17일 자 '발언대'에 실렸음을 밝힙니다.

(2015년 3월 23일 제312호)

제2장
경제와 자원

러시아 경제

21. 2014년 러시아 경제, '퍼펙트 스톰'의 한가운데서 길을 찾다

이 종 문

부산외대 러시아인도통상학부 교수

2014년은 러시아 경제가 경기침체(Stagnation)와 인플레이션(Inflation)이 동시에 진행되는 최악의 상황인 스태그플레이션(Stagflation)의 문을 통과한 해다. 2014년 러시아 경제는 1/4분기부터 4/4분기까지 4분기 연속 성장률이 1% 아래에 머물며 그 추세 또한 계속 둔화되는 양상을 보였다. 특히 4/4분기에는 전년 동기 대비뿐만 아니라 전 분기 대비 마이너스(-) 성장을 기록한 것으로 추정된다. 연간 실질 GDP 증가율이 0.5%에도 미치지 못하면서 2010년 4.5% 성장 이후 4년 연속 성장 둔화라는 2000년대 이후 최장 기간 경기후퇴를 시현하며 바닥을 찍지 못하고 있다. 동시에 노동력 공급의 감소와 노동 생산성의 급격한 하락이 지속되면서 러시아 경제는 이제 경기후퇴(Recession)를 넘어 경기침체(Stagnation)의 경계선을 넘어섰다. 그리고 소비자 물가는 중앙은행의 물가상승률 목표치(6.0~6.5%)를 2배 이상 초과하는 11.4%를 기록하며 2008년(13.3%) 이후 6년 만에 다시 두 자릿수의 고물가 시대로 접어들었다.

2014년 러시아 경제가 스태그플레이션이라는 퍼펙트 스톰(Perfect Storm)의 충격을 받은 것은 경제가 지닌 구조적 요인과 국제유가 폭락, 우크라이나를 둘러싼 지정학적 불확실성이라는 세 가지 요인이 겹치면서 발생했기 때문이다. 2010년 이후 진행된 노동 가능 인구의 감소와 노동 생산성 악화는 경제 성장률의 구조적 하락으로 이어졌고, 고착화되고 심화된 에너지 자원 수출 주도형 산업 및 경제 구조는 경제의 대외 리스크에 대한 취약성을 확대시켰다. 2월 발생한 우크라이나 사태와 크림 반도 편입에 따른 미국과 EU의 대러 경제제재에 이어 하반기에 진행된 미국의 셰일오일(Shale Oil) 생산 확대와 석유시장 지배권을 둘러싼 석유수출국기구(OPEC)와 미국 간의 헤게모니 쟁탈전으로 인한 국제유가 폭락은 해외 금융시장에서 러시아 기업과 상업은행들의 자금조달을 봉쇄했고, 러시아 금융 부문의 불안정에 대한 불안감이 확산되면서 외환시장에서 루블화 가치 급락과 자본시장에서 주가 폭락과 금리 급등이 발생했다. 그리고 자본의 대규모 해외 유출과 S&P의 러시아 국가신용등급 강등(BBB → BBB-)으로 러시아 경제 펀더멘털에 대한 불확실성이 고조되면서 경제 성장의 발목이 잡혔다.

문제는 2015년에도 러시아 경제를 둘러싼 대내외 변수들이 하방 압력으로 작용할 것이며 향후 수년간 지속될 가능성이 있다는 점이다. 구조개혁의 지지부진과 재정확대와 관련된 정책 수단의 부재 및 제도적 장치 부족으로 러시아 경제의 성장 잠재력은 단기간에 확장되기 어려울 것이며, 우크라이나 관련 지정학적 리스크도 신속하게 해결되기보다는 간헐적으로 계속되는 가운데 편입한 크림 반도를 러시아식 체제로 전환하기 위한 막대한 재정투입이 불가피하다. 무엇보다도 석유 패권을 둘러싼 신흥 에너지 진영과 재래식 에너지 진영 간 치킨게임이 본격화되면서 국제유가의 약세가 상당 기간 지속할 것으로 예상된다. 에너지 전문가들은 2015년 상반기까지 국제유가가 배럴당 50달러 선을 유지할 것으로 보고 있다. 그리고 유럽연합(EU)에서의 경기침체 지속과 중국을 중심으로 한 신흥 경제국에서의 경기 둔화 등도 러시아 경기와 금융시장의 변동성을 확대하는 데 일조할 것이다.

대내외 변수를 종합해 볼 때 2015년은 러시아 경제가 경기침체하의 고물가라는 이중고(Stagflation) 속에서 머들링 스루(Muddling Through) 증후군에 시달리는 우울하고 고통스러운 해가 될 것으로 예상된다. 2015년 러시아 경제는 2009년 이후 6년 만에 다시 마이너스(-) 성장으로 진입하고, 물가상승은 중앙은행의 목표 범위(Inflation Targeting)를 훨씬 상회하는 두 자릿수(10%대) 수준에서 형성되며, 환율, 투자, 소비, 임금 등 대다수 경제지표가 2014년보다 악화할 것으로 보인다. 금년 1월 러시아 정부와 국제 경제기 러시아 루블화 폭락 사태가 2015년 새해에도 계속 이어지고 있다.

출처 : www.themoscowtimes.com

구들이 제시한 2015년 러시아 경제성장률에 대한 전망은 비관적이며 편차도 상당히 크게 나타나고 있는데, 이는 러시아 경제를 둘러싼 변수들의 가변성이 그만큼 크다는 것을 의미한다. 러시아 경제발전부는 2015년 경제성장률 전망치로 유가가 연평균 배럴당 80달러일 경우 -0.8%, 유가가 60달러로 하락할 경우 성장률은 -3.0%까지 떨어질 것으로 전망했다. 러시아 중앙은행은 유가가 60달러를 기록할 경우 경제성장률은 -4.5%, 80달러를 유지할 경우 경제성장률은 0%에 그칠 것으로 예상했다. 세계은행(World Bank)이 -2.9% 성장률을 제시한 반면, 국제통화기금(IMF)은 유일하게 플러스(+) 0.2% 성장을 전망했다. 그 외에 경제협력개발기구(OECD)는 0%, 유럽부흥개발은행(EBRD)은 -0.2% 성장을 제시했다.

2015년 러시아 경제는 스태그플레이션(Stagflation)의 혹독한 시련을 피하기 어려울 것으로 예상되고 있는데, 이는 집권 3기 이후 푸틴 정부의 성장을 등한시한 경제정책에서의 실기와 구조개혁을 미룬 것에 대한 결과물이다. 2000년대 이후 대규모 오일머니(Oil Money)를 통한 대형 투자 프로젝트나 공공부문에서의 지속적인 임금상승 및 공적 이전소득을 바탕으로 한 성장 모델 속에 가려졌었던 러시아 경제의 구조적 문제점들이 2014년 우크라이나 사태와 유가 급락을 계기로 명확히 노출됐다. 러시아 경제는 에너지 의존에서 벗어나기는커녕 의존도가 오히려 더 커졌으며, 열악한 투자환경으로 민간부문의 경제활동이 활성화되지 못하고 있다. 과도한 규제와 시장 기능 약화로 자원의 합리적 배분이 왜곡되면서 국민경제 전반에 걸쳐 비효율성이 커졌다. 특히 금융시장(은행과 증권시장)의 미발달로 자금의 흐름이 왜곡 편중됐으며, 정부의 금리·통화정책의 유효성이 크게 떨어졌다.

러시아 경제에는 서로 상충하기 때문에 해결하기 쉽지는 않지만, 반드시 해결해야만 하는 경기침체 탈피와 물가상승 억제라는 과제가 주어졌다. 석유와 천연가스로 대표되는 에너지 산업이 러시아 경제성장을 견인할 힘을 완전히 소진함에 따라 이를 대체할 새로운 성장 동력을 찾아야 한다. 러시아 경제가 글로벌 금융위기 이후 진행된 경기 후퇴와 침체에서 벗어나 지속 가능한 성장 단계로 진입하기 위해서는 비효율적인 경제구조와 제도를 근본적으로 개혁하고 실질 세율 인하와 세제 개편, 규제 완화 등을 통해 비즈니스 환경을 개선하여 성장 잠재력을 확충하며, 첨단·고부가가치 산업을 육성하여 경제 체질을 개선하고 산업구조를 다변화함으로써 대외변수의 충격에 대한 대응력을 높여야 한다.

(2015년 1월 19일 제303호)

22. 세계지식포럼에서 난타당한 러시아

김 병 호

매일경제신문 차장

매년 10월에 열리는 세계지식포럼은 전 세계 석학과 고위 관료, 대기업 최고경영자(CEO) 등이 모여 글로벌 현안들을 논의하는 자리다. 해마다 1월이면 스위스 다보스에서 열리는 세계경제포럼(WEF)과 어깨를 나란히 할 정도로 성장했다. 2014년에는 15회째를 맞아 박근혜 대통령이 직접 참석해 축사하며 큰 주목을 받았다.

올해 세계지식포럼의 최대 관심은 불황에 빠진 세계 경제를 진단하고 해법을 찾는 데 집중됐다. 주목할 것은 일부 세션에서 러시아가 수차례 언급됐다는 점이다. 하지만 러시아는 전 세계 '지정학적 리스크'를 키운 주범으로 부정적으로 묘사됐을 뿐이다.

개막식 기조 대담에 나선 니콜라 사르코지 프랑스 전 대통령은 "푸틴과 러시아인들은 우리가 알지 못하는 집단적 사고에 갇혀 있다"며 "러시아인들이 느끼는 위기의식을 알지 못하면 우크라이나 사태와 같은 불행이 또다시 재현될 것"이라고 밝혔다. 그는 "소련 해체 후 러시아인들은 정체성 위기와 안보불안 같은 것을 집단적으로 느껴왔는데 푸틴이 소련 해체를 '21세기 지정학적인 재앙'이라고 말한 것은 과장된 것이 아니다"고 강조했다. 티에리 드 몽브리알 프랑스 국제관계연구소(IFRI) 소장은 "소련 제국은 미국 세계무역센터가 무너지듯 순식간에 쓰러졌다"며 "대제국이 그렇게 빨리 소멸할 경우 그 여파는 수십 년 간다"고 설명했다. 지금의 우크라이나 사태가 갑작스러운 소련 해체의 연장 선상에서 일어났다는 것이다. 월터 미드 미국 바드대학 역사학 교수는 "러시아는 소련 시절 잃어버린 영토를 회복하려고 하는데 러시아를 둘러싼 상황이 여의치 않은 점이 러시아의 운신 폭을 줄이고 있다"고 지적했다. 그는 "중국이 부상하고, 유럽도 연합체를 결성해 러시아를 양쪽에서 압박하면서 러시아인들은 절박한 생존문제를 떠안게 됐다"며 "러시아는 지정학적으로 곤란한 상태를 계속 겪고 있고 국민의 위기의식도 상당하다"고 말했다. 그는 푸틴에 대한 지지율이 우크라이나 사태를 겪으면서 높아진 것도 국민의 커진 위기감을 반영한 것이라고 덧붙였다.

실제로 우크라이나 사태가 장기화하면서 러시아의 불안정은 지속되고 있다. 러시아와 서방이 상호 경제제재를 가하고 있지만, 대규모 피해는 주로 러시아가 맞고 있다. 루블화 가치는 이달 들어 달러당 40루블을 넘어설 정도로 폭락했고, 브렌트유 가격은 배럴당 80달러 중반대로 내려갔다. 가스와 원유 수출로 먹고사는 러시아 경제에 빨간불이 켜질 수밖에 없게 된 것이다. 국제통화기금(IMF)은 최근 발표한 경제전망보고서에서 2014~2015년 러시아 경제성장률이 각각 0.2%, 0.5%로 극도의 저성장에 그칠 것으로 예상했다. 세계지식포럼에 참석한 제이콥 프렌켈 JP모건체이스 인터내셔널 회장(전 이스라엘 중앙은행장)은 "IMF의 러시아 경제전망은 사태가 더는 악화하지 않을 것이라는 전제를 달고 있는데 향후 사태 전개에 따라 러시아 경제는 추락 속도를 더할 수 있다"고 강조했다. 그는 "푸틴이 요즘 유가가 크게 떨어져 잠을 제대로 이루지 못할 것"이라고 비꼬기도 했다.

서방의 경제기관들은 실제로 러시아에 대해 비관적인 전망을 쏟아내고 있다. 대형 투자은행인 뱅크오브아메리카(BoA) 메릴린치는 러시아가 서방의 경제제재, 수입금지 조치, 투자 하락 등으로 장기 불황 국면에 접어들었으며, 2015년에는 제로(0) 성장에 그칠 것으로 내다봤다. 국제신용평가사인 무디스(Moody's)는 해외 자금줄이 차단된 러시아 기업들이 오는 2016~2017년 채무 상환을 하지 못해 신용위기에 처할 것이라고 경고했다. 러시아 중앙은행에 따르면 2015년 말까지 러시아 기업들이 상환해야 할 대외채무는 1,340억 달러에 이른다. 반면 2014년 상반기에만 740억 달러의 자금이 러시아를 빠져나갔다.

제재로 인해 서방 금융권으로부터 자금 차입이 막힌 러시아 기업들은 채무 상환을 위한 자금을 구하지 못해 아우성이다. 지난 7월 서방 진영이 러시아 에너지 기업들을 상대로 3차 제재에 착수하자 국영석유기업 로스네프티(Rosneft)는 한 달여 만에 정부에 긴급 구제금융을 요청했다. 기존에 거래해오던 대형 서방 은행에서 자금을 빌릴 수 없게 되자 1~2년 새 만기 도래하는 수백억 달러의 부채를 갚을 길이 막막해졌기 때문이다. 파이낸셜타임스(FT)에 따르면 이고리 세친 로스네프티 회장은 부채 상환을 위해 러시아 연기금에서 1조5천억 루블(약 42조 원)을 긴급 지원해달라고 요청했다. 푸틴의 측근인 알렉세이 쿠드린 전 재무장관은 "로스네프티의 지원 요청은 서방 제재가 러시아 경제에 얼마나 큰 피해를 주고 있는지 확인시켜준 것"이라며 "향후 3년간 러시아가 입을 경제적 손실이 최소 2천억 달러에 이를 것"이라고 주장했다.

푸틴의 돈주머니로 알려진 석유운송회사 군보르(Gunbor), 상업은행인 방

2014년 10월 17일 이탈리아 밀란에서 열린 제10차 아시아유럽정상회의에서 만난
블라디미르 푸틴 러시아와 대통령과 페트로 포로셴코 우크라이나 대통령

출처 : www.itar-tass.com

크로시야(Bank Rossiya), 최대 민간 가스업체인 노바텍(Novatek) 등은 미국 금융시장에서 장기 채권을 발행해 자금을 조달하지 못한다. 은행 부문 타격도 커서 러시아 최대 국영은행인 스베르방크(Sberbank)와 대외무역은행(VTB) 역시 미국과 유럽 자본시장에 대한 접근이 봉쇄됐다. 유럽연합(EU)이 러시아에 석유 시추를 위한 첨단기술 제공을 금지하면서 러시아의 북극해 석유 가스 개발 프로젝트도 일시 보류된 상태다.

여기에다 푸틴은 서방의 식료품 수입 중단이라는 역공을 가하면서 러시아 경제를 더 큰 수렁에 빠뜨리고 있다. 2013년만 해도 러시아의 유럽산 식료품은 138억 달러로 전체 수입액의 42%를 차지할 정도로 크다. 크레믈은 수입 금지에 따른 러시아 농업 부문에 대한 지원 규모가 400~500억 루블에 이를 것이라고 밝혔다. 경제 혁신을 위해 쓰일 돈이 조잡한 러시아산 농식품을 생산하는 데 쓰이게 되는 것이다.

푸틴은 지난 4월 TV로 생중계된 '국민과의 대화'에서 "서방이 우리 기업들을 옥죄더라도 끄떡없다고 큰소리를 쳤다. 하지만 회의론이 점차 고개를 들고 있다. 어쩌면 러시아에 대한 서방측 제재와 이에 수입금지로 맞선 러시아측 대응은 연쇄효과를 일으켜 러시아 경제에 치명타가 될 가능성이 크다. 이는 다시 정치적 불신으로 이어져 러시아의 사회 안정마저 심각하게 훼손할 수 있다.

(2014년 10월 20일 제290호)

23. 러시아 경제 위기설의 진실

박 종 수

중원대 국제통상학과 초빙교수

'국가 부도 벼랑 끝 푸틴,' '소련 붕괴 직전 상황,' '금융 질서 총체적 난국' … 2014년 말부터 우리 언론은 러시아 경제가 붕괴 일보 직전에 있는 것처럼 대서특필했다. 물론 국제유가와 함께 루블화 가치가 동반 하락하는 것은 러시아 경제에 적지 않은 위협이다. 그렇지만 '경제위기'는 경제 시스템을 위협하는 것이라야 한다. 금융 자산이 반 토막 나거나 그로 말미암아 각종 산업이 마비되는 수준이어야 한다. 이자율이 한때 100%를 웃돌던 1998년 금융위기와 같은 상황을 일컫는다.

그러나 지금은 이자율이 15%에 불과하다. 작년 말 17%에서 올해 1월 말 2%를 더 인하했다. 물론 이는 환율 방어에는 부정적으로 작용할 수 있지만, 경기 활성화에 필요한 조치다. 주요 자원을 자급자족하는 러시아 경제의 특수성에 비춰볼 때, 1차 피해 대상은 러시아에 진출한 외국 기업과 투기 자본가다. 그리고 물가상승으로 서민 대중이 당장 피해를 본다. 안타깝지만, 서민들도 충분한 학습효과를 거쳐 내성을 갖추고 있다.

푸틴 러시아 대통령은 지난해 말 내외신 기자회견에서 "외화보유고는 풍부하지만, 환율 방어를 위해서는 한 푼도 쓸 수 없다"고 강한 어조로 발언했다. 그 이후로 서방 언론의 호들갑도 사그라지고, 바람(?) 섞인 가설만 난무한다. 2월 중순 현재 루블화 가치는 하락했지만, 국제유가의 진정 추세와 함께 러시아 증시가 13% 올랐다. 글로벌 주요 지역 증시 가운데 가장 괄목할 만한 상승률을 기록 중이다. 그래서 가설은 가설일 뿐이다.

경제 위기설의 배경

첫째, 외부 요인이다. 러시아는 2013년 1월부터 서방과의 금융 전쟁에 대비해 왔다. 지난 몇 년간 미국과 EU는 매년 1.5조 달러와 1.2조 유로를, 영국과 일본도 그에 상응하는 금액을 은행에 퍼부었다. 은행은 그로부터 자본 손실을 충당해 왔고 세계 전역을 대상으로 실물 자산과 맞바꿈으로써 채권자적 위치를 강화했다. 러시아가 채무의 늪에 빠져들지 않으려고 나름대로 대비책을 강구해 오던 중에 미국은 우크라이나 사태를 구실로 대러 금융제재를 시작했다. 가스프롬, 로스네프티 등 러시아 주요 기업에 대한 서방 금융권의 대출 동결은 루블화 하락으로 이어졌다.

국제유가 폭락에 대해서도 러시아는 미국과 사우디 간 내부 담합에 의한 음모론에 무게를 두고 있다. 1979년 소련의 아프가니스탄 침공 때도 도널드 레이건 대통령이 사우디와 밀약해 석유를 증산함으로써 국제유가가 폭락했고, 1998년 러시아의 채무불이행 선언 때도 마찬가지였다는 주장이다. 잊을 만하면 재발하는 경제 위기설이야말로 자원 부국 러시아의 암과 명을 극명하게 나타내고 있다. 반복되는 시행착오에 대한 책임과 고통은 러시아가 스스로 감수할 수밖에 없다.

둘째, 내부 요인이다. 푸틴 대통령은 작년 12월 말 "정부는 경제구조를 개혁하고 더 많은 혁신을 해야 했다"면서 금융 위기설의 내부 요인을 인정했다. 외부 변수에 쉽게 휘둘리는 러시아 경제의 취약성은 몇 가지로 요약해 볼 수 있다. ① 과도한 자원 의존형 경제구조다. 위기 때마다 제조업 육성을 위한 투자 유치를 강조했지만, 그 효과가 시간과 노력에 비해 크게 탄력을 받지 못했다. 원자재 팔아 수입품에 의존하는 습성을 버리지 못함으로써 국제 원자재 가격의 등락에 놀아난 셈이다. ② 국가 중심의 사회주의식 경제 시스템이다. 자원 위주의 핵심 산업이 여전히 국가 통제하에 있다. 외형적으로는 민영화에 의한 시장경제로 전환했으나 정부가 대주주다. CEO는 이를 관리하는 한시적 위임권을 행사할 뿐이다. ③ 루블화와 금융 기관의 공신력이 낮다. 달러의 위력은 기축통화로 존재하는 한 여전할 것이다. 러시아 국민들의 애국심만으로 휴짓조각으로 변하는 루블화를 보호할 수는 없다. 루블화 가치가 더 하락하면 달러로 교환해서 '무이자 가정 은행'인 베개 밑에 보관하는 1990년대의 상황이 재현될 수도 있다.

탈(脫) 경제 위기설 전망

단적으로 비관적이지는 않다. 첫째, 대외 환경에 비춰볼 때, 루블화와 국제유가 하락이 반드시 절대 악만은 아니다. 루블화 하락은 러시아산 원유를 저렴하게 만들고 다른 원유 수입국들에 더 유리한 조건을 갖게 한다. 유가 하락은 미국의 에너지 산업에 타격을 줄 수 있다. 자체 평가한 셰일오일·가스의 손익분기점은 국제유가 80달러대 수준이다. 이것도 개발 기술이 꾸준히 진보한다는 전제에서 나온 계산이다. 2008년 미국발 금융 위기는 서브프라임 주택담보대출 총액 9천억 달러 가운데 실제 부도율은 10~20%에 불과했다. 셰일가스 사업에 대한 미국 금융 기관 대출액은 3천억 달러 수준이지만, 대형 금융위기로 발전할 개연성도 배제할 수 없다. 청신호는 최근 서부 텍사스산 원유(WTI) 선물 가격이 다시 배럴당 50달러 선을 회복하고 있다. 둘째, 대내 환경을 들 수 있다. 러시아는 루블화 하락으로 인한 유동성 위기를 우려하면서도 이자율을 지난해 말 17%에서 올해 1월 30일 2%를 더 인하하는 과단성을 보이고 있다. 출렁이던 러시아 증시가 점증적인 유가 반등과 함께 다시 강세로 돌아서고 있다. 국민의 푸틴 지지도는 여전히 80% 수준이다. 그는 2013년부터 연속 2년째 포브스지 선정 '가장 영향력 있는 인물' 1위를 차지했다. 푸틴은 이러한 국민적 지지와 국제적 인지도를 기반으로 더 과감한 중장기적 개혁을 단행할 수 있다.

그럼에도 불구하고 러시아는 현재의 경제난 타개를 위해 뼈를 깎는 고통을 각오해야 한다. 첫째, 외부 환경 개선의 단기 처방 방식이다. 미국·EU의 대러 경제제재 해제가 급선무다. 경제제재가 장기화하면 결국 EU 경제에도 악영향을 주는 부메랑이 될 수 있다. 무엇보다도 루블화 하락으로 러시아에 진출한 서방 기업들이 타격을 받고 있다. 오는 5월 2차 세계대전 승리 70주년 기념행사에 세계 정상들을 초청하는 데에 공을 들이는 푸틴의 외교적 행보는 바람직하다. 2005년 60주년을 계기로 푸틴이 미국을 설득해 답보상태에 있던 북핵 문제의 대화 국면을 유도했던 전례를 반추해 볼 필요가 있다. 지난 2월 12일 러시아·우크라이나·프랑스·독일 등 4개국 정상이 민스크 협상에서 우크라이나 휴전에 합의한 것은 미국·EU의 대러 경제제재 해제에 긍정적으로 작용할 것으로 보인다.

또 러시아가 활용할 수 있는 호재로는 중국 카드도 있다. 중국은 저유가의 호황을 누리면서도 푸틴 체제의 붕괴를 막는 버팀목이다. 중국과 러시아는 지난해 10월 240억 달러의 통화 스와프를 체결해서 양국 간 교역에 활용하고 있으며, 달러 위주의 국제 금융 질서 재편을 위해 위안화(또는 루블화) 결제 시스템 도입을 다년간 시도해왔다. 특히 미국이 장악하고 있는 국제적 온라인 자금 결제 시스템(SWIFT)을 우회할 수 있는 새로운 국제적 온라인 결제 시스템(ROSSWIFT) 구축에 심혈을 기울이고 있다.

둘째, 내부 환경 개선의 단기, 중장기 대책 수립이다. 2014년 12월 러시아 정부는 약 43억 달러의 금(보유량 세계 5위)을 매각했고 은행 자금 지원 법안도 마련했다. 정부가 예금보험공사(DIA)에 1조 루블(약 28조 원)을 제공

중국은 서방의 대러 경제제재 국면에서 러시아가 활용할 수 있는 호재로 평가되고 있다.

출처 : www.www.expert.ru

함으로써 전체 800여 개 은행 가운데 150개 정도가 혜택을 받는다. 또 루블화 하락으로 수출량이 대폭 늘어난 곡물 시장 안정을 위해 2월 1일부터 수출용 밀에 15%의 관세를 부과하고, 국내 기업의 달러 표시 대외 채무에 대해서도 향후 지급 의무를 거부하는 방안을 강구하고 있다.

어쨌든 러시아 경제는 제조업과 생산시설에 대한 투자, 설비의 현대화, 산업의 구조조정 지속, 루블화와 금융 기관에 대한 신용 회복 없이는 국제유가와 에너지 가격 변동에서 자유로울 수 없다.

우리에게 던지는 함의

국내 언론은 서방 언론을 여과 없이 인용해 보도하고 있다. 현지 상황을 심층적으로 분석하기에는 연합뉴스와 KBS 특파원 2명만으로는 한계가 있을 수밖에 없다. 러시아 경제 실태에 대한 국제사회의 보편적 관점과 양국 간 특수 관계를 고려해 우리에게 던지는 함의는 무엇인가?

첫째, 보편적 관점이다. 러시아 금융 위기설은 2013년 기준 대러 수출 비중 1.9%와 2014년 9월 말 기준 금융 기관의 대러 외화 익스포저 규모 13억6천만 달러를 고려하면, 국내 금융 시장에 미치는 직접적 영향은 제한적일 것이다. 그러나 위기는 기회다. 중국 기업은 서방 기업들의 틈새를 공략하여 원유 채굴과 부동산 저가 매입 기회를 노리고 있다. 중국 관광객도 최근 50% 늘었다. 러시아 경제 위기설의 이면에는 국제정치의 역학관계, 특히 미·러 간 패권 다툼이 있다. 자칫 신냉전으로 회귀할 가능성을 지혜롭게 대처해야 한다. 경제규모 세계 15위(2013년 기준)인 한국이 그 정도의 자결권은 있지 않은가?

둘째, 한·러 양국 간 특수 관계다. 러시아는 우리 정부가 적극적으로 금융제재에 동참하지 않는 것을 긍정적으로 인식하고 있다. 지난 연말에는 극동 지역 대통령 전권대표와 6개 주 지사들이 방한해 직접 투자설명회를 했다. 수교 후 처음 있는 일이었다. 미국의 대러 경제제재에도 불구하고 부산시는 최근 '나진-하산 프로젝트'의 북·러 합작회사인 라손콘트란스와 양해각서(MOU)를 체결했다. 롯데도 모스크바에 이어 상트페테르부르크에 최고급 호텔 신축에 착수했다. 최근 러·북 간 밀착은 우리에게는 또 다른 호기다. 나진-하산 프로젝트뿐만 아니라 북한 철도 개보수, 가스·전력망 북한 통과 사업, 광역두만강개발계획(GTI) 등에 동참함으로써 북한의 개혁 개방을 유도할 수 있다. 이와 함께 블루오션인 북방 경제의 지평도 넓혀 나갈 수 있다.

러시아 경제 위기설은 가설일 뿐이다. 추상적이고도 바람(?) 섞인 가설에 부화뇌동함으로써 국익 확대의 호기를 상실하는 우를 범해서는 안 될 것이다.

(2015년 2월 23일 제308호)

24. 러시아, 디폴트로 갈 것인가?

변 현 섭

한양대학교 아태지역연구센터 HK연구교수

최근 러시아 경제는 급격한 환율 상승, 주가 급락 등 금융시장 혼란으로 디폴트 가능성이 제기 되고 있다. 먼저, 국내외 언론에서는 러시아가 1998년 외환위기 당시와 같은 디폴트 가능성을 제기하고 있으나 당시에도 디폴트(채무불이행)가 아니라 모라토리엄(지급유예)을 선언했으며 2008년 글로벌 금융위기에도 모라토리엄이나 디폴트 선언은 없었다는 점을 밝혀두고 이 글을 시작하고자 한다.

러시아 중앙은행은 2014년 12월 16일 유가 하락에 따른 루블화 가치 급락과 인플레이션 상승 압력에 대한 선제적 조치로 기준금리를 10.5%에서 17%로 한번에 6.5% 포인트를 전격 인상하는 강수를 뒀다. 하지만 12월 11일 중앙은행 정례회의에서 1% 포인트를 올린 지 5일 만에 다시 사상 최대의 금리 인상을 단행함으로써 오히려 금융시장의 혼란과 러시아 국민의 불안 심리만 가중시켰다는 평가를 받고 있다.

그 결과 12월 18일 기준 달러 대비 루블화 환율은 연초 대비 107.1% 상승(32.73 → 67.79)했고 주가지수 RTS는 연초 대비 47% 하락(1442.73 → 764.93)했다. 러시아 국내 은행 간 3개월 대출금리도 최근 9년 내 최대인 28.3%를 기록했으며 CDS(신용부도스와프) 프리미엄(5년 만기 기준)도 578bp(1bp=0.01%)로 급등하며 디폴트 우려를 반영했다.

또 최근에는 세계 3대 신용평가사 가운데 2곳이 러시아의 국가 신용등급을 투자부적격 등급인 '정크' 수준으로 강등했다. 무디스(Moody's)는 2015

년 2월 20일 러시아의 신용등급을 내린 지 한 달 만에 또다시 'Baa3'에서 'Ba1'로 한 단계 낮췄고 향후 등급 전망을 '부정적'으로 제시하며 추가 강등 가능성도 열어뒀다. S&P(스탠더드앤드푸어스)도 1월 26일 러시아의 신용등급을 10년여 만에 처음으로 투기 등급인 'BB+'로 강등했다. 한편, 피치(Fitch)는 1월 초 러시아의 신용등급을 정크 영역보다 한 단계 위인 'BBB-'로 낮춘 바 있다.

이처럼 최근 러시아 경제 위기의 주원인은 주력 수출품인 원유의 가격 급락과 우크라이나 사태에 따른 서방의 금융제재에 있다. 먼저, 작년 11월 27일 석유수출국기구(OPEC) 정례회의에서 원유 감산 합의 실패 후 국제유가가 급락했고 OPEC와 국제에너지기구(IAEA)가 내년 원유 수요 전망을 하향 조정함으로써 유가가 추가 하락하여 배럴당 60달러 선이 붕괴했다. 러시아 우랄산 원유 가격은 11월 13일 배럴당 80달러 선이 붕괴했고 12월 3일에는 70달러 선마저 붕괴했으며 12월 16일 이후로는 60달러 선을 밑돌고 있다. 러시아는 균형재정 가능 유가를 배럴당 100달러로 보고 있어서 심히 우려될 수밖에 없다. 중국, 유로존 등 글로벌 수요 감소와 미국의 셰일오일 증산으로 과잉 공급 문제가 제기되고 있어 당장 유가 급등을 기대하기도 어렵다.

또 러시아 주요 은행과 에너지 기업들은 미국과 유럽연합(EU)의 금융제재로 인해 서방에서 자본을 조달할 수 없는 상황이다. 작년 9월 12일부터 미국은 스베르방크 등 러시아 6개 국영은행의 만기 30일 이상의 채권 거래를 금지했고 5개 대형 에너지 기업과 국방 기술 분야의 5개 기업에 대해서도 만기 30일 이상의 채권 거래와 금융 제공을 금지했다. 러시아 은행들의 대외 차입의 92%가 EU(74%), 미국(10%), 일본(8%)에 의존하고 있으므로 금융제재가 지속되면 자금조달 압박이 심화할 수밖에 없다.

이러한 경제 위기가 반복되는 근본적인 원인은 러시아가 외부 상황에 취약한 경제 구조를 띠고 있기 때문이다. 러시아는 원유 수출(7.2백만 배럴/일) 2위, 하루 평균 원유 생산량 1위(10.7백만 배럴/일) 국가로서 원유와 가스 수출이 전체 수출의 약 69% 차지하고 재정수입도 원유 관련 세수가 약 50%를 차지하는 등 원유와 천연가스 가격에 민감한 자원 의존형 경제 구조를 띠고 있다. 또 소규모 은행 840개 이상이 난립해 있는 데다 은행 자산의 87%가 상위 5대 국영은행에 집중돼 있는 등 글로벌 신용경색에 취약한 금융 구조를 띠고 있다.

위에서 열거한 러시아 경제의 구조적 문제점에도 불구하고 디폴트 가능성은 높지 않으리라고 판단된다. 1998년 모라토리엄 선언 때와는 달리 현재 상황은 전반적으로 양호한 편이다. 2015년 만기 도래 채무가 1,600억 달러이지만, 외화보유액은 4,190억 달러(12월 1일 현재)로 충분하며 약 1,700억 달러에 달하는 국부펀드(800억 달러)와 예비기금(890억 달러) 등 대응 자금도 보유하고 있다. 금융시장과 유가의 변동성도 과거 경제 위기 때보다 크지 않은 것으로 나타나고 있다(아래 표 참조). 2008년 금융 위기 당시 유가는 11개월간 70달러 이하로 유지된 바 있는데 현재 셰일오일의 생산 비용을 고려하면 배럴당 70달러 이하로 지속되기는 어려울 것이라는 전망이 나온다.

과거 경제 위기와 현재 상황 비교

	1998년	2008년	2014년
원인	아시아 외환위기, 재정적자	글로벌 신용경색, 유가 하락	유가 하락, 서방 제재
주가 하락	90.3%(见년 8월 ~誂년 12월)	70.2%(襳년 5월~12월)	47% (襻년 1월~12월)
환율 상승	268.8%(见년 8월 ~誂년 12월)	24.2%(襳년 5월~12월)	107.1% (襻년 1월~12월)
유가 하락 (최고→최저) (브렌트유)	배럴당 16달러 → 9.7달러	배럴당 145 달러 → 36달러 (70달러 이하 지속 기간: 11개월)	배럴당 115달러 → 59달러(70달러 이하 지속 기간: ?)
외화 보유액	104억 달러	5,561억 달러	4,190억 달러
위기 대응 기금	없음	안정화 기금 1,700억 달러	국부펀드 800억 달러, 예비기금 889.4억 달러 (襻년 12월 1일 기준)
정치 상황	체첸 분쟁 이후 국내정치 불안정	조지 분쟁 이후 국내정치 안정	우크라이나 사태 이후에도 국내정치 안정적

출처 : 통계자료 등 활용하여 저자 정리

이와 함께 러시아와 경제 원조 및 협력관계를 구축하고 있는 중국이 러시아의 몰락을 방관하지 않을 것으로 보인다. 러시아의 붕괴는 국제무대에서 중국의 위상에 큰 영향을 미치기 때문에 중국은 러시아와 동반자 관계를 포기하지 않을 것이다. 이미 작년 10월 13일 중국과 러시아는 1,500억 위안(약 245억 달러) 규모의 통화스와프 협정을 체결했고 상하이협력기구(SCO) 회원국들을 위한 중국·유라시아 경제 협력기금을 활용할 수도 있다. 중국은 2019년부터 연간 380㎥의 러시아산 천연가스 수입 계약을 체결했기 때문에 직접 원조만 아니라 인프라 건설과 투자 프로젝트를 통해 간접적으로 지원할 수도 있다.

러시아는 국내적으로도 금융시장을 안정화하기 위한 대응책을 마련하고 있다. 예금보험공사를 통해 1조 루블(약 20조 원)을 투입하여 은행 자본금을 확충할 예정이며 중앙은행은 은행이 제공하는 채권을 담보로 외화를 제공하는 외화 환매조건부채권(RP) 거래 규모를 최대 50억 달러로 확대해 외화 유동성을 공급할 계획이다. 특히, 일반 시민의 불안 심리를 해소하기 위해 은행이 파산하더라도 저축한 예금을 보호해 주는 한도를 현재 70만 루블에서 140만 루블(약 2,800만 원)로 인상하는 법안이 의회에서 통과됐다. 이는 전체 예금자의 90%를 전액 구제할 수 있는 수준이다.

다행히 최근 국제유가가 50달러 수준을 견고하게 유지하면서 추가 하락 우려가 잦아들어 루블화도 안정적 수준에서 유지되고 있고, 인플레이션 기대 심리도 다소 낮아져 중앙은행은 기준 금리를 다시 15%로 2% 포인트 내리기도 했다. 또 우크라이나 정정 불안이 휴전협정에 따라 완화되고 있다는 점도 경제에 긍정적이다. 하지만 러시아 경제는 디폴트는 피해가더라도 경기 위축은 불가피한 상황이다. 앞서 언급한 것처럼 중국, 유로존 등 글로벌 수요 감소에 대한 우려와 과잉 공급 문제로 유가 급상승을 기대하기 어렵고, 우크라이나 사태에 따른 러시아와 서방의 상호 경제제재 지속 가능성, 미국 연방준비제도(FRB)의 기준금리 인상에 따른 루블화 가치 추가 하락 등 불안 요인이 상존하고 있기 때문이다. 2월 초 러시아 경제개발부는 유가가 연평균 배럴당 50달러 수준일 때 2015년 러시아의 GDP 성장률이 -3.0% 하락할 것으로 전망하고 있다. 이에 앞서 국제통화기금(IMF)은 2015년 러시아 경제 성장률 -3.0% 하락을 전망했다. 또 EBRD는 -4.8%, 국제신용평가기관 무디스와 피치는 각각 -5.5%와 -4% 하락을 전망했다.

푸틴 대통령은 작년 12월 18일 연말 연례 기자회견에서 지난 20년간 에너지 경제 구조를 다변화하지 못한 것도 문제라고 지적하며 석유와 가스 등 자원산업에 집중된 경제 구조에서 벗어나야 한다고 강조한 바 있다. 20년간 되풀이되고 있는 러시아 경제의 문제와 해결책이 이번 위기를 극복하고 나면 정말 바뀔지 두고 볼 일이다.

(2015년 3월 2일 제309호)

25. 러시아의 이상한 법 개정

변 현 섭

한양대학교 아태지역연구센터 HK연구교수

모스크바에서 생활하면서 이상하다고 생각하던 게 있었는데, 최근 뉴스 기사를 보면서 의문점이 풀렸다. 필자는 모스크바 롯데백화점에서 신규 프로젝트 팀장으로 있으면서 많은 쇼핑몰과 부지 개발을 경험했다. 그래서 모스크바에서 재래시장이 있던 자리에 쇼핑몰을 짓는다며 개발 제안을 받은 적이 많았다. 한국에서는 재래시장을 살리고 장려하려고 각종 장려책과 함께 심지어는 대형 상점의 영업일을 규제하고 신규 오픈 지역을 제한하고 있지만, 모스크바 시는 반대로 재래시장을 없애고 그곳에 신규 쇼핑몰 건설을 장려하는 걸 보고 의아하게 생각했다.

또 이상하다고 생각했던 것 가운데 하나는 러시아에서는 모든 문서를 반드시 종이로 인쇄해서 직접 서명도 하고 반드시 회사 직인을 찍어야 공식 문서로 인정되어 불필요하게 많은 문서를 양산하고 보관하기도 어렵게 하는 것이었다. 그저 사회주의 시대의 관료주의적 잔재로만 생각했다.

그런데 최근 러시아에서 이와 관련된 재미있는 법안 두 가지를 개정하자는 논의가 있었다. 첫 번째는 재래시장 폐쇄와 관련된 것이고, 두 번째는 회사 직인 제도 폐지와 관련된 것이다.

먼저 재래시장 폐쇄와 관련하여 러시아 국가두마(하원)는 8년 전 농산물을 판매하는 재래시장의 요건을 강화하면서 시장 철거를 진행했던 법안을 다시 완화하겠다고 했다. 재래시장 폐쇄로 러시아인들의 장바구니 비용이 올랐다는 것이다. 이는 소뱌닌 모스크바 시장이 그동안 모스크바의 재래시장을 구소련권과 중국, 베트남 출신 불법 노동이주자들의 온상으로 치부하며 폐쇄를 강행하면서 모스크바 시민은 더는 재래시장에서 식료품을 사지 않고 현대식 슈퍼마켓에서 사 먹을 수준이 됐다고 강조했던 것과는 완전히 모순된다.

2006년 발효된 소매시장법에 따라 지방자치단체는 2015년 1월까지 모든 농산물 판매 재래시장을 신형 대규모 건설물로 변경해야 했다. 이 법안으로 인해 모스크바는 당시 80여 개였던 재래시장을 5개 정도만 남기고 다 없애려고 계획했다. 러시아 전체에서 농산물 판매 재래시장은 최근 1년 반 동안 3배가량 줄어들었다. 러시아 통계청 자료에 따르면, 그 결과 2014년 8월 현재 러시아 재래시장 규모는 1,884억 루블로 전체 소매판매(2조 2,310억 루블)의 8.4%에 불과하며 전년 대비로도 6.9% 감소했다.

재래시장 폐쇄로 농산물 생산업체는 판로를 잃게 됐고, 재래시장 자리에는 쇼핑몰 등 대형 유통시설이 들어서면서 소비자들은 저렴한 가격으로 농산품을 살 기회를 잃었다. 따라서 기존 법에서 규정한 신형 대규모 건설물에서만 판매할 수 있었던 농산물을 조립식 구조물에서도 판매할 수 있도록 완화하는 법안, 다시 말해 예전 방식으로 돌아가자는 법안이 의회에 제출되어 심의가 진행됐다. 이 법안은 재래식 시장에서는 농산물 이외의 건설자재, 생활가전 등 비농산물은 판매할 수 없도록 규정하고 있다. 또 농산물 판매 재래시장의 재건축을 위한 과도기를 2018년 1월 1일까지 연장하는 안도 포함돼 있다.

한편, 러시아에서 회사를 설립할 때는 정관과 함께 회사의 직인을 등록하게 되어 있으며, 회사 문서의 법적 효력을 갖기 위해서는 등록된 직인을 찍어야 한다. 이 직인에는 주식회사나 유한회사 같은 법인 형태와 러시아어로 된 회사의 풀네임(full name), 회사 소재지(예를 들어 모스크바시 등) 정보를 각인하게 되어 있다. 각종 계약서는 물론이고 간단한 대금 청구서, 협조 공문 등 거의 모든 문서에도 회사 직인이 찍혀 있어야 유효하므로 중요하게 보관 관리돼야 한다. 하지만 해당 회사의 최고 책임자가 직인을 관리하며 일일이 찍을 수 없어서 대부분 두세 개의 복제 직인을 만들어 필요한 부서에서 임

러시아 재래시장 모습

출처 : www.kommersant.ru

의로 사용하곤 한다. 그러다 보니 직원들이 부서장 몰래 직인을 위조문서에 사용하여 회사에 금전적 손실을 입히는 사고도 발생한다. 사실 마음만 먹으면 직인의 복제가 워낙 간단하여 아무리 잘 관리해도 도용 사고를 막기는 쉽지 않다.

최근 러시아 경제개발부는 이러한 직인이 이미 공식 문서의 필수 요소로서 증명의 의미를 잃었고 서명보다 더 쉽게 위조가 가능한 점을 들어 홀로그램 인쇄나 전자서명 등으로 대체하는 법안을 마련하고 있다. 이 법안은 기업 활동의 비용을 경감시킬 뿐 아니라 기업의 등록 절차를 간소화하는 데도 도움이 될 것으로 평가된다. 이런 가운데 2013년 9월부터 회사에서 발행하는 위임장에 직인이 반드시 필요하지 않도록 러시아 민법이 개정되어 직인의 역할이 점차 줄어드는 추세다.

러시아의 변화를 느끼게 하는 이 두 법안은 서민을 위하고 기업 활동의 편의를 위한 것으로 뒤늦은 감은 있지만, 상식으로 가는 올바른 정책 방향임으로 이른 시일 내 의회 심의를 끝내고 실행되길 바라마지 않는다.

(2014년 12월 15일 제298호)

26. 미국 셰일혁명과 동북아 에너지 시장·지정학 변화

김 연 규

한양대학교 국제학부 교수

2009~2013년 기간 미국의 셰일가스 생산 급증이 국제 천연가스 시장에 큰 변화를 가져왔듯이 2014년 이후 현재까지 미국의 셰일오일 생산 급증이 국제유가 급락을 가져왔다. 2014년 6월 이후 국제유가의 하락 원인은 다양하게 지적될 수 있으나 가장 근본적인 원인은 미국의 셰일오일 생산으로 인한 국제 원유 초과 공급이다. 공급이 수요를 초과하기 시작한 시기는 2013년 4/4분기부터다. 2014년 2/4분기 공급 초과분은 최대 127만 배럴, 2014년 3/4분기는 84만 배럴, 2014년 4/4분기는 81만 배럴이었다. 국제유가는 2014년 6월 배럴당 115달러에서 2015년 1월 23일 배럴당 49달러까지 60% 하락했다. 2014년 11월 27일 석유수출국기구(OPEC)가 감산을 거부함으로써 이제 관심은 저유가가 미국의 셰일오일 생산 감소를 가져올 것이냐는 점이다. 미국 셰일오일 생산 추세가 국제유가가 어느 시점에 반등할지 저유가가 얼마나 오래갈지를 결정하는 요소이다. 이처럼 최근 국제 에너지 질서 지각 변동이 암시하는 것은 그동안 크게 중동과 러시아의 양대 원유·천연가스 생산기지 중심의 구도가 셰일혁명에 기반을 둔 원유·가스 거대 생산국으로서 미국의 등장으로 미국·중동·러시아의 삼각 구도로 전환하였다는 점이다. 이제는 미국이 원유 가격과 점유율 등을 결정하는 '스윙 프로듀서'로서 등장한 것이다. 글로벌 에너지 거버넌스 차원에서 유가 안정을 위해 미국이 포함되는 신 OPEC이 필요한 시대가 오고 있는 것이다.

미국·중동·러시아의 삼각 구도에 기반을 둔 새로운 국제 에너지 질서 등장 과정에서 미국·중동·러시아 3대 생산국 간에 가장 치열한 각축이 일어나고 있는 지역은 유럽이다. 유럽은 전통적으로 러시아 에너지 수출의 근거지이다. 2012년 기준 러시아 천연가스 수출의 76%, 원유 수출의 79%가 유럽으로 향한다. 유럽 수입국 입장에서 보면 가스 수입의 39%가 러시아에 의존하고 있으며, 노르웨이 비중이 24%, 북아프리카 12% 등이며, 이 가운데 LNG 비중은 약 10%에 불과하다. 2009년 이후 커다란 추세는 북미 셰일혁명의 여파로 인한 글로벌 LNG 거래의 확대로 유럽 국가들에 대한 러시아의 장기 유가 연동 파이프라인 가스 공급이 축소돼 유럽의 탈 러시아화가 진행되고 있다는 것이다. 우크라이나 사태와 서방의 러시아 경제제재는 이러한 추세를 더욱 가속하고 있다.

2015년 1월 발간된 옥스퍼드 에너지연구소 보고서에 의하면 가스프롬사의 유럽 가스 수출량은 2013년 166bcm에서 2014년 147bcm으로 줄었다. 해안에 인접해 LNG 수입이 쉬운 영국을 포함한 서유럽 국가들을 중심으로 다수의 가스 허브가 등장해 소위 '가스 허브 가격'이 형성되어 러시아에 이어 유럽 2위의 가스 공급국인 노르웨이의 국영기업 스타트오일(Statoil) 등은 독일과 174억 달러 규모의 저가 천연가스 현물을 판매키로 계약을 체결하는 상황이 생겼기 때문에 가스프롬은 20bcm 정도의 물량 손실뿐 아니라, 유럽 공급 물량의 15%를 현물가격으로 공급하게 됨에 따라 수출 대금 축소가 불가피하게 되었다. 실제로 LNG 거래와 단기 현물가격은 셰일혁명으로 인해 러시아의 PNG 위주의 에너지 전략에 큰 위협이 되었다.

이러한 물량 감소와 가격 축소에도 가스프롬과 러시아 정부가 재정 건전성을 유지할 수 있었던 이유는 중부 유럽과 남동부 유럽(발칸지역)은 러시아의 가스 지배가 견고했기 때문이었다. 러시아의 발칸 지역 가스 지배를 연장·강화하기 위한 정책의 결정판은 2007년부터 러시아가 추진해 온 사우스 스트림(South Stream) 파이프라인이다. 서구 학자들의 견해를 따르면 베를린 장벽 서쪽은 최근 북미 셰일혁명의 여파가 가스 시장 자유화와 에너지 공급 다변화 등의 직접적인 변화를 가져오고 있으나, 베를린 장벽 동쪽은 아직도 러시아의 에너지 지배가 견고해 이 지역 국가들의 정치·경제 체제 발전을 저해하고 러시아의 가스프롬을 통한 독재 유지를 가능하게 만들고 있다. 또 다른 이유는 2014년 중반까지 100달러대의 고유가가 유지되었기 때문이다. 러시아의 에너지 수출로 인한 국가 수입 가운데 천연가스 수입은 30%이며 석유 수출로 인한 수입이 여전히 70%가량으로 훨씬 더 중요하다. 천연가스 수출 감소로 인한 적자를 원유 수출 대금으로 충당할 수 있었던 것이다.

서방의 대러 경제제재는 유럽의 러시아 에너지 의존도 탈피 추세를 가속하고 있다.

출처 : www.nefabula.com

2013년 말 이후 각축장은 자연스럽게 발칸 지역으로 좁혀지고 있었으며 러시아-유럽 가스 운송 요충지인 우크라이나 분쟁은 수순이었다. 폴란드와 우크라이나 등은 셰일가스 개발을 러시아 독점 구조를 완화하는 방안으로 추진해 왔으며, 사태 직전 미국의 셰브런은 우크라이나와 100억 달러의 셰일가스 개발 계약을 체결하기도 했다. 유럽 전체의 셰일가스 개발에 대한 반대론이 약화하고 개발이 다소 진전되는 계기가 마련되었다. 또 미국의 LNG 수출에 대한 유럽의 요구가 늘어나고 미국 내 여론도 LNG 수출을 지정학적 무기로 고려하는 방안이 우세해지고 있었다. 미국은 러시아와 우크라이나 사태로 인한 갈등이 증폭되면서 LNG 수출 규제를 풀고 적극적으로 수출 확대 정책을 펴기 시작했다. 미국 정부는 그동안 에너지 안보를 이유로 알래스카(Alaska)를 제외한 미국 본토 내에서 생산되는 LNG의 수출을 금지해왔으나, 셰일가스 생산이 본격화되면서 2011년 처음으로 루이지애나(Louisiana)주에 있는 사빈 패스(Sabine Pass) 터미널에서 한국과 영국, 스페인, 인도로의 LNG 수출을 승인한 바 있다. 지금까지는 미국과 자유무역협정(FTA)을 체결한 한국 등에만 제한적으로 천연가스 수출을 허용해왔다.

미국 하원의 'Energy and Power' 분과위원회(Subcommittee)는 2014년 4월 10일 'LNG 수출 자율화 법안'을 통과시켰다. 'LNG 수출 자율화 법'이 향후 하원과 상원을 통과해 오바마 대통령의 승인까지 얻게 되면 미국은 LNG 수출 허가 국가를 미국과 FTA를 체결한 19개 국가에서 WTO 회원국 159개 국가로 확대하게 된다. 현재 미국 에너지청(DOE)은 7개의 LNG 수출 프로젝트를 승인했고, 12개의 LNG 수출 프로젝트를 심사하고 있다. 우크라이나 사태 직후 동유럽 국가들의 즉각적 반응은 미국이 셰일가스 수출을 다른 지역보다 유럽으로 늘려주기를 요청했으며 시기도 2017년보다 앞당겨 달라고 했다.

국제유가는 2014년 6월부터 서서히 하락 기조에 들어가기 시작해 2014년 10월부터 본격적으로 급락하기 시작했으며 2014년 11월 27일 OPEC 회의에서 사우디아라비아 등 주요 회원국들이 약 3,000만 배럴의 산유량 유지를 결정함으로써 국제유가는 더욱 하락하는 결과를 가져왔다. 전체적으로 최근 유가 급락의 배경에는 공급 초과와 세계 원유 수요 감소라는 커다란 경제적 요인이 자리 잡고 있다. 즉, 2007년 400만 배럴에 불과하던 미국의 원유 생산량이 2014년 현재 900만 배럴로 증가했으며 이 가운데 대부분이 셰일오일로 세계 원유 시장의 공급 초과를 가져온 주원인이었다. 최근 국제유가 급락에 대한 비경제적 설명 가운데 한 가지가 사우디아라비아가 미국의 셰일산업에 타격을 가하기 위한 것이라는 소위 사우디아라비아의 미국 공격설이다. 바로 이러한 이유로 2014년 11월 27일 OPEC 회의에서 사우디아라비아는 이란과 베네수엘라 등 생산량 감축을 주장하는 국가들의 요청을 일축하고 생산량 유지를 결정했다고 한다. 원래 사우디아라비아와 미국은 에너지 문제에 관해서는 전통적으로 협력해왔으나 미국이 셰일오일 생산국으로 등장하면서 경쟁 관계로 변모했다고 보는 주장들도 뒤따른다. 사우디아라비아와 OPEC은 가격보다는 시장 점유율이 중요하다고 보고 미국의 셰일 업체들이 한계 생산 비용 이하로 가격이 내려갈 때까지 압력을 계속해 미국 셰일 업체들의 도산과 생산량 감소로 인해 자연스럽게 다시 원유 가격이 올라가기를 기다리는 전략을 펼치고 있다고 한다. 이러한 견해들은 일견 상식에 가장 부합하고 실제로 많은 언론 보도가 이러한 방향으로 초점을 맞추고 있다. 그렇다면 향후 국제유가를 결정하는 결정적 요인은 미국 셰일 업체들이 어떤 시점에 경제성을 잃고 생산량을 줄이기 시작하느냐가 될 것이다.

최근 국제유가 급락의 복잡성은 러시아의 반응을 보면 잘 드러난다. 러시아는 국제유가 하락의 초기 국면부터 유가 하락의 배경에 미국과 사우디아라비아가 공모하고 있다는 주장을 지속해서 펴고 있다. 러시아는 최근 유가 하락이 사우디아라비아가 미국의 지원으로 주로 이란과 러시아를 주된 공격 목표로 하는 데서 비롯하고 있다고 보고 있다. 이른바 '러시아 공격설'이다. 러시아 공격설의 단초가 된 것은 2014년 9월 11일 존 케리 미국 국무장관의 사우디아라비아 방문과 이때 맺은 몇 가지 협약 때문이다. 두 가지 중요한 결과가 있었는데, 첫째는 러시아-이란-이라크-시리아로 이어지는 종교적으로 시아파로 묶이는 국가들을 겨냥하는 것인 동시에 러시아가 지원하는 대유럽 수출용 송유관 구축을 차단하는 것에 관련돼 있다. 두 번째는 사우디아라비아가 미국에 공급하고 있는 원유를 대폭 할인한 가격으로 공급한다는 내용이다. 러시아가 냉전 시기부터 중동에서 유일하게 해군기지를 유지하고 있는 시리아 문제를 두고 미국·사우디아라비아와 러시아·시리아·이란·이

미국 루이지애나 주에 있는 사빈 패스(Sabin Pass) 터미널 모습

출처 : www.hdrinc.com

라크가 경쟁구도를 형성하고 있음을 알 수 있으며 사우디아라비아가 시리아 문제 해결을 위해 미국의 지원을 절실히 요청하고 있음을 알 수 있는 대목이다. 2014년 말 이라크에서 미국이 철군을 결정함과 동시에 이라크는 특히 쿠르드 자치지역 내 석유 생산이 급격히 늘면서 쿠르드 지역 석유 확보를 위한 강대국 간의 치열한 각축이 벌어지고 있다. 러시아가 이라크의 석유를 차지하기 위한 움직임이 활발한 가운데 사우디아라비아는 러시아가 주도하여 이라크, 이란의 석유를 중요한 운송로가 통과하는 시리아를 통해 유럽으로 공급하는 상황을 크게 우려하고 있다.

따라서 사우디아라비아의 러시아 공격설 또는 사우디아라비아·미국 유가 급락 공모설의 근본 원인은 이처럼 중동 가스와 원유의 대유럽 공급을 둘러싼 러시아와 사우디아라비아 간의 각축전이다. 이란, 이라크의 가스와 원유를 유럽까지 공급하는 방안은 20여 년 동안 논의된 사안이다. 유럽은 러시아 가스에 36%, 원유에 20% 정도 의존하고 있는 가운데 러시아 에너지 의존도를 줄이는 방안으로 '남부 회랑'(Southern Corridor) 정책을 제시해 왔다. 이 경우 주요 공급국은 아제르바이잔, 투르크메니스탄, 이란, 이라크 등이다. 러시아는 유럽이 러시아를 통하지 않고 아제르바이잔과 투르크메니스탄에서 직접 가스를 구매하는 것을 사활을 걸고 차단해왔으며, 이제는 이란과 이라크의 원유와 가스의 유럽 공급을 두고 사활을 건 싸움을 벌이고 있다. 시리아 사태의 본질은 바로 이러한 에너지 운송로를 둘러싼 각축전에 있다.

미국·중동·러시아 3대 생산국 간에 치열한 각축은 동북아시아 지역에서도 일어나고 있다. 동북아 지역에는 세계 최대 LNG 수요국들이 집중되어 있다. 한국과 중국, 일본, 대만 4개국이 세계 LNG 수입의 61%를 차지한다. 세계 석유 시장도 아시아를 중심으로 개편 중이다. 2011년 기준 아시아 석유 수요는 19.2백만 b/d로 세계 전체의 22%, 그중 동북아 3개국은 16.3백만 b/d로 세계 전체의 19%를 차지한다. 동북아 지역은 전통적으로 중동 원유와 가스에 의존해왔다. 러시아는 중동에 의존해 있는 한·중·일 에너지 시장 공략을 위해 1990년대 중반부터 많은 공을 들여왔다. 흔히 동부가스프로그램으로 알려진 러시아의 아시아 에너지 전략이 처음으로 구체적인 결과를 가져온 시기는 2009~2010년이었다. 동시베리아-태평양 송유관(ESPO) 개통으로 600,000배럴의 석유를 태평양 항구를 통해 아시아 국가들에 수출하게 된 것과 사할린 남부의 LNG 수출 기지를 통해 최초로 LNG를 수출하게 된 것이다. ESPO는 같은 등급의 중동산 원유를 대체하는 효과와 함께 아시아 시장에서 중동, 북아프리카, 중남미 석유의 경쟁력을 크게 떨어뜨릴 것으로 예측되었다. 러시아산 ESPO가 선적되는 북태평양 항구 코즈미노에서 중국과 한국, 일본 등 동북아시아 시장 수송에 걸리는 항해 시간은 5일 정도로 중동 등지에서 이 시장에 도착하기 위해 필요한 2주 이상의 시간보다 수송 기간이 훨씬 더 짧아 유리한 입장이다. 현재 중동에서 동북아 지역으로 수출하는 가스는 46.8bcm으로 상당하지만, 러시아에서 동북아 지역으로 수출되는 가스는 16bcm에 불과하다.

2013~2014년 러시아의 아시아 원유 가스 수출은 확산 단계에 들어간다. 2012년 12월 24일 동시베리아-태평양 송유관(ESPO) 2단계 구간이 예정보다 1년 정도 공정을 앞당겨 완공하게 됐으며 2013년 3월 22일 시진핑 중국 국가주석은 취임 후 첫 방문지로 러시아를 선택했다. 시진핑과 푸틴 두 정상 간에 합의된 사항 가운데 가장 시선을 끄는 것은 중국이 2018년까지 1일 약 100만 배럴의 석유를 수입하게 되어 독일을 제치고 러시아 석유의 최대 수입국이 된다는 내용이다. 현재 러시아의 아시아 석유 수출은 120만 배럴에 달한다. 2014년 5월과 11월 러시아와 중국은 가스 수출에 대해 각각 38bcm, 30bcm의 가스관 공급 계약을 체결함으로써 기존 사할린 LNG 14bcm과 합치면 약 82bcm이 2020년 정도면 공급될 예정이다.

현재의 미국 셰일혁명 추세가 계속된다면 미국의 대아시아 LNG 수출은 우려와는 달리 현재 한·중·일이 구매하고 있는 천연가스 가격보다 낮은 가격으로 50bcm을 수출하여 시장의 20% 정도를 차지할 것으로 보인다. 미국의 천연가스 수출은 2018년 이후 본격화할 것이다. LG경제연구원은 미국의 에너지정보청을 인용해 2020년 미국의 LNG 수출량이 58.9bcm에 이를 것으로 예측된다고 말하고 있다. 미국 LNG 수출의 주요 구매국은 유럽보다는 아시아 국가들, 특히 일본이 될 가능성이 크다. 미국과 같은 가격 경쟁력 있는 공급자가 늘어나면서 아시아가 다른 지역에 비해 비싼 가격으로 원유와 천연가스를 수입하는 고질적 상황인 이른바 아시아 프리미엄이 개선될 수 있을 것으로 기대된다.

최근 셰일혁명으로 인한 지정학 변화의 가장 큰 맥락은 미·일 협력과 중·러 협력의 양대 축이다. 에너지 안보의 관점에서 볼 때, 한국도 북미 셰일가스와 러시아의 동시베리아를 모두 포괄하는 수입국 다변화를 통해 에너지 안보를 획기적으로 개선할 필요가 있다. 한국은 지정학적 이점과 한반도의 상황을 고려해 양대 축을 모두 아우르고 연결하는 역할을 해야 할 것이다.

(2015년 3월 16일 제311호)

한국과 유라시아 경제

27. 유라시아에 연착륙하기

김 근 식

중앙대학교 러시아문학과 교수

창조경제 시대를 맞이하여 유라시아 튀르크 민족(Turks) 국가들의 중요성이 부각되고 있다. 유라시아 대륙의 튀르크 국가들은 금은, 천연가스, 석유 등의 자원 부국으로 21세기에 재편된 국제무대에서 정치적, 경제적 신흥 강국으로 자리매김하고 있다. 이들 유라시아 국가는 아제르바이잔, 투르크메니스탄, 우즈베키스탄, 카자흐스탄, 키르기스스탄 등 CIS 국가들을 비롯하여 러시아연방 내 알타이, 사하, 바시키르, 타타르스탄 공화국을 일컫는다. 이 지역은 극동에서 동북아시아, 중앙아시아를 지나 동서양이 만나는 터키까지 하나의 벨트를 형성하기 때문에 이른바 '튀르크 벨트'라고 칭할 수 있다.

이 지역 내부적으로 튀르크 벨트 권에 속한 민족들은 기원전 9세기부터 지난 20세기까지 중앙아시아를 중심으로 극동과 중국, 인도, 중동 아시아, 유럽까지 진출하며 마흔여섯 차례나 거대한 세계제국을 만들었던 과거의 튀르크 족의 영광을 재현하고 지난 수 세기 동안 서구 열강에 의해 위축된 민족 정체성을 찾아 국민적 자존감을 회복하려고 시도하고 있다. 또 대외적인 면에서 이들 국가는 유라시아 대륙과 유럽 변방까지 흩어져 있는 튀르크계 민족들을 유기적으로 융합시켜 정치·문화·경제적으로 연대하려는 움직임을 점차적으로 보여주고 있다. 이러한 융합은 과거 실크로드의 주역이었던 이들 튀르크 족이 소비에트 해체의 공백을 딛고 풍부한 자원을 활용해 21세기적 패러다임의 실크로드를 재구성하려는 시도와도 무관치 않다. 만형 노릇을 하려던 터키 주도로 이뤄지고 있는 튀르크 벨트 권 '형제' 국가 간의 무비자 자유왕래 선언은 21세기 실크로드 건설을 위한 정치적 포석이 될 수 있다. 또 튀르크 벨트 국가들 사이에서 왕성하게 벌어지고 있는 구비서사시 또는 영웅서사시 복원과 오랫동안 기억에서 잊힌 수많은 무형문화 유산을 발굴하여 유네스코 세계유산에 등재하려는 운동은 사라진 실크로드의 복원처럼 화려했던 과거의 영광을 복원해보려는 운동이라 할 수 있다.

정체성 회복을 위한 공식적 시도는 튀르크 족들의 구비서사시와 같은 무형문화재 복원과 관련한 2013년 야쿠티야의 영웅서사시 '올롱호' 관련 국제회의(International Scientific Conference "Yakut Heroic Epos Olonkho - A Masterpiece of Oral and Intangible Heritage of Humanity in the Context of World Epic" Held by the Government of the Republic of Sakha)와 9~10세기 이란 및 서북 아시아를 제패했던 가즈네비즈 시대의 영광을 기리기 위한 투르크메니스탄의 국제 학술대회(International Scientific Conference on "The Turkmen Literature of Gaznavids Epoch and World Spiritual Culture" Held According to the Decree of the President of Turkmenistan) 등을 통해 간파할 수 있을 것이다.

한편 전 세계 국가들과의 무역에서 미래 번영의 활로를 찾아야 하는 한국은 FTA 시대를 맞이하여 한국의 위치에서 동남아시아와 대칭축을 이루는 이들 서북아시아(세계기준에서는 중앙아시아) 튀르크 벨트 국가 간의 연대와 실크로드 복원 같은 정체성 찾기 운동에 동참할 수 있는 정치·문화·경제·학문적 명분과 관계 설정이 그 어느 때보다 절실히 요구되고 있다. 특히, 정치적으로는 북한과의 통일을 앞둔 시점에서 북한과 친교를 맺고 있는 구공산권 국가들의 외교적 지지 확보와 함께 경제적으로는 한국의 무역 경쟁국인 중국, 일본과의 시장 각축전에서 우위를 차지하기 위해 튀르크 벨트 국가들과의 우호협력이 절실한 시기이기 때문이다. 그러나 튀르크 벨트 국가들과의 상호이해라는 인프라가 구축되지 않은 정치·경제 협력관계는 오직 실리만을 추구하다 상호신뢰는 결여되는 불안정한 관계로 배척당할 위험의 소지가 있다. 그런 선례는 과거 일본이 세계인들의 눈에 '경제적 동물'

2014년 여름 필자는 유라시아 대륙의 한 부분을 이루는 알타이를 방문했다.

출처 : 필자 제공

(economic animal)로 비하됐던 사실에서 찾을 수 있을 것이다. 개인적 인간 관계에서와 같이 국가 간의 관계에서도 가장 중요한 것은 졸부 근성의 실리만을 위한 접근이 아니라 상호신뢰와 상호이해를 바탕으로 한 진정성 있는 우호 관계가 수반되어야 한다.

더 나아가서 유라시아 튀르크 벨트 국가들과의 상호이해 공감대 형성과 문화적 유대감의 결성이라는 인프라 구축은 한국이 이들 국가로 진출할 수 있는 안정된 교두보를 확보하는 것과 같은 무형의 투자로 볼 수 있을 것이다. 문화적 유대감이라고 해서 단순히 민속예술이나 무용공연 같은 진부한 볼거리의 교류로 이루어지는 것이 아니다. 그곳을 가면 알리셰르 나보이, 티무르, 마흐툼굴리, 마나스 등과 같이 그들이 자부하는 시인, 지도자, 교육자, 서사시와 같은 무형의 유산들을 함께 공유하고 그것들과 우리의 관계를 정립하여 상호 친연성을 알리는 과정에서 그들과의 형제적 동질성을 확보할 수 있을 것이다. 누가 형이고 아우인지는 모르겠지만, 적어도 수천, 수만 년 전에 그들과 우리는 한 형제였던 사실을 증명하는 것은 이젠 유라시아가 우리에게 열려 있는 공간인 만큼 더는 접근 불가능한 문제가 아니다.

과거 어느 한 시점부터, 특히 우리가 중국으로부터 한자를 차용하기 시작한 이후부터 급격히 소원해져 갔던 그들과의 잃어버린 기억을 찾아내는 일이야말로 우리 인문학자들이 앞장서서 풀어야 할 과제일 것이다. 또 저들과 우리가 잃어버린 과거의 기억을 되찾는 일은 우리들의 과거와 현재와 새로운 차원의 미래를 이어주는 역사적·문화적 가교 역할을 할 뿐만 아니라, 유라시아 국가들과 한국이 필연적으로 가까워져야 하는 이론적 토대를 만들어줄 것이다. 그렇다면 그들과 우리 사이에는 서로 이야기할 수 있는 스토리텔링이 만들어지는 것이며, 서로 간의 교감이 자연스레 형성되어 그들과 우리가 여러 방면에서 교류할 수 있는 값진 무형의 교두보가 확보되는 것이다. 진정한 창조경제의 유라시아 시대를 맞이하기 위해서 이와 같은 인문학적 기초공사가 이루어지길 바란다.

(2014년 9월 1일 제283호)

28. 사하(야쿠티야) 공화국의 남부 야쿠티야 프로젝트와 한국의 진출 방안

이 경 완
한림대학교 러시아연구소 연구교수

남부 야쿠티야 프로젝트의 현황과 전망

러시아연방 정부와 사하(야쿠티야) 공화국 정부는 사하(야쿠티야) 공화국의 남부 야쿠티야에 부존하는 수력 자원, 유용광물 자원(천연가스, 인회석, 석탄, 철광, 우라늄광 등)의 채굴업과 가공산업을 토대로 '남부 야쿠티야 종합개발'(Комплексное развитие Южной Якутии) 프로젝트를 수립했다. 이 프로젝트의 목표는 남부 야쿠티야의 사회·경제 발전과 러시아 극동지방에 대규모 산업 지역 형성이며, 사업은 2009~2013년에 1단계를 거쳐 2013~2025년에 2단계가 진행되고 있는 것으로 추정된다.

1단계 사업은 칸쿤 수력발전소 프로젝트 계획서 작성 및 전력생산 체계 설계, 생산기업을 위한 외부 전력공급 설비에 대한 프로젝트 계획서 작성, 자동차도로 프로젝트 계획서 작성, 철도 프로젝트 계획서 작성, 이나글린 석탄단지 건설 등이었고, 2단계 사업은 2013~2015년 동안 인프라 건설을 완료하고 2016~2025년 기본산업설비를 도입하여 가동할 계획이다. 기본산업설비로는 엘콘 제련산업단지, 남부 야쿠티야 제련산업 통합, 야쿠티야 가스채굴센터가 포함된다.

이 프로젝트에 참여하는 러시아 정부와 기업은 '남부 야쿠티야 개발공사'(Корпорации развития Южной Якутия)로 이 프로젝트에 참여하는 이해 당사자들 간의 원활한 소통과 협력을 중개하는 조정자 역할을 맡고 있다. 투자자는 '러시아투자기금'(Инвестфонд РФ)을 매개로 러시아연방, '루스기드로'(РусГидро), '알로사'(АК 'АЛРОСА'), 우라늄 기업 АРМЗ (Атомредметзолото), 석탄 기업 '콜마르'(Колмар) 등이다. 이 투자자들은 2012년 11월 기준으로 총 248억 루블을 투자했고 그중 러시아투자기금의 투자액은 74억 루블 이상이었다. 그리고 정부 측에서는 사하(야쿠티야)공화국 정부가 참여하여 노동인력의 양성과 유치를 책임지고 있다.

남부 야쿠티야 프로젝트에 한국 관·산·학 협력체의 참여 방안

남부 야쿠티야 프로젝트는 러시아연방 정부의 극동개발전략에서도 핵심 프로젝트 중 하나이며, 2000년대에 접어들면서 한국, 중국, 일본 정부는 이 프로젝트에 포함된 가스전 개발을 학수고대했다. 그러나 러시아 국내의 자연적, 정치적, 행정적, 경제적, 사회 제도적 장애요인들과 동북아 국가들에 산적한 국내외 장애요인들, 특히 국제적인 에너지 협력의 실패로 말미암아

'남부 야쿠티야 종합개발' 프로젝트

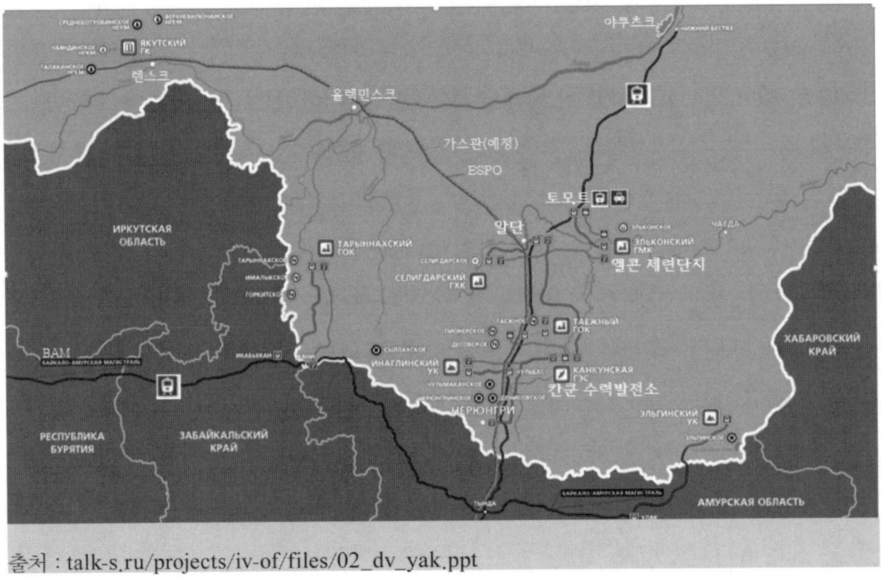

출처 : talk-s.ru/projects/iv-of/files/02_dv_yak.ppt

이 프로젝트의 실현 가능성에 필자는 여전히 의구심이 들고 있다. 가스프롬이 2016년에 코빅타, 차얀다 가스전의 본격적인 개발에 착수할 계획이지만, 동북아 투자자들의 유치와 가스 판매망 및 시장 확보가 없이는 가스프롬의 개발 계획도 물거품이 될 것이다.

필자가 보기에 이 프로젝트가 성공하려면 러시아연방 정부와 사하(야쿠티야) 공화국 정부는 지속적인 인구증가와 경제인구 증대, 사회유출 감소를 최우선과제로 삼고 이를 위한 중장기 전략을 세워서 충실하게 수행해야 할 것이다. 동시에 남부 야쿠티야 프로젝트에 투입될 인력 확보를 위해 동 프로젝트에 참여하는 모든 국내외 기업들의 연구 인력과 숙련된 노동력을 유입하는 것이다. 러시아, 중국, 한국, 일본 기업들의 노동인력 유입과 그들을 통한 러시아인 인력양성을 병행하여 추진하기를 바란다.

한국의 경우 관·산·학 협력체를 구성하여 남부 야쿠티야 프로젝트에 참여하는 한국 기업의 인력투입과 현지 인력양성 지원 사업을 체계적으로 추진하고, 동북아 국가들과 협력체를 구성하여 공동 진출하는 것이 더 효과적이고 안전할 것으로 보인다. 사하(야쿠티야) 공화국 정부가 추진하는 주민의 삶의 질 개선을 위한 수질 개선, 생활 쓰레기 분리수거와 재활용, 재생에너지 개발, 에너지 절약 및 효율 개선 프로젝트에도 한국 지자체, 해당 부문 기업, 연구기관들이 공동으로 참여하는 것도 바람직할 것이다. 한국의 관·산·학 협력체가 국내외 관계기관과 협력하여 남부 야쿠티야 주민들의 생활여건 개선과 프로젝트 투입인력의 확보와 지속적인 양성, 직원의 안전한 생활환경 보장에 이바지한다면 한국의 에너지 안보 증대뿐 아니라 동북아 에너지 협력의 강화 및 지속 가능한 에너지 개발도 실현 가능해질 것이다.

(2014년 5월 19일 제268호)

29. 시베리아·극동 지역 농림업 발전 전망과 협력방안

원 석 범
한림대학교 러시아연구소 연구교수

극동·바이칼 지역 사회·경제 발전 프로그램

최근 러시아 정부는 낙후된 극동 지역을 개발하기 위해 많은 노력을 기울이고 있다. 2012년 극동개발부를 출범시키고 지역 개발에 대규모 국비를 투입하고 있으며, 다양한 발전 프로그램을 실행 중이다. 특히 2013년 3월 29일 "러시아 연방 명령 №466-p"로 제정된 러시아연방 국가 프로그램 "극동 바이칼 지역 사회·경제 발전"을 올해부터 시행하고 있으며, 이 중 농림업과 관련해서는 세부 프로그램 3 '극동·바이칼 지역 농업 종합발전'과 세부 프로그램 5 '극동·바이칼 지역 임업종합발전'을 진행 중이다.

다양한 잠재력을 보유하고 있는 러시아는 국가 차원의 지속 가능한 발전 방안을 강구해야 하는 상황이지만 국가의 지원만으로는 한계가 있으며 민간 투자 유치 없이는 장기적 발전을 이룩하기 힘들다. 러시아 정부는 이러한 문제점을 인식하고 외국인 투자를 비롯해 민간 투자 유치를 위한 환경 조성에 노력하고 있지만, 산적한 다양한 문제로 말미암아 극동 지역의 외국 자본 유치는 매우 어려운 상황이다. 러시아에 진출했거나 진출을 원하는 우리 농업 기업들의 경우도 기후 변동에 따른 생산성 저하 문제보다는 현지 법인 설립, 토지 확보 등 러시아의 복잡한 행정 절차에 더 큰 어려움을 호소하고 있다. 러시아는 투자자에게 유리한 행정 지원과 각종 인허가 서류 절차의 간소화 등 제도적 지원과 함께 다양한 교통망 확충을 통해 물류체계를 개혁해야 하

아무르 콩 클러스터

출처 : www.livejournal.com

며, 특히 극동 지역 인력 수급 안정화를 위한 지역 인구 문제 해결에 근본 대책을 마련해야 한다. 이를 위해서는 우선 극동 지역 주민의 생활 수준을 향상해 인구유출을 막아 인적 자원이 지속해서 양성될 수 있는 여건이 조성되어야 한다.

대 러시아 농림업 협력 방안

한편 우리나라는 경우 곡물 자급률이 22.8%(2012년 기준)밖에 되지 않아 안정적 곡물 확보를 위한 노력이 시급하다. 현재 진행되고 있는 해외 농업개발사업 등의 성공사례를 적극적으로 홍보해 기후 온난화 등으로 인한 식량 수급의 불확실성을 해결하는 방안의 일환으로 러시아 진출을 적극적으로 고려해야 하는데, 이는 양국의 다양한 협력관계 강화에 이바지하게 될 것이다.

또 러시아 극동·시베리아 연방관구는 러시아 전체 산림 면적의 74%를 차지하고 있고 전체 목재량의 65%를 보유하고 있는 지역으로 임업 잠재 가치가 매우 높다. 러시아는 그동안의 산림경영 부실로 개발의 비효율성을 재고하고 원목 생산지 내에서 직접 목재를 가공할 수 있는 대규모 생산 단지를 조성해 부가가치가 높은 가공품을 수출할 수 있는 여건을 마련하려 노력하고 있다. 우리의 고급 인력과 높은 가공기술은 러시아 임산업 발달에 기여 가치가 매우 높다. 따라서 급변하는 국제 목재시장에 적극 대응하는 방안으로 극동 시베리아 지역의 산림 개발에 지속해서 참여할 수 있다면 국내 목재 수급 안정화에 크게 이바지할 수 있는 만큼 국가 차원에서 러시아와의 구체적인 산림 협력 방안을 활발하게 진행해야 할 시점이다.

러시아는 분명히 농림업 분야의 잠재력이 높은 국가이다. 앞으로 다양한 진출로 모색을 위한 분석과 연구가 지속되어야 하며, 극동 지역 발전에 이바지할 수 있는 우리의 역할을 찾아봐야 할 것이다. 분명한 것은 극동 지역 개발을 위한 러시아 정부의 강력한 의지가 있으며, 해외 투자자본 유치 등을 위한 다양한 지원정책이 마련되고 있다는 점으로, 이는 앞으로 우리가 예의 주시해야 할 부분이다.

(2014년 8월 25일 제282호)

30. '시베리아의 힘' 가스관, 어디로 달려가는가?

윤 성 학

고려대학교 러시아CIS연구소 연구교수

'시베리아의 힘'(Сила Сибири) 가스관은 결국 중국으로 달려가기로 결정됐다. 2014년 9월 1일 사하 공화국 수도 야쿠츠크에서 푸틴 러시아 대통령과 장가오리(張高麗) 중국 공산당 상무위원이 참석한 가운데 '시베리아의 힘' 가스관 기공식이 열렸다. '시베리아의 힘' 가스관은 시베리아 이르쿠츠크의 '코빅타'와 사하 공화국 '차얀다' 등 2개 대형 가스전에서 생산되는 가스를 태평양 연안의 극동 지역까지 운송하는 총연장 약 4,000km의 파이프라인이다. 중국은 러시아 국경까지 가스관을 건설하여 2019년부터 가스를 공급받을 예정이다.

러시아와 중국은 2014년 5월 시진핑 중국 국가주석과 푸틴 대통령의 상하이 정상회담을 계기로 10년 넘게 끌어온 극동 지역에 대한 대규모 천연가스 공급 계약을 체결했다. 이 계약에 따라 러시아는 30년 동안 중국에 연간 380억 ㎥의 천연가스를 공급하기로 했다. 전체 계약액은 4천억 달러(약 405조 원)에 이르는 것으로 알려졌다.

'시베리아의 힘' 가스관이 중국으로 연결되는 것으로 결정되면서 2011년 8월 메드베데프 러시아 대통령과 김정일 북한 국방위원장 간의 시베리아 울란우데 정상회담에서 북한 경유 가스관 연결을 위한 MOU 체결 이후 기대됐던 남·북·러 가스관은 거의 물 건너가 버렸다. 한국과 러시아는 북한이라는 정치적 변수를 넘어서지 못했던 것이다. 2011년 김정일이 갑자기 사망하고 김정은 체제가 들어서는 어수선한 과정에서 북한을 가스관 건설에 참여시킬 기회를 잃어버린 것이 결정적인 이유라고 할 수 있다.

하지만 '시베리아의 힘' 가스관의 방향을 한국으로 돌릴 기회는 완전히 끝난 것은 아니다. 러시아 내부에서도 '시베리아의 힘' 가스관의 중국행 결정에 대해 불만이 남아 있다. 푸틴의 정적으로 석유재벌이었던 미하일 호도르콥스키는 '시베리아의 힘' 가스관이 "단지 우크라이나와 갈등 중인 유럽에 다른 대안이 있음을 보여주기 위한 대외 과시용 결정이었으며 경제적 실리는 없다"고 지적했다. 실제로 러시아와 중국은 '시베리아의 힘' 가스관 노선과 공급 물량은 결정했지만, 가장 중요한 가격은 여전히 타결 짓지 못하고 있다. 중국은 중앙아시아에서 공급받는 것과 같은 가스 가격을 요구하고 있으며 러시아는 유가와 연동하여 가격이 결정돼야 한다는 주장을 굽히지 않고 있다. 가스프롬의 재정보고서 자료는 시베리아 가스 생산 가격은 세제곱미터당 640달러로 보고 있다. 이 가격은 중앙아시아가 공급하는 가격의 거의 두 배에 이르고 있기 때문에 중국과 러시아의 가스 가격 합의 도달이 쉽지가 않을 것이다.

러시아가 가격 문제로 말미암아 중국과의 협상 타결에 실패한다면 그 대안은 한국이 될 수밖에 없다. 한국이 지금 수입하는 중동산 가스 가격은 러시아가 희망하는 숫자이기 때문이다. 러시아의 입장에서도 한국 시장을 먼저 선점한다면 중국에 대한 가스 협상에서도 유리한 고지를 점할 수 있다는 장점이 있다. 러시아로서는 가능하다면 먼저 한국과의 장기 공급계약을 바탕으로 중국과 일본 등 동북아 시장에 진출하는 것이 유리하다.

최근 러시아는 다시 북한 경유 가스관 문제에 조심스럽게 접근하고 있다. 러시아 국가두마(하원) 예산위원회는 2014년 3월 19일 소련 시절 북한이 진 빚을 탕감하는 협의서 비준 의견을 본회의에 제출했는데, "북한이 러시아에 진 차관 규모는 전체 109억6천만 달러로 이 중 90%가 탕감되고 남은 10%는 북한 영토에서 실행되는 공동경제프로젝트에 들어가는 비용으로 충당될 전망"이라고 보도됐다. 이와 관련해 러시아 재정부는 러·조 공동경제프로젝트는 에너지부, 보건부, 식품안전부가 관여해 추진될 것이며 가장 유망한 프로젝트는 러시아 가스 회사가 북한 시장 진출 여부를 검토하고 있으며 북한

'시베리아의 힘' 가스관

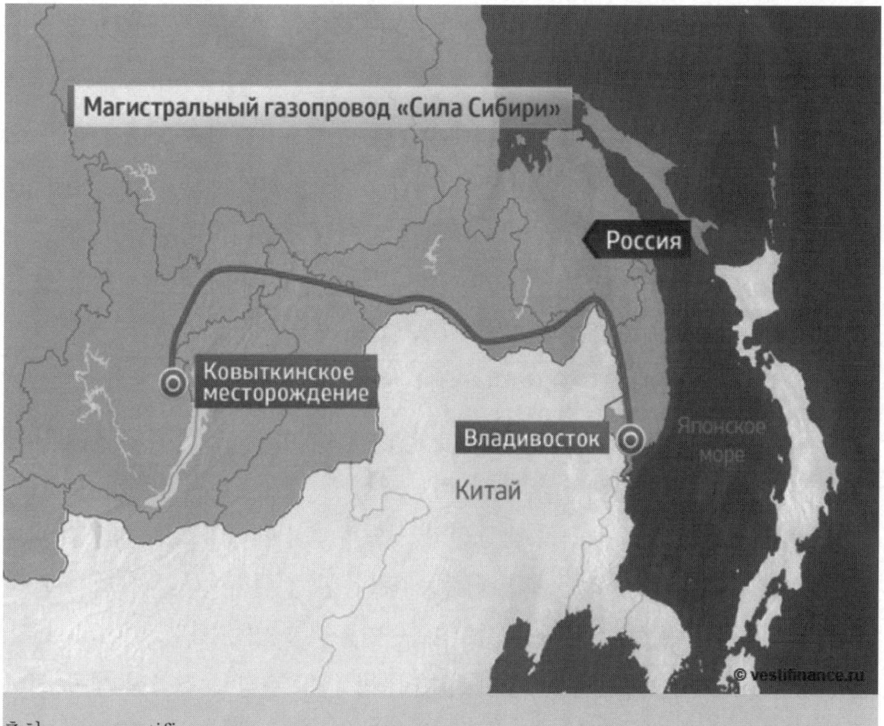

출처 : www.vestifinance.ru

지역에 가스관 건설을 위해 당국과 논의 중이다"고 언급했다.

러시아 입장에서는 한국 가스 시장은 결코 포기할 수 없는 시장이다. 2013년 러시아 경제는 셰일가스 여파로 성장률이 1%대로 하락했다. 지금 유럽 시장에는 미국 수출용으로 생산됐다가 판매처를 찾지 못해 현물시장으로 쏟아져 들어오고 있는 값싼 중동산 LNG로 가스 가격이 크게 하락하고 있다. 다니엘 예긴(Daniel Yergin)은 중기적 전망으로 볼 때 셰일 혁명으로 가스 가격이 석유 가격에 구애받지 않는 국제 가스시장을 형성하게 될 것으로 보고 있다. 이러한 추세는 국제유가와 연동된 가격으로 장기 가스 수출 계약을 맺어온 러시아의 대유럽 시장 입지를 뿌리부터 흔들어놓을 것이다. 러시아는 천연가스의 가격 경쟁력을 저해하는 '유가연동제' 폐지, 가스프롬의 구조개혁 등에 나서는 한편 유럽 시장을 대신하는 동아시아 시장 진출을 더 적극적으로 추진하고 있다.

한국의 입장에서도 지속적이며 안정적인 에너지 공급과 남·북·러 관계 개선에 가스관 사업을 더 적극적으로 활용할 필요가 있다. 최근 우리 정부는 발전 원료에서 원자력 비중을 절대적으로 줄여나가겠다는 제2차 국가 에너지 기본계획 방향을 제시했는데, 러시아 가스는 친환경적인 자원으로 그 대안이 될 수 있다. 에너지 안보 차원에서도 LNG 위주의 일방적인 가스 수급체계는 바람직하지 않으며 러시아산 천연가스를 통해 공급 안정성과 다양성, 합리적인 가격 메커니즘을 구성할 수 있다.

더 나아가 한국 정부는 러시아 천연가스를 받아들이면서 이를 계기로 러시아와 FTA를 적극적으로 추진하는 것이 바람직하다. 한·러 FTA는 교착에 빠진 러시아 천연가스 도입에 유리한 환경을 제공할 수 있다. 러시아도 한국에 대규모 가스 공급을 추진하려면 제도적 측면에서나 전략적으로 한·러 FTA가 필요하다는 것을 분명히 주시해야 할 것이다. 한국과 러시아 양국은 단순한 원자재와 소비재를 사고파는 전통적 교역 형태를 벗어나 자원, 인프라, 첨단산업과 혁신 분야 등에서 협력 방안을 추진해야 하며 이를 위해 한·러 FTA라는 제도는 필수적인 조건이다. 한국은 러시아와 FTA를 통해 다른 어떤 국가보다 먼저 극동과 시베리아에 진출하여 이 지역을 선점하는 것이 국가 전략상으로 매우 중요하다. 극동 지역에서 한국의 경제 영토가 확대되고 러시아와의 협력이 강화된다면 북한을 포함한 동아시아 지역에서 평화와 번영에 큰 도움이 될 것이다.

(2014년 10월 13일 제289호)

31. 나진-하산 프로젝트 TKR-TSR 연결 사업과 SRX 사업의 시범 사례

나 희 승
한국철도기술연구원 연구부장

최근 추진 중인 남·북·러 간 나진-하산 프로젝트는 한반도종단철도(TKR)-시베리아횡단철도(TSR) 연결 사업과 실크로드 익스프레스(SRX) 사업의 시범 사례다. 바로 이 사업의 일환으로 서시베리아의 유연탄을 나진항을 거쳐 포항으로 운송하는 시범 사업이 지난 23일 시작됐다. 러시아산 석탄 40,500톤이 지난 23일 블라디보스토크에서 출발하여 24일 나진항에 도착했다. 총액 400만 달러의 석탄은 환적과 통관 절차를 거쳐 중국 국적의 56,000톤급 벌크선에 실려 28일 나진항을 출발하여 29일 포항에 도착했다. TKR-TSR을 이용한 완전한 철도운송은 아니지만, 해운과 철도가 결합한 SEA & RAIL형 유라시아 복합물류운송을 남·북·러 3자 간에 추진하는 데에 큰 의미가 있다고 할 수 있다. 이러한 유라시아 지역의 물류와 에너지 네트워크는 역내 국가 간 물류비 절감과 무역 확대에 이바지하고, 유라시아 경제권 활성화에서 중요한 역할을 할 것이다.

나진-하산 프로젝트는 나진항 제3부두에서 하산까지 철도(54km)를 개보수하고, 화물터미널을 건설하고 화물열차를 확보하여 나진항과 TSR을 연계하는 물류사업이다. '나진-하산 철도 개통 및 운행,' '부산-나진 구간 해상 수송 후 TSR 경유 컨테이너 물류 수송'은 상업적으로 성공 가능성이 매우 높은 사업이다. 나진-하산 프로젝트 수행에 따른 나선 지역의 전략적 가치를 확보한다는 점에서 정치·경제적 효과가 큰 사업이다. 나진항은 하산을 통해 TSR과 연결될 뿐만 아니라 한만(韓滿) 철도노선의 동북부 종착역으로서 하얼빈에서 투먼 방향으로 운송되는 화물들을 국제무역과 연계시키는 주요 항만 중의 하나로도 기능하고 있다. 현재 나진항에는 3개 부두에 5,000~10,000톤급 선석 15개가 있으며, 안벽연장은 총 2,448m에 달하고 있다. 부두 전면 수심은 11m로 1만 톤급 선박이 접안하는 데 무리가 없다. 1번, 2번 부두에는 주로 중국 측 석탄을 중국 남방으로 운송하고 있으며, 3번 부두에서는 나진-하산 프로젝트가 현재 진행 중이다. 이번 투자를 통해 3번 부두의 부두연장과 준설이 이뤄졌고, 3번 부두 현대화를 통해 5만 톤급 벌크선이 접안할 수 있게 됐다. 이 사업은 2012년 러시아 석탄회사 메켈이 포스코 측에 제안한 것으로 2014년 두 차례에 걸쳐 실태 조사가 마무리됐다. 이번 시범 운행 이후에는 본격적인 협상이 진행될 예정이다.

이 사업은 2006년 시작하면서 컨테이너항으로 개발될 예정이었으나 현재 석탄 벌크 항으로 사업모델이 변경됐다. 사업 초기 한국이 러시아 지분의 40%를 인수해줄 것으로 예상됐으나 인수 요청 지분은 현재 49%까지 이르고 있다. 특히 나진-하산 구간은 표준궤와 광궤가 동시에 부설된 복합궤이기 때문에 북한과 러시아 국경에서 환적·환승 없이 나진항에서 바로 광궤 열차로 운송할 수 있다. 따라서 국경 통과 시간과 절차를 대폭 줄일 수 있는 장점이 있다. 올해 북과 러시아는 개항을 위해 국경 통과 절차 간소화, 항만 국제화를 논의했고, 러시아는 나진항을 통해 러시아산 석탄을 중국 동남부로 수출했다. 본 사업으로 연간 400만 톤의 화물이 처리될 수 있으며, 컨테이너의 경우 초기 10만 TEU 화물을 TSR로 유치할 수 있다. 나진-하산 프로젝트가 성공하려면 남·북·러 간 협상과 협력을 통해 ① 경쟁력 있는 운임 구조, ② 빠른 수송 시간, ③ 신속하고 투명한 통관 절차, ④ 풍부한 항만 인프라를 구축해야 한다. 특히 한·러 양측은 나진-하산 프로젝트 항만 이용료와 화차 임대료 절감, 할인 운임제 적용, 빠른 수송 시간과 통관 절차 간소화를 통해 비용과 시간 측면에서 경쟁력 높은 물류 서비스를 제공해야 한다. 이번 시범 운송 사업은 이러한 선진국형 물류 서비스를 제공하기 위한 환경을 조성하는 데에 의미가 있다. 나진항의 본격 운영을 위해서는 나진-하산 간 열차 운행, 통관, 하역 등 각 단계를 최종 점검할 것으로 보인다.

나진-하산 프로젝트의 경제성 (예시)

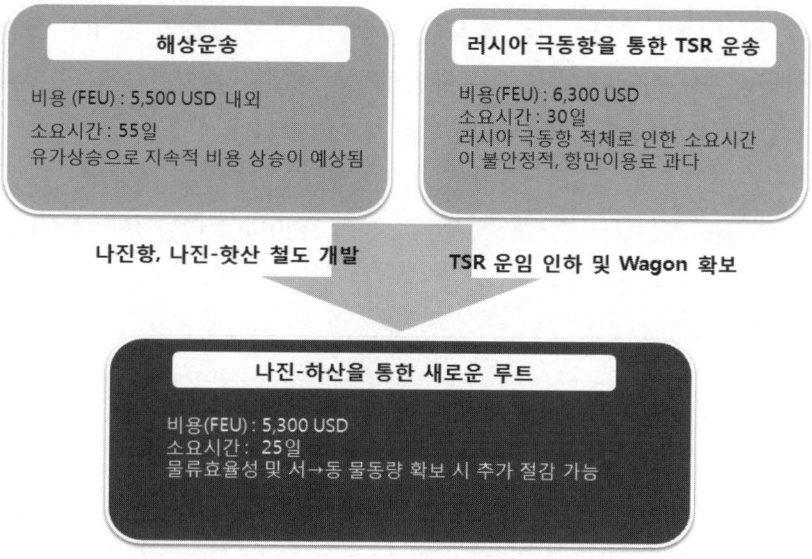

상기 각 사례의 비용 및 소요 시간은 부산- 모스크바 기준임

나진-하산 프로젝트는 남·북·러 3자 모두에 실익이 되는 사업이다. 북한은 노후한 철도 일부를 복원하여 나선 지역 경제를 활성화하고, 북·러 협력 강화를 기대할 수 있다. 향후 북·미 관계 개선에 따른 다자간 경협 사업의 계기를 확보할 수 있다. 러시아는 포화 상태의 극동항을 해결하고, TSR 경쟁력 제고를 통해 유라시아 물류망을 활성화할 수 있고, 북·러 관계를 개선하고, 동북아 지역에서 철도·에너지 대국으로서 정치·경제적 영향력을 확대할 수 있다. 한국은 한·러 간 경제 협력에서 새로운 추동력을 확보할 수 있을 뿐 아니라 3자 또는 다자 사업을 통한 새로운 형태의 남북경협을 추진할 수 있다.

본 사업의 가장 큰 장점은 수송 시간과 비용절감 요인에 있다. 현재 벌크 운송을 컨테이너로까지 확대할 경우, 부산에서 모스크바까지 수송 시간을 약 20일까지 단축할 수 있다. 특히 고부가가치 화물의 제고 기간을 20일 이상 단축하는 효과가 있어 자동차 산업과 연계하여 많은 수요를 창출할 것으로 기대된다. 물류비 측면에서 고비용의 극동 항만을 대체하고, 화차 구매에 따른 비용절감과 정시성 제고 등을 고려할 때 이는 상당한 비교우위가 아닐 수 없다. 이럴 경우 중앙아시아 화물의 경쟁력도 대폭 높아질 것이다. 물류뿐만 아니라 중앙아시아·시베리아 자원개발과 연계한 패키지 사업을 통해 한반도의 경쟁력 제고에도 많이 이바지할 것으로 보인다.

(2014년 12월 1일 제296호)

32. 아랄 해 고갈과 중앙아시아 경관의 변화

이 채 문

경북대학교 사회학과 교수

2014년 11월 10~11일 사이 중국 베이징에서 아시아태평양경제협력체(APEC) 정상회담이 열렸다. 이번 APEC 회의 기간 중 전 세계인의 시선을 사로잡은 것은 베이징의 스모그 현상을 완화하기 위해 현지 중국인들이 회의 기간에는 난방을 못 하고, 공장 가동을 중단시키며, 자동차를 이용하지 못하게 한다는 소식이었다. 이를 통해 다시 한 번 베이징의 스모그의 심각성을 인식하게 되었고, 더 나아가 이제 환경문제는 한 도시, 한 국가만의 문제가 아니라 전 세계적인 문제가 됐음을 알 수 있다.

이처럼 환경문제의 심각성을 인식하면서 전 세계의 다양한 환경재앙 가운데 아랄 해의 고갈을 생각하지 않을 수 없다. 한때 중앙아시아의 카스피 해, 북미의 슈피리어 호, 아프리카의 빅토리아 호에 이어 전 세계 4대 호수의 웅장함을 보여주던 아랄 해는 이제 원래 호수 면적의 90%가 고갈되면서 배들의 무덤이 되고 있다. 넓은 지역에 걸쳐 아랄 해가 고갈되면서 강바닥이 드러나고, 고갈된 강바닥의 오염물질이 아랄 해를 끼고 있는 인근 카자흐스탄과 우즈베키스탄만 아니라 키르기스스탄과 투르크메니스탄, 더 나아가 중국, 인도, 파키스탄 지역까지도 영향을 미치고 있다는 사실은 환경문제가 단지 이웃 나라의 일로만 치부할 수 없는 일임을 잘 보여준다.

필자는 이러한 아랄 해를 직접 조사하기 위해 2012년 6~7월, 2014년 1월 두 번에 걸쳐 현지조사를 진행했다. 이 글에서는 현지조사에서 목격한 아랄 해의 고갈을 간략히 소개하고자 한다. 아무다리야 강이 곧바로 아랄 해로

아랄 해의 중요한 물줄기인 누쿠스 지역
아무다리야 강 입구 표지판

출처 : 2012년 필자 촬영

유입되기 때문이다. 사진에서 보다시피 우즈베키스탄 누쿠스 지역의 아무다리야 강에서는 대부분 지역에 물이 흐르지 않고, 사막식물이 가득한 모래만 보인다. 누쿠스 지역의 아무다리야 강에서 물이 흐르는 부분도 강 전체에서 극히 일부에 지나지 않고, 물이 흐르는 지역에서도 수량이 극히 적음을 확인할 수 있다.

아무다리야 강을 직접 살펴본 결과 누쿠스에서 강폭은 약 600~800m로 광대했지만, 현재 물이 흐르는 지역은 극히 일부분에 지나지 않았고, 수량이 적다 보니 대부분 흙탕물이었다. 이를 확인하기 위해 아무다리야 강을 아무다리야 교량 경찰의 감시를 받으며 직접 걸어 보았다. 누쿠스 지역에서 아무다리야 강폭은 매우 넓었지만, 물이 흐르는 지역이 극히 적었으며, 대부분 지역에서는 이미 사막화가 진행되어 물이 말라 일부 지역에서는 강에 큰 나무가 자라고 있는 것을 볼 수 있었다. 이는 아무다리야 강의 고갈이 거의 50년 정도 진행됐다는 사실을 잘 보여준다. 물이 없는 강변 지역 전체는 대부분 사막에서 나는 풀로 뒤덮여 있었다.

배들의 무덤이 된 아랄 해

출처 : 2012년 필자 촬영

가장 큰 문제는 과거 아랄 해 인근의 최대 항구도시 무이낙이었다. 아무다리야 강의 수자원 고갈과 아랄 해의 고갈로 말미암아 거의 죽어가는 도시가 바로 무이낙이라고 하면 과장일까? 무이낙으로 들어가는 광대한 평원에 끝없이 펼쳐진 갈대밭만 이곳이 과거 호수였음을 알게 해준다.

아랄 해의 상황은 생각보다 심각했다. 엄청난 면적의 바다가 끝없이 펼쳐진 사막으로 변한 것이다. 사막에 군데군데 남아 있는 폐선만이 이곳이 예전의 바다라는 사실을 보여주고 있었다. 한때 세계 4대 호수 가운데 하나로 불렸던 아랄 해가 사막으로 변하는 데 걸린 시간은 50년 정도에 불과했다는 사실은 환경 변화의 속도가 얼마나 심각하게 진행될 수 있는지를 잘 보여준다.

아랄 해의 고갈이 가져올 수 있는 심각성을 가장 잘 알 수 있는 방법은 과거 아랄 해 최대 항구 무이낙을 현재 상태와 비교해 보는 것이다. 이를 위해 아랄 해의 과거가 가장 잘 보존된 무이낙 박물관을 찾아 관련 자료를 현재 상태와 비교해 보기로 했다. 사진에서 보다시피 과거 바닷물이 차 있는 상태의 아랄 해와 사막으로 변한 현재 모습을 비교해 보면 환경이 얼마나 변화했는지를 실감할 수 있다. 지금은 거의 문을 닫은 무이낙 시내 최대 기업인 어류 통조림 공장의 현재 모습과 과거 아랄 해 항구 도시에서 활발했던 어류 통조림 공장의 과거 모습을 통해 아랄 해의 고갈이 항구 도시 무이낙에 가한 충격과 그 여파를 추측해 볼 수 있었다.

아랄 해가 고갈되면서 주변 경관도 많이 바뀌었다. 무엇보다도 과거의 아랄 해에서 수분이 모두 고갈되면서 거대한 사막으로 변한 가운데, 아랄 해 주변 지역에 조그만 호수가 생겼다. 이 호수로 과거 아랄 해로 흘러들던 아

항구 도시 무이낙의 현재

출처 : 2012년 필자 촬영

항구 도시 무이낙의 과거

출처 : 무이낙 어류 박물관

아랄 해 서식 식물 삭사울

출처 : 2012년 필자 촬영

무다리야 강물이 흘러들어 오고 있다. 현지조사에서 이 호수를 확인했는데, 호수 주변에는 양치기가 지켜보는 가운데 양들이 물을 마시는 모습을 볼 수 있었다. 그가 과거의 어부에서 이제는 목축업을 하는 인부로 변한 모습을 통해 아랄 해의 비극을 실감할 수 있었다.

이와 함께 현재 아랄 해 고갈과 관련한 우즈베키스탄 정부의 조치에 대해서도 현지인들에게 의견을 물어보았다. 그러나 현지 안내인들에 따르면 우즈베키스탄 정부는 아랄 해의 복원보다는 아랄 해의 고갈로 인한 환경 악화 방지에 관심을 두고 있으며, 특히 광대한 사막을 형성하고 있는 아랄 해 고갈 지역에 건조지대에서 잘 자라는 삭사울(Saxaul)이라는 식물을 이식하려고 노력한다고 말했다. 몽골 등 중앙아시아 지역에서만 서식하는 식물인 삭사울이 있다는 것은 주변에 수분이 존재한다는 징표이다. 삭사울은 숲에서 서식하기도 하지만, 개별적으로 자라기도 한다. 따라서 삭사울 훼손은 법으로 엄격히 금지되어 있다고 했다. 그러나 조사자의 입장에서 볼 때 이러한 조치가 과연 얼마나 실효성이 있을지는 상당히 의문이었다.

이번 조사를 통해 느낀 전체적인 소감은 아랄 해의 고갈로 나타나는 영향의 범위가 매우 넓다는 점이었다. 아무다리야 강은 아프가니스탄과 투르크메니스탄을 통해 우르겐지, 누쿠스, 쿤그라드, 무이낙을 거쳐 아랄 해로 흘러들어 가게 되어 있다. 즉 아랄 해 고갈과 관련되는 수자원 부족 문제는 단순히 우즈베키스탄에 국한되는 것만은 아니다. 중앙아시아 5개국 전체가 관련된 문제이며, 또 단지 수자원 문제에 국한되는 것이 아니라 정치, 경제, 자원, 환경 등 모든 영역에 걸쳐 있는 다차원적이고, 중앙아 전 지역의 문제이다. 예를 들어 카라칼팍스탄에서 현지 안내인으로 연구진을 안내한 현지 카라칼팍 청년 이브라기모프(26세)의 말을 따르면 아프가니스탄에서 농사를 짓고 양귀비 재배를 많이 재배하면 할수록 농업용수가 그만큼 많이 사용되기 때문에 아무다리야 강 하류 우즈베키스탄의 수량이 줄어든다고 한다. 따라서 아랄 해 고갈 문제는 중앙아시아의 다양한 영역과 결부되어 있음을 알 수 있었다.

(2014년 12월 8일 제297호)

제3장

사회와 문화

사회

33. 2014 러시아 사회문화, 애국주의와 내적동원의 논리

라 승 도
한국외국어대학교 러시아연구소 HK연구교수

푸틴 이미지와 애국주의 마케팅

2014년 러시아는 2월 7~23일 소치 동계 올림픽과 이후 터진 우크라이나 사태, 크림 반도의 러시아 귀속, 서방의 대러 경제제재 속에 애국주의 물결이 그 어느 때 보다도 거센 한 해를 보냈다. 애국주의 물결은 특히 서방의 대러 제재 국면 속에서 '조국의 수호자'로 굳게 자리매김한 푸틴 대통령에 대한 높은 지지율과 맞물려 러시아 사회 곳곳으로 폭넓게 확산했다. 푸틴 대통령에 대한 러시아 국민의 비상한 관심과 열광적 지지는 2014년 10월 여론조사에서 그에 대한 지지율이 88%로 사상 최고치를 기록한 데서 잘 알 수 있으며, 동시에 그의 대중 이미지가 2014년 러시아 패션과 예술, 상업의 아이콘으로 폭넓게 유포·소비된 데서도 확연하게 드러났다.

이와 관련 2014년 6월과 8월, 10월 세 번에 걸쳐 '붉은 광장' 국영백화점에서 열린 '푸틴 티셔츠' 판매는 러시아와 서방의 갈등 국면 속에서 지지율 고공행진을 달리던 푸틴 대통령의 이미지를 십분 활용한 러시아 패션계의 애국주의 마케팅으로서 러시아 안팎의 시선을 사로잡았다. 6월 1차 '푸틴 티셔츠' 판매는 8~10일 3일간 열릴 예정이었고 티셔츠 가격도 최대 10만 원 이상 호가했지만, 판매 첫날 매진을 기록했을 정도로 푸틴 이미지를 활용한 애국주의 마케팅에 대한 대중의 호응은 가히 폭발적이었다. 특히 '푸틴 티셔츠'는 강인하고 믿음직스러운 남성성과 지도자상을 떠올리게 하는 푸틴의 이미지로 디자인됐을 뿐 아니라, 판매장 주변도 러시아를 대표하는 자연 상징물 가운데 하나인 자작나무로 장식됐으며 나뭇가지에는 티셔츠가 '러시아산'(Made in Russia)이라기보다는 '조국산'(Made in the Motherland)이라고 강조하며 애국주의 정서에 호소하는 푯말이 걸려 있었다. 또 두 달 뒤 열린 8월 2차 행사는 판매점 창문에 '푸틴 티셔츠'와 함께 '애국자들만을 위한 것!'이라는 문구를 내걸어 애국주의 정서를 노골적으로 자극했다.

다시 두 달 뒤 3차 '푸틴 티셔츠' 판매 행사는 러시아 국민의 푸틴 지지와 애국주의 정서가 최고조에 달했던 10월 7일 푸틴 대통령의 62세 생일에 맞춰 열렸다. 같은 날 푸틴 대통령의 고향 상트페테르부르크에서는 2년 전 푸틴의 '연성' 이미지를 중심으로 '가장 선한 영혼의 인간'(Человек добрейшей души) 그림 전시회를 열어 큰 반향을 불러일으킨 알렉세이 세르기옌코(Алексей Сергиенко)가 푸틴 대통령의 얼굴 이미지를 중심으로 디자인한 패션 전시회를 열어 다시 한 번 시선을 끌었다. 특히 이번 전시회에서는

2014년 8월 12일 열린 3차 판매 행사장에 전시된 '푸틴 티셔츠' 뒤로 '애국자만을 위한 것!' 이라는 문구가 보인다.

출처 : 2012년 필자 촬영

'조국'(Родина)을 주제로 하여 마트료시카와 자작나무, 크레믈의 별 등 러시아의 주요 상징들과 함께 푸틴의 이미지를 부각시켰다.

또 모스크바에서는 '헤라클래스의 열두 가지 위업'에서 영감을 얻어 푸틴이 헤라클래스처럼 악과 적에 맞서 용감하게 싸우는 영웅적 모습에 초점을 맞춘 12점의 그림 전시회가 열렸다. 이 그림들은 대러 경제제재를 주도하는 미국과 유럽연합, 이에 동참하는 캐나다와 일본을 그리스 신화 속 파충류 괴물 '히드라'에 비유하고 이들 악의 무리를 물리치는 푸틴의 이미지를 보여준다. 이처럼 전시회는 서방의 대러 제재로 고조된 반서구주의와 반미주의 분위기 속에서 푸틴 대통령의 강인한 이미지를 극대화하여 그를 러시아 최고의 애국자로 부각하려는 의도로 기획됐다.

끝으로, 2014년 11월 제과업체 '초코박스'(Шокобокс)는 앞서 언급한 세르기옌코의 '가장 선한 영혼의 인간' 전시회에서 선보인 푸틴의 이미지들을 자사 초콜릿 신제품 시리즈 '대통령'(Президент)의 포장지 디자인으로 사용하면서 푸틴 대통령의 이미지를 활용한 애국주의 마케팅의 대미를 장식했다. '초코박스'는 특히 신제품 출시에 맞춰 보도 자료를 내고 자사 제품을 사 먹으면 러시아 국내총생산(GDP) 증대에 이바지할 것이라고 강조했다. 이처럼 푸틴 대통령은 패션과 예술에서는 물론, 상업에서도 2014년 러시아 최고의 애국주의 아이콘이 됐다.

'훈타의 친구들'과 '제5열'

한편 2014년 8월 17일 국영 방송사 NTV는 우크라이나 사태와 관련하여 뉴스 쇼 '직업: 기자'에서 다큐 프로그램 '훈타의 친구 13명'을 내보냈고 다시 2주 후 8월 31일에는 '훈타의 친구 17명'을 속편으로 내보내며 반정부 성향의 정치·문화계 인사들에 대한 흑색선전과 인신공격을 노골화했다. '훈타'(Hunta)란 쿠데타 발생 이후 등장하는 정치체제를 가리키는데, NTV 등 러시아 친정부 매체는 2014년 2월 빅토르 야누코비치 우크라이나 대통령을 축출하고 집권한 불법 세력(과 그 연장선에서 현 정권)을 가리켜 '훈타'라고 부른다. 이와 관련 NTV는 크림 귀속과 우크라이나 동부의 친러 반군 지원 등 푸틴 대통령의 대우크라이나 정책에 대해 공공연히 비판하고 반대하는 러시아 문화계 인사들을 '훈타의 친구들,' 즉 '우크라이나의 친구들'이라고 부르며 '반애국자'이자 '내부의 적'으로 낙인찍었다. 8월 17일 첫 방송에서는 러시아 사람들의 사랑을 한 몸에 받았던 록그룹 '타임머신'의 간판 안드레이 마카레비치가 '훈타의 친구들' 가운데서 대표 인물로 지목됐다. 또 8월 31일 두 번째 방송에서는 야권 언론인 올레크 카신, 힙합 가수 '노이즈 MC,' 작가 드미트리 비코 프, 정치 평론가 스타니슬라프 벨콥스키, 야당 정치인 일리야 포노마료프 등이 '우크라이나의 친구들'이자 '내부의 적'으로 규정됐다.

러시아 정치권도 마카레비치가 (친)우크라이나 관객들 앞에서 공연하는 등 '배신자'로서 확실히 적의 편에 서 있으므로 러시아에서 그의 공연 활동을 금지해야 하고 더 나아가 그가 지금까지 받은 국가 훈장과 상도 모두 몰수해야 한다고 주장했다. 특히 야당인 공산당은 마카레비치처럼 우크라이나에 동조하는 러시아 문화예술계 인사들의 공연을 금지하는 법 제정을 청원하는 서명운동에 나서기도 했다.

여기서 주목할 점은 NTV가 반정부 인사들을 표적으로 삼아 '훈타의 친구들'을 기획하여 2회에 걸쳐 내보낸 일이 2012년 10월 '시위의 해부' 프로그램을 2회에 걸쳐 제작, 방송한 정치적 의도와 크게 다르지 않았다는 것이다. '시위의 해부'는 2011년 12월에서 2012년 2월까지 포스트소비에트 시대 최대 규모로 벌어진 반정부, 반푸틴 시위 주도자들을 표적으로 삼았다. 푸틴 정권에 큰 위기감을 심어줬던 러시아 야권은 이 방송 이후 입지가 대폭 줄어들었다. 당시 NTV는 보리스 넴초프와 세르게이 우달초프 등에 관한 사실 왜곡과 허위 정보를 통해 러시아 야권 인사들이 서구의 자금과 조종 아래 활동하는 '반애국자'이자 '내부의 적'이라고 선전하여 반푸틴 야권 진영 붕괴에 크게 일조했다.

이처럼 2014년은 러시아 정부의 애국주의 주도 정책 아래 문화와 미디어 전쟁이 내외부의 적들을 상대로 더욱 강화됐다. 이런 가운데 반정부 성향의 문화계 인사들의 활동을 제한하는 법안도 실제로 발의됐다. 또 푸틴 대통령은 2014년 11월 타스 통신과의 인터뷰에서 반정부 인사 등 이른바 '내부의 적'들을 넌지시 가리키며 러시아에 서방의 지시를 받고 암약하는 '제5열'이 존재한다고 밝히기도 했다.

소비에트 노스탤지어

우크라이나 사태와 서방의 대러 제재로 더욱 고조된 애국주의 물결은 소련 시절을 그리워하고 소련 붕괴를 아쉬워하는 '소비에트 노스탤지어'가 러시아인들의 의식 속에 아직도 적잖게 남아 있는 현상과도 무관치 않았다. 2014년 11월 '레바다 센터' 조사 결과를 보면, 러시아인 54%는 소련 붕괴를 여전히 아쉬워했다. 이러한 수치는 소련 붕괴 직후인 1992년 66%, 특히 푸틴이 대통령으로 취임한 2000년 약 74%와 비교하면 소련 붕괴를 아쉬워하는 사람의 비율이 지난 15년간 20% 줄어들었지만, 아직도 소련 붕괴를 아쉬워하고 소련 시절을 그리워하는 러시아인이 적잖은 것을 알 수 있다. 특히 러시아인 약 30%는 당시 러시아와 우크라이나, 벨라루스 지도자들의 무책임하고 근거 없는 소련 해체 합의를 소련의 붕괴 원인으로 꼽았으며, 28%는 소련에 적대적인 외세의 음모를 원인으로 지목했다. 이와 함께 소비에트 노스탤지어 현상이 러시아 사회에 적잖이 남아 있기는 하지만, 과거 소련 시절의 '민족 우호'와는 거리가 먼 배타적 민족주의 정서가 확산되고 있는 가운데 중앙아시아와 캅카스 출신자들의 러시아 내 존재를 원치 않는 사람들의 비중도 날로 커지고 있는 것으로 나타났다.

애국주의와 전기영화

애국주의는 2012년 푸틴 대통령 집권 3기를 전후로 해마다 제작되어 나오고 있는 러시아 '전기영화'(Biopic) 붐에서도 두드러졌다. 특히 2014년 개봉한 글레프 오를로프(Глеб Орлов)의 영화 포두브니(Поддубны)(영화 제목 표기법은?)는 1871년 제정 러시아에서 태어나 1949년 소련에서 생을 마감한 세계 레슬링계의 전설 이반 포두브니(Иван Поддубны)의 영웅적 일대기를 그린 작품으로, 러시아의 크림 병합과 서방의 대러 제재 국면에서 개봉돼 다른 전기영화들보다 훨씬 더 많은 시대적, 문화적 의미가 있었다. 이 영화에서는 포두브니가 현재의 우크라이나 자포로지예 카자크 집안에서 태어나 어린 시절을 보냈고 청년 시절에는 크림의 세바스토폴과 페오도시야 항구에서 짐꾼으로 일했다는 사실 등이 자세히 묘사돼 있다.

이처럼 포두브니에서 우크라이나가 러시아 제국의 일부였던 역사적 사실이 강조되자 우크라이나는 자국 역사와 관련된 다른 러시아 영화들과 마찬가지로 이 영화도 자국 내 상영을 금지했다. 반면 러시아에서 포두브니는 애국주의 물결에 힘입어 인기몰이를 하며 흥행에 성공했다. 또 영화 속에서 유럽 선수들이 온갖 반칙과 음모를 서슴지 않고 포두브니를 쓰러뜨리려고 했던 장면들은 유럽연합의 대러 제재와 관련한 반서구주의 정서 속에 러시아 관객들의 공분을 살만했다. 포두브니를 주인공으로 삼은 전기영화 제작과

영화 '포두브니'에서 주인공 '이반 포두브니'의 모습

출처 : www.ruskino.ru

개봉은 애국주의가 그 어느 때보다 필요한 시점에 나왔다는 점에서도, 그가 미국을 등지고 조국 소련으로 돌아오는 모습이 강조되는 점에서도, 육체와 정신 모두에 걸쳐 그의 강인한 남성적 이미지가 푸틴 대통령의 이미지와 중첩된다는 점에서도 오늘날 러시아 정부의 애국주의 문화정책과 국민통합 노력에 충분히 부응했다고 할 수 있다.

2014년 11월 초 소치 '발다이 클럽' 포럼에서 뱌체슬라프 볼로딘(Вячеслав Володин) 러시아 대통령 행정실 제1부실장은 "푸틴 없이는 러시아도 없다"고 말해 큰 반향을 불러일으켰다. 이 말에서 짐작할 수 있듯이, 이제 러시아에서 '푸틴은 우리의 모든 것'(Путин - наше всё)이 되고 있다. 이는 러시아의 현재와 미래가 모두 푸틴 한 사람에 좌우되거나 몰입되고 있는 현상을 방증한다. 이러한 푸틴 몰입 현상과 함께 애국주의 물결도 오는 5월 9일 대조국전쟁(2차 대전) 승리 70주년을 맞아 더욱 거세질 것으로 보인다. 또 최근 스몰렌스크 주 뱌지마 시에 사는 주부 스베틀라나 다비도바가 러시아 군대 이동 정보를 모스크바 주재 우크라이나 대사관에 알린 혐의로 붙잡혀 국가반역죄로 기소됐다가 논란 끝에 풀려난 데서 알 수 있듯이, 우크라이나 사태를 둘러싼 서방과의 대치 국면 속에 내부 단속과 동원 전략도 러시아 사회와 문화 전 분야에 걸쳐 더욱 강화될 것으로 전망된다. 하지만 문화 사학자이자 철학자 일리야 칼리닌이 최근 지적한 대로 애국주의 동원 위주의 문화정책은 오히려 러시아 현대화를 가로막는 걸림돌이 되고 있어 심히 우려된다.

(2015년 2월 16일 제307호)

34. 배워서 남 주자! 어느 코미 언어학자의 열정

김 혜 진

한국외국어대학교 러시아연구소 HK연구교수

2014년 6월 28일부터 8일간 필자는 러시아 북서부에 있는 코미 공화국을 다녀왔다. 사실 4년 전 연구소 프로젝트 수행을 위해 잠시 들렀던 이곳을 다시 찾게 되리라고는 기대하지 않았다. 지난해 코미 공화국에 대해 연구하는 한국 학자가 있다는 것을 우연히 알게 된 현지 학자의 초청으로, 더 정확히 말하자면 그가 소속된 러시아 과학아카데미 산하 코미 언어·문학·역사연구소의 초청으로 이곳을 다시 방문하게 됐다. 현지 학자들과 함께 진행한 현지조사는 코미 북부에 위치한 이즈마 지역에서 이뤄졌다. 수도 식팁카르에서 꼬박 하루 걸려 이동한 이즈마 지역에는 남부 코미인(코미-지랸인)과는 달리 순록사육에 종사하고, 표준 코미어와 상당히 차이가 있는 방언을 사용하는 코미-이제메츠인들이 거주하고 있다. 6일 동안 필자는 이 지역 주민들을 대상으로 민족 정체성에 대한 설문조사를 진행했고, 이즈마 강 너머 여러 시골 마을에서 순록사육자들을 인터뷰하기도 했다.

이글에서 필자는 현지조사의 세세한 내용이나 그곳의 당면한 과제, 혹은 코미 공화국의 학문적 경향 등에 관해 이야기하는 것은 피하고자 한다. 대신 굉장한 열정으로 필자에게 깊은 인상을 남겼던 한 언어학자에 관한 이야기를 할까 한다.

이즈마 지역 현지조사를 마치고 식팁카르로 돌아온 후 코미 연구소와 식팁카르 국립대의 여러 학자를 만나게 됐다. 또 지인의 소개로 코미 공화국의 '인쇄의 집'(Дом печати)이라는 곳을 방문했다. 1936년부터 코미 지역에서 나오는 각종 서적과 신문, 저널의 인쇄를 도맡아 했던 이곳은 여전히 코미 공화국 출판의 중심지로 기능하고 있었다. 이곳에는 각종 저널과 신문의 편집국과 출판사뿐만 아니라, 코미 공화국 공보실과 언어 관련 연구소들도 자리 잡고 있었다. 이곳에서 만난 예니예 라브 박사(이는 코미식 필명으로, 러시아식 이름은 끝내 알려주지 않았다)는 언어사학자이면서 코미어 중에서도 페르먀어 전문가였다.

라브 박사가 일하는 곳은 핀-우그르 정보지원 랩으로, 코미어를 비롯한 마리어, 우드무르트어, 카렐어 등 러시아의 핀-우그르어를 더 쉽게 익힐 수 있도록 정보기술 지원을 해주는 곳이다. 이곳에서는 핀-우그르어 사전을 제작하여 온라인상에서도 무료로 정보를 이용할 수 있도록 'FU-LAB'(http://dict.komikyv.ru/)이라는 사이트를 운영하고 있다. 이 사이트에서는 방문자가 사이트뿐만 아니라 앱을 통해서도 코미-러시아어 사전과 코미어 자판을 내려받기 할 수 있도록 했으며, 철자법 교정 서비스를 제공하고, 코미어로 운영되는 공식/비공식 사이트, 블로그와 같은 개인 사이트까지 모두 정리해 놓았다.

이 랩에서는 코미어와 핀-우그르어에 대한 통합 DB (http://komikyv.ru/page/about)도 제작하고 있었다. 러시아 핀-우그르어에 관한 온라인 통합 DB는 이 랩에서 제공하고 있는 DB가 유일하다고 한다. 여기서는 1920년대 이후 코미어로 출판된 저널과 서적, 교과서 등의 모든 페이지를 스캔하여 DB로 구축하는 작업도 함께 이뤄지고 있다. 1920년을 기준으로 삼은 것은 코미어의 역사와 관련이 있다. 14세기 후반 스테판 신부가 효과적인 정교 전도와 성경 번역을 위해 그리스 문자, 키릴 문자, 고대 페름어를 바탕으로 만든 코미 문자가 통용되다가 18세기에는 키릴 문자가 혼용된 문자가 지역마다 다르게 만들어져 사용되기도 했다. 1920년에서야 언어학자인 몰롯초프(В. А. Молодцов)에 의해 코미 문자와 문법이 통합되어, 이 시기부터 코미어로 된 서적이 본격적으로 출판되기 시작했다. 이 DB에서는 특정 저자의 책이 저널의 어느 호 몇 페이지에 있는지 검색할 수 있도록 했을 뿐 아니라, 각 페이지의 방문자 수도 파악할 수 있다. 필사본부터 현대 자료까지 코미어에 관한 자료를 수집하고 정리하는 모습은 문서 한 장 선불리 버리지 않고 보관하는 러시아 문서보관소가 연상되기도 했다. 이런 일들은 이 팀을 구성하는 학자들이 제안한 것으로, 이들은 계획 구상 작업부터 책을 스캔하여 DB로 구축하는 작업까지도 직접하고 있다. 이 모든 일은 코미 공화국에서조차 초등교육 과정 이후 코미어 교육을 별도로 받지 않는 코미의 어린 학생들과 젊은 세대를 위한 것이었다. 러시아 대학에 입학하고 러시아 어느 지역에서든 일하려면 러시아어를 우선해서 배워야 하는 상황에서 코미어는 명목 민족어임에도 불구하고 그 가치나 실용성이 떨어졌다고 할 수 있다.

코미어가 필요 없는 언어가 되었을지라도 민족어를 보존하고 그 언어로 책을 내는 것이 얼마나 중요한지 설명하던 라브 박사는 랩에서 진행되는 일만 하는 것이 아니었다.

코미-페르먀어(페름 주에 거주하는 코미-페르먀인의 언어)에 관해 연구해오던 그는 10년 이상 직접 페름 주(2005년 12월 이전에는 코미-페르먀 자치

코미 공화국의 '인쇄의 집'

출처 : 필자 제공)

구)의 여러 도시와 농촌 마을 곳곳을 돌아다니며 자료와 사진을 축적해왔다. 그는 이 작업을 개인의 연구를 위해서만 사용하지 않고, 온라인 백과사전인 위키피디아에 코미-페르먀어로 된 페이지(http://koi.wikipedia.org/)를 만들어 자신의 모든 지식을 공유하기 시작했다. 라브 박사는 약 2년 전부터 10년간 자신이 축적한 자료를 정리하여 온라인에 지속해서 갱신하고 있다고 한다. 현재 코미-페르먀어 위키피디아에 올라와 있는 모든 글과 사진은 그가 직접 모은 자료들이다.

사업적 목적이나 이득 때문이 아니라 순수하게 학자적 열정과 언어학자로서의 사명감만으로, 개인적인 비용과 엄청난 시간을 소비하며 이 작업을 꾸준히 해오고 있는 라브 박사를 보니 뭔가 복잡한 심경이었다. 라브 박사의 열정과 노력은 전공영역은 각기 다르지만, 학자적 존경심을 불러일으키는 동시에, 소위 '돈이 되지 않는' 일은 하지 않거나, 학자적 열정으로 무언가 시작했다가도 항상 바쁜 업무로 손을 놓게 되는 일이 빈번한 필자를 부끄럽게 만들었다. 그의 서재는 고작 책상 세 개가 놓여있는 작은 방이었지만, 그 안에서 일어나고 있는 일은 민족어 보존과 발전에 큰 씨앗이 되지 않을까?

(2014년 8월 18일 제281호)

35. 뉴아르바트 거리의 상징 건물 매각으로 본 정치경제학

변 현 섭

한양대학교 아태지역연구센터 HK연구교수

모스크바의 중심지인 아르바트 거리는 관광지로서 한국인에게도 낯설지 않은 곳이다. 이 구아르바트 거리와 나란히 새롭게 건설된 거리이기 때문에 뉴아르바트(1994년 이전까지는 소비에트 시절의 유명한 혁명가 칼리닌의 이름을 따 칼리닌 대로로 불렀다)로 불리는 이곳에 한국의 롯데백화점과 롯데호텔이 들어서면서 한국인들에게 더욱 친숙한 지역이 되었다.

뉴아르바트 거리는 1960년대 흐루쇼프의 주장에 따라 정부 건물들이 건설되면서 생겨난 도로이다. 건설 당시 이 지역의 역사적 기념물과 건축물들이 적지 않게 파괴되었고 그 자리에 현대적 고층 빌딩들이 들어섰다. 도로의 짝수 번지 쪽에는 24층짜리 5개 아파트가 들어섰고 그 아파트 사이사이에 영화관 옥탸브리(10월)와 모스크바 최대 서점인 돔 크니기가 지금도 있다. 이들 고층 아파트들에는 고위급 관료들과 유명 예술가들만 거주할 수 있었다. 그리고 도로의 홀수 번지 쪽에는 4개의 26층짜리 건물이 1968년에 완공됐는데, 모두 똑같이 펼쳐진 책 모양을 하고 있어 돔-크니시카(Дом-Книжка, 책 모양 건물)라는 별칭이 붙어 있다. 또 이 4개 건물의 저층부 2층은 모두 연결되어 있어 4개 건물이 도로에서 차지하는 길이가 850m에 달한다.

이러한 뉴아르바트 거리가 건설될 당시에는 도시 미관을 해친다며 비난이 쇄도했고 모스크바 시의 의치(false teeth)와 같은 존재로 인식되었다. 그러나 약 반세기가 지난 지금은 뉴아르바트 거리에서만 아니라 모스크바 시에서도 없어서는 안 될 상징물이 되었다. 또 현재 건물 외벽에 새로운 광고 기술인 미디어스크린이 설치되어 있어 야간에 다채롭고 화려한 영상을 선보이며 뉴아르바트 거리를 수놓고 있다.

이 건물들은 모스크바 시 정부 소유로 시 정부의 많은 부서와 공공기관 사무실, 일반 상업 시설로 이용되고 있다. 그런데 모스크바 시가 이 4개의 쌍둥이 건물 가운데 2개를 1억8백만 유로에 매각하기로 했다. 10월 말 11월 초 매각을 위한 입찰을 진행할 예정이다. 모스크바 시는 시가 보유하고 있는 비업무용 자산을 매각하는 차원이라고 설명하고 있으며 새로운 소유주에게 이 건물을 호텔로 개조하도록 하여 2018년 월드컵에 참여하는 관광객용으로 활용할 계획이다.

문제는 이들 건물의 저층부 상업용 시설과 일부 층이 이미 개인의 소유여서 건물을 통째로 매각하는 데 걸림돌이 되고 있다는 것이다. 모스크바 시는 시가 소유한 지분만큼 매각하고 민법에 규정된 사적 소유권도 보장되어

뉴아르바트 거리 전경

출처 : www.vedomosti.ru

야 한다는 태도다. 그러면서 새로운 건물주가 개인 소유주와 문제를 해결해야 한다는 것이다. 그리고 현재 사용 중인 임차인들과의 계약 해지 및 이전 문제도 새로운 소유주가 해결해야 할 사항이라는 입장이다. 집주인이 집을 팔면서 자신의 세입자와 일부 소유권을 가진 사람에 대해 아무런 대책도 없이 모든 것을 새로운 집주인에게 다 떠넘기는 꼴이다. 새로운 소유주가 기존의 모든 세입자의 계약 기간을 고려해서 협상하기에는 시간이 너무 많이 걸리고 특히 일부 개인 소유권이 있는 공간의 매입을 위해서는 시장 가격보다 비싼 비용을 내야 한다. "건물이 비어 있었으면 더 높은 가격에 팔 수 있었을 것이다"라는 식의 모스크바 시 자산국장의 대답을 보면서 월드컵 개최를 위해 필요한 호텔 객실 수를 확보하는 것은 행사를 진행하는 모스크바 시의 역할이지 민간이 대신해주는 것이 아니라는 사실을 알고나 있느냐는 느낌이 든다.

이러한 소유권 및 계약 문제와 관련된 모스크바 시의 입장과 함께 또 한 가지 문제는 왜 4개의 건물 중 정부에 비판적인 대표적인 언론사, 정확히는 라디오 방송국인 '에호 모스크비'(Эхо Москвы, 모스크바의 메아리)가 임차해 입주해 있는 건물을 매각하느냐는 것이다. 모스크바 시 당국은 라디오 방송국이 입주해 있는 건물의 매각이 정치적인 간섭이나 방송국 죽이기로 비칠까 매우 신중한 모습이다. 그러면서 모스크바 시는 라디오 방송국 측에 새로운 입주 장소를 물색하고 이전하는 데 적극적으로 돕겠다고 하지만, 방송국 측은 올해는 방송국 이전 비용이 예산에 잡혀 있지 않아 곤란한 상황임에도 어쩔 수 없이 비워줘야 한다는 반응을 보이고 있다. 한편, "'모스크바의 메아리'는 '우호 모스크비'(Ухо Москвы, 모스크바의 귀)다"고 할 정도로 라디오 방송국 영향력 1위 매체이며 모스크바 시민 90만 명 등 전국 약 270만 명이 매일 청취하고 있다. 자유민주주의 가치를 대변하는 방송으로 정부의 여러 가지 정책을 비판하는 것으로 유명하다.

이런 가운데 세르게이 소뱌닌 모스크바 시장이 지난 5월 중국 방문 당시 이 프로젝트에 투자를 권유했다는 소식이 알려지자 네티즌들은 크레믈도 당장 중국에 팔아 버리라고 비아냥거렸다. 약 4년 동안 모스크바 롯데백화점에서 근무하면서 항상 걸었던 거리의 건물 매각 기사를 보면서 다시 한 번 모스크바 시, 아니 러시아 정부의 업무 태도와 교묘한 정치적 술수를 보게 된다. 모스크바 시내의 금싸라기 땅에 알짜배기 건물 매각이 한국 강남의 한전부지 매각 때와 같은 대박의 기회가 될지 아니면 소유권 및 임차인과 관련된 복잡한 문제 때문에 입찰이 무산될지 두고 볼 일이다.

(2014년 11월 10일 제293호)

36. 3월 8일 여성의 날: 역사와 현재

신 동 혁

국민대학교 유라시아연구소 연구원

"오, 러시아 여성들이여, 국가의 말들을 이끄시오!"

국가는 조국이나 모국이라고 불린다. 러시아어 '로디나'(родина)는 고향을 뜻하는 여성형이며, '어머니-러시아'(Мать-Россия)는 국가의 상징이다. 이 모국의 여성은 강하고, 고되게 일하면서도 아이를 기르고, 고난을 감내하는 러시아의 진정한 주인공이다. 그들이 국가의 모든 것을 지탱하고 있는 것이다. 이러한 상황은 러시아의 문학 작품이나 소련 시기의 포스터에서도 쉽게 발견할 수 있다. 실제는 어떠한지 러시아의 국가 기념일인 '여성의 날'을 통해서 살펴본다.

역사 속의 '여성의 날'

소련 시절과 현대 러시아에서도 대표적인 국가 기념일인 러시아 '여성의 날'의 역사는 1857년 3월 8일 미국 여성 노동자들과 1908년 1만 5천여 미국 여성 섬유노동자들의 기본권 요구 시위, 1911년 3월 19일 백만이 넘는 남성과 여성들이 오스트리아, 덴마크, 독일, 스위스에서 여성의 참정권과 노동권을 요구한 시위를 모태로 한다. 여성의 날이 러시아(소련)에서 의미를 띠게 된 것은 1920년대 볼셰비키가 여성의 자유와 남녀평등을 선언함으로써 시작되었다. 당시 소련 여성들은 다른 국가에서는 없었던 법 앞의 평등을 누렸다. 이는 소련의 여성 조각가 베라 무히나가 만든 '노동자와 집단농장 여성일꾼의 동상'에 표현된 것처럼 여성들이 남자들과 나란히 낫과 망치를 들고 새로운 사회 건설에 매진하도록 격려하기 위함이었다. 1977년 소련 헌법 제35조도 "소련에서는 여성과 남성이 동등한 권리를 가진다"고 명시하면서 여성의 권리를 보장했다. 하지만 여권은 인정받기는 했지만, 보상받지는 못했다. 국가는 약속과 달리 권력을 소수에게, 그것도 대부분 남성에게 부여했다. 소련 시기 공산당 정치국에 이름을 올린 여성은 극소수에 그쳤고 군사·외교 분야에서는 거의 찾아볼 수 없었다. 예외는 있었다. 볼셰비키였던 알렉산드라 콜론타이는 1923년 노르웨이 주재 소련 대사로 임명된 세계 최초의 여성 대사였다. '유리 천장'이라는 장벽 앞에서 국가의 구호가 무력했던 것이 사실이지만, 소련 시기 '여성의 날'이 1년 중 하루 여성들이 공식적이고 사회적으로 존중받았던 날이었음은 사실이다.

오늘날 '여성의 날'

소련 해체 이후 러시아에서 '여성의 날'은 어떤 모습일까? 우선 '여성의 날'은 새로운 러시아에서도 대중적 인기를 얻고 있는 대표적인 국가 기념일이다. (참고로 소련 시기 국가 기념일인 새해(1월 1일), 세계 여성의 날(3월 8일), 국제노동자연대의 날(5월 1일~2일), 승전일(5월 9일), 소비에트사회주의공화국 헌법의 날(10월 7일), 위대한 10월 사회주의 혁명 기념일(11월 7~8일) 중에서 새해, 여성의 날, 승전일만 소련 시절의 모습을 그대로 유지하고 있다.)

오늘날 러시아에서는 혹시라도 '여성의 날'인 3월 8일 직전 일주일 동안 러시아에 머물게 된 사람이라면 러시아 여성을 부러워하게 될지도 모른다. 지금은 모스크바에 대형 상점이 많지만, 이런 상점이 드물었던 1990년대에는 '여성의 날'이 임박하면 몇 안 되는 대형 백화점이나 상점들은 인파로 붐비거나 주변 지역은 교통 혼잡을 겪을 정도로 엄청난 규모의 소비 활동이 진행됐다. 러시아인들이 1년 중 새해를 제외하고 지출을 가장 많이 하는 때가 3월

3월 8일 여성의날 포스터

출처 : https://yandex.ru/images/

8일이다. 3월 8일 전날에는 심지어 '시콜라'(школа, 우리의 초등, 중등, 고등학교 2학년) 여학생들조차도 손에 선물 봉지나 꽃다발을 들고 있는 모습을 발견할 수 있다. 손에 선물이 없는 여성이 이상해 보일 정도다. 이 기간에 러시아에 머물고 있는 유학생, 상사직원이라면, 심지어 출장자도 선생님이나 러시아인 직원, 여성 사업 상대를 위해 반드시 꽃을 준비해야 한다. 여성들이 선호하는 대표적인 선물은 빨간 장미다. 물론 장미로 끝나는 것이 아니고 초콜릿, 향수, 액세서리 등이 추가되지만, '여성의 날' 꽃 소비량은 상상을 초월하는 수준이다. 한편 러시아에서 여성이 처한 실상을 아는 사람들은 "여성의 날은 러시아 남성들이 나머지 365일 동안 자신의 여자를 대하는 마음가짐을 고쳐먹는 날"이라고 꼬집는다.

러시아 여성들이 처한 현실은 구타와 낙태, 미혼모, 유리 천장으로 요약할 수 있다. 특히 가정 내 폭력 문제는 러시아에서 여성들의 권리 찾기가 얼마나 먼 길인지 보여준다. 2010년 조사에 따르면 낙태율은 2004년 1,610,500명, 2008년 1,236,400명으로 2008년 기준 1만 명당 87명으로 유럽 국가 중에서 월등히 높았다. 미혼모 문제는 사생아 문제로 연결되는데 2000년 기준 신생아의 1/3이 미혼모에서 태어났다. 한편 러시아 사회에서 여성들의 유리 천장 지수(glass ceiling index)는 어떨까?

러시아 사회의 '유리 천장'

여성의 고위직 진출 등을 막는 사회적 장벽을 뜻하는 러시아 사회의 '유리 천장' 장벽은 더욱 강화되는 양상을 보인다. 소련 시기부터 여성들의 직업 비중은 의료와 교육계, 식품과 사회사업에서 절대적이었다. 소련 해체 이후에는 섬유, 의류나 여행업으로 진출이 활발해졌다. 소련 시기처럼 러시아 여성들에게 맞벌이는 일상화되어 있지만, 여성들이 관리자나 경영자의 지위에 오르는 일은 과거에만 아니라 지금까지도 어렵기만 하다. 완전한 성적 평등은 건설 현장과 농장 노동, 거리 청소, 제설 작업 등 급여가 낮은 일에서만 실현됐다는 말이 나올 정도다. '야블로코당'의 갈리나 미하일로브나는 월급을 많이 받는 자리일수록 남성들이 압도적으로 많으며, 러시아의 여성 장관 수는 세계에서 70위로 에티오피아와 토고 수준이라고 말했다. 이런 가운데 여성의 활동이 두드러진 분야는 시민사회 분야로 특히 여성의 활동이 증대되고 있다.

여성의 날 vs. 남성의 날

여성의 날보다 13일 이른 2월 23일은 '조국 수호자의 날'로 소련 시절만 아니라 오늘날 러시아에서도 법정 국가 기념일로 지정되었다. 서구에서 러시아로 들어온 '세계 여성의 날'과 달리 '조국 수호자의 날'은 순수 러시아산 국경일이다. 이 기념일은 소련 시기에 국가의 적극적인 확산 정책으로 널리 퍼졌다. 최근에 와서는 기념일에서 전쟁 요소가 줄어들고 전체 남성의 기념일 성격을 띠게 되었다. 남성 모두가 조국 수호자라는 관점이다. 현재 '조국 수호자의 날'은 '세계 여성의 날'과 비교되곤 한다. 가장 큰 이유는 기념하는 방식의 유사성에 있다. 두 기념일은 앞으로도 지금과 같은 방식으로 기념될 것이다. 두 기념일이 러시아 국민의 대중적 기념일이 된 이유는 정치성이 약화된 데에서 찾을 수 있다. 애초 2월 23일은 3월 8일 '세계 여성의 날'과 전혀 관련 없었다. 2월 23일은 시간이 흐르면서 러시아 사람들의 의식 속에서 '모든 남성의 날'이 되었는데, 이렇게 된 데에는 앞서 언급한 이유 외에도 3월 8일 '여성의 날'에 맞대응하려는 남성들의 속마음이 있었던 게 아닌가 싶다. 또 역설적으로 소련 시기나 지금도 '여성의 날'이 국가적으로, 사회적으로 중요한 국가 기념일이라는 것은 여성의 권리가 그만큼 여전히 보장되고 있지 못하다는 방증이라는 생각이 든다.

(2015년 3월 9일 제310호)

37. 미국 소비에트학(Sovietology)의 사례로 본 용역학(Serviceology)적 지역학의 문제점

구 자 정

대전대학교 역사문화학과 교수

주지하듯 1991년 소련의 해체는 단순히 냉전의 종식만이 아니라 근대의 종언을 알리는 역사적 대사건이었다. 20년 이상이 지난 현시점에서 소련의 해체가 가져온 충격파는 이미 퇴색된 지 오래지만, 거인 소련의 갑작스러운 붕괴를 러시아와 소련을 연구하던 당대의 지역학 전문 연구자 중 누구도 예측하지 못했다는 사실은 오늘날에도 관련 연구자들 사이에 여전히 충격적인 기억으로 남아 있다. 물론, 소련 체제의 몰락을 예측했던 이들이 전혀 없었던 것은 아니었다. 일찍부터 소련의 민족문제에 극소수의 통찰력 있는 연구자들은 소비에트 체제 내 점증하는 구조적 모순이 궁극적으로 소련 체제의 위기를 가져오리라고 예측하고 있었지만, 이들의 예측은 '언제'와 '어떻게'에 대한 구체성이 결여된 추상적인 분석에 불과하여 소련이라고 하는 거인이 그렇게 순식간에 소멸하리라고는 누구도 상상하지 못했다.

돌이켜보면 소비에트 체제가 종말을 맞이하는 마지막 순간까지도 절대다수의 러시아/소련 연구자 사이에서 지배적인 견해는 소비에트 체제의 미래에 대한 낙관적 전망이었다. 그 무렵 출간된 당대 유수의 러시아/소비에트 지역학 연구저널(예컨대, Slavic Review와 Soviet Studies(현 Europe-Asia Studies)와 같은 전문 학술지)의 지면은 페레스트로이카와 글라스노스티 정책이 가져온 (그들이 보기에는 바람직한) 변화의 물결, 베를린 장벽의 붕괴, 냉전의 종식, 러시아의 민주화, 형식적 연방이 아닌 실질적 연방으로의 소련 체제의 전환, 이른바 "인간의 얼굴을 한 사회주의"로의 진보 등등 소련 체제의 장밋빛 미래를 전제하며 그리는 (또는 희망하는) 논문들로 채워졌고, 소련이 역사의 무대에서 공식 퇴장하는 1991년 겨울 바로 그 시점까지도 이들 유수 학술지에는 한층 가속하던 고르바초프의 개혁(정확히는 도박)을 찬양하고 이에 저항하는 반동적 보수파를 비판하며 개혁을 통해 실질적 연방으로 "재건되어 가던" 상황을 다루는 다수의 논문이 출간을 기다리고 있었다. 1991년의 역사적 대격변은 20세기 러시아에서 실현된 현실 사회주의 체제의 붕괴만을 가져오지 않았다. 1991년의 대사건은 소련의 해체와 더불어 그 체제의 정치, 경제, 사회를 분석하고 그 체제가 자리한 지역의 역사와 문화, 언어를 연구하던 특정 '학문 분야'를 덮친 대파국의 도래를 의미하기도 했다.

그 학문 분야는 과연 무엇이었던가? 러시아/소비에트 지역이라고 하는 특정 지역을 중점적으로 파고들던 이 학문 분야는 오늘날의 우리에게 '소비에트학'(Sovietology)이라는 이름으로 더욱 잘 알려져 있다. 비록 현재는 점증하는 중국 연구자의 수에 밀려 추월당한 지 오래지만, 미국에서 러시아/소비에트 지역학은 - 적어도 과거의 유산이 유지된 1990년대 후반까지는 - 거의 모든 미국 대학에서 인문사회과학 분야의 단일 지역 전공으로는 가장 많은 전공자 수를 자랑하며 학계에서 가장 주목받던 학문 분야 중 하나로, 그 번영의 흔적은 필자 자신이 직접 목격하고 경험한 바 있다. 예컨대, 필자가 공부했던 일명 버클리 대학(University of California at Berkeley)에서는 미국 외 특정 지역을 다루는 관련 전공 중 대학 내 인문사회과학 분야 전체를 통틀어 한때 가장 방대한 규모의 교수진과 연구 인력을 자랑했던 분야가 다름 아닌 러시아/소비에트 지역학이었다. 버클리 대학 사학과의 사례를 보면, 자국사인 미국사를 제외하면 단일 국가 전공으로 가장 많은 교수진을 자랑한 분야가 바로 러시아/소비에트사 전공으로, 1990년대 후반까지만 해도 이 대학 사학과에는 무려 네 명의 러시아/소비에트사 전문 연구자(니콜라스 랴자놉스키), 마틴 말리아, 레지날드 젤닉, 유리 슬레즈킨)가 학과 내부에서는 물론이고 대학 내 인문사회과학 분야 전체에서도 막강한 영향력을 행사하고 있었다. 사학과만 아니라 정치학과와 사회학과, 인류학과, 언어학과에서도 러시아/소비에트학 연구자들은 학과의 중심이었으며, 1957년에 설치된 버클리 대학 부설 슬라브동유럽학연구소(Institute of Slavic and East European Studies)는 수십 명의 소속 교수진과 수백 명의 관련 분야 대학원생으로 구성된 학내 최대 규모의 지역학 연구소로서 교내 러시아/소비에트학 연구의 총본산 역할을 담당했다.

주지하듯 러시아/소비에트 지역학이 누리던 이처럼 지배적인 위치는 미국 전역에서 발견되는 현상이었다. 인접 스탠퍼드 대학은 물론이고 컬럼비아와 하버드, 예일을 아우르는 동부의 아이비리그 대학들에서도, 시카고 대학과 미시간 대학, 인디애나 대학이 자리한 미국 중부에서도, 캔자스 대학과 노스캐롤라이나 대학을 필두로 한 남부권에서도 한때 가장 많은 연구 역량과 자원이 투입된 분야가 바로 러시아/소비에트 지역학이었기 때문이다. 그중에서도 동부 지역의 경우 러시아/소비에트 지역학의 영향력은 학계만 아니라 정관계까지 아우르는 전방위적인 영향력을 행사하고 있었다는 점에서 주목할 만하며, 특히 거대 규모의 러시아/소비에트 지역학 연구소가 자리했던 컬럼

30년 전 미하일 고르바초프가 소련 공산당 서기장으로 선출되면서
러시아와 세계의 운명을 바꾼 변화가 시작됐다.

출처 : www.ria.ru

비아 대학과 하버드 대학은 국무성과 국방성에서 중앙정보국(CIA)에 이르는 미국 행정부 조직의 수많은 구성원을 배출했던 미국 관료 집단의 산실이었다. 냉전기 미국 외교정책의 그랜드 마스터로 꼽혔던 조지 케넌에서 닉슨 대통령 시기 데탕트 정책의 입안자이자 중·미 수교의 주역이었던 헨리 키신저, 카터 시대의 즈비그뉴 브레진스키에 이르기까지 미 행정부의 주요 요직을 담당했던 이들도 거의 예외 없이 러시아/소비에트 지역을 전공한 지역학 연구자였을 정도로 러시아/소비에트 지역학이 누린 번영의 자취는 러시아/소비에트 정치 전공자가 국무장관직을 맡고(콘돌리자 라이스) 소비에트사를 전공한 현직 역사학자가 국방 장관직을 맡았던(로버트 게이츠) 최근의 사례를 통해서도 여전히 확인되고 있다.

그렇다면 한때 미국의 인문사회과학 분야를 주름잡으며 수십 년간 번영했던 이렇게 거대한 학문 분야가 엄청난 규모의 재정적 지원과 국가적 관심에도 불구하고 소련 해체라는 역사적 격변의 도래를 전혀 예측하지 못했던 것은 도대체 어떤 이유에서였던 것일까? 필자는 그 해답을 러시아/소비에트 지역학의 '용역학적' 기원과 본질에서 찾고 싶다. 미국의 러시아/소비에트 지역학은 '소비에트학'(Sovietology)이라는 별칭이 보여주듯이 러시아나 동유럽 지역 자체에 대한 탐구보다는 이 지역에 등장한 현실 사회주의 정치체제, 즉 '소비에트 체제'를 분석하기 위한 목적으로 탄생한 학문으로, 그 성장은 전적으로 동서 냉전의 역사적 부산물이었다. 필자의 전공 영역인 역사학의 사례를 보면, 2차 세계대전 전까지 미국의 러시아/소비에트사 연구는 제정 러시아 출신의 극소수 망명 러시아 학자(특히, 제정 시기 모스크바 대학 사학과 동문으로 러시아 혁명 이후 서방권으로 망명한 하버드의 미하일 카르포비치와 예일의 게오르기 베르나츠키에 의해 독점되던 주변부의 학문에 불과했다. 전후, 특히 냉전 시기 미국의 러시아/소비에트사 연구는 폭발적으로 성장하여 1960년대 이후 미국 역사학계의 중핵으로 등장하게 되는데(1970년대 이후 미국 역사학계에서 자국사인 미국사를 제외하면 가장 많은 연구자가 존재했던 분야가 바로 러시아/소비에트사 전공으로 추정되고 있다), 이러한 성장은 전적으로 해당 분야에 지속해서 투입된 국가적 차원의 대규모 지원이 만들어낸 결과물로, 특히 국무성과 국방성, CIA를 통해 투입된 공적인 연구 지원과 멜론 재단과 포드 재단, 카네기 재단, 맥아더 재단 등에 의해 조성된 민간 연구기금의 적극적인 재정적 뒷받침은 역사학을 포함한 거의 모든 인문사회과학 영역에서 소비에트학의 성장에 결정적으로 이바지했다. 물론, '권력'과 '자본'의 지원은 공짜가 아니었다. 애초 "공산당 정치국과 레닌, 스탈린 연구"를 독려하려는 의도로 시작된 이러한 지원이 푸시킨과 레르몬토프, 마야콥스키에 관한 연구도 폭발적으로 성장시키는 원동력이 됐던 것은 부인할 수 없는 (따라서 매우 긍정적인) 부수효과라고 할 수 있지만, 자본과 권력의 요구에 따라 만들어진 학문의 한계는 처음부터 극히 자명했다. 소비에트학은 '소련'이라고 하는 적을 알고 상대하기 위한 용도의 '용역학'으로 탄생하고 성장하며 번영했던 학문이었기 때문이다.

이처럼 소련이라고 하는 '적'의 행태를 이해할 목적으로 태동한 학문이 막상 소련 체제의 위기 징후들을 무시함으로써 원래 의도한 '용역 임무' 수행에 실패한 것은 확실히 역사의 아이러니가 아닐 수 없으며, 소련 해체라는 역사적 대사건에 대한 예측의 대실패는 '용역학'으로서의 지역학이 가지는 문제점과 한계가 극명하게 나타난 결과였다고 할 수 있다. 애초 국방성이나 국무성, CIA로부터의 연구비 지원을 통해 나온 연구에서 해당 연구비 지원 기관의 의도와 목적에 반하는 연구 결과물을 기대하기란 어려웠고, 이렇게 나온

"CIA의 존재가치는 아이러니하게도 강력하고
안정된 소비에트 체제의 존재를 필요로 했다."

출처 : www.paranormalhaze.com

'용역학적' 연구 결과물은 연구비 지원 기관의 존재 이유 또는 각 조직이 맡은 프로젝트의 필요성을 학문적으로 정당화하는 역할을 담당했다. 소비에트학이 가진 이러한 용역학적 메커니즘의 결과는 냉전의 주요 특징으로 흔히 꼽히는 '적대관계의 상보성'이란 개념으로 파악될 수 있다. 가령, 소비에트학의 가장 중요한 연구 용역 발주 기관 중 하나였던 CIA는 적성국가 소련을 냉전의 최전선에서 상대하는 기관이었지만, 비밀작전을 위한 막대한 예산 사용과 거대 조직의 유지를 정당화하는 CIA의 존재가치는 아이러니하게도 강력하고 안정된 소비에트 체제의 존재를 - 그것이 실제 사실이든 아니든 - 필요로 했다.

이와 동일한 이유로, 강력하고 안정된 소비에트 제국도 미 국방성이 군비 유지를 위해 사용하던 엄청난 예산과 조직 규모를 합리화하는 데서 필수불가결한 존재였다. 따라서 1991년 소련 해체와 함께 도래한 파국 직전까지 대다수 소비에트학 연구자가 그리던 소련 체제의 모습이, 누적되는 체제의 모순과 개혁으로 야기된 구조적 불안정성을 도외시한 채, 여전히 안정적이고 강력하며 개혁을 통해 장기적으로는 더욱 강력해질 "제국의 장밋빛 미래"로 일관되었던 것은 "현상을 실제 있는 그대로 보지" 않고 "자본과 권력이 원하는 모습으로 보아야 했던" 소비에트학의 용역학적 한계가 만들어낸 당연한 결과물이었다.

소비에트학의 사례가 보여주는 교훈은 자명하다. 그것은 학문의 탐구가 권력과 자본의 요구에 종속되지 않은 채 독립적이고 '비판적으로' 수행돼야 한다는 것이다. 지역학 본연의 학문적 탐색을 퇴행시키는 '용역학'의 위험성은 비록 위기의 원인과 배경이 다를지라도 한국의 러시아/유라시아 지역학 연구자들도 곱씹어볼 필요가 있다고 본다. 예컨대, 필자의 소견으로는 "(정부 시책인) 자원외교를 어떻게 수행해야 하느냐"가 아니라 "자원외교가 정말로 필요하고 타당하냐"를 묻는 학문적 탐색이 "한·러 관계를 어떻게 진전시키고 개선할 것이냐"가 아니라 "한·러 관계의 개선과 진전이 정말로 필요하냐"에 대한 근본적인 회의야말로 한국의 러시아/유라시아 지역학 연구가 탐색해야 할 더 근본적인 문제로 판단된다. 하지만 최근의 우리 학계에서는 학문적 차원의 비판과 고민보다도 외부에서 요청하는 용역학적 의제를 어떻게 수행하느냐를 고민하는 데 더 치중하고 있는 듯한 경향성이 필자 자신을 포함한 연구자들 사이에서 관측되고 있다. 미국의 소비에트학은 '정치국원의 성향, 소련 외교정책의 의도, 레닌과 스탈린 연구'를 목적으로 출범했다는 한계가 있었지만, 그와 동시에 고골, 레르몬토프와 마야콥스키에 관한 연구도 크게 활성화하는 '부수적이나 의미 있는' 긍정적 효과도 보여주었다. 우리의 지역학계에서도 '칼미크인 연구,' '제정 러시아 신분제,' '안나 아흐마토바'와 '아나톨리 리바코프'에 대한 탐구가 '한·러 관계 우호 증진'이라든가 '시베리아 개발과 한국 기업의 중앙아시아 진출,' '유라시아 송유관'만큼이나 (어떤 의미에서는 더) 중요한 지역학 연구의 문제적 화두가 될 수는 없는 것일까? 자본과 권력이 요구하는 '정책적' 또는 '용역학적 퇴행'의 함정에서 벗어나 치열한 문제의식에 입각한 제도와 관행, 체제에 대한 철저한 학문적 비판이야말로 인문학이나 사회과학으로서의 지역학이 수행해야 할 사회적이고 학문적인 책무가 아닐까? 필자가 이 글을 통해 필자 자신에게 던지고 싶은 자기 반성이자 질문이다.

(2015년 3월 30일 제313호)

38. 2014년 경제제재 에필로그, 러시아 국민의 생각은?

최 우 익

한국외국어대학교 러시아연구소 HK교수

2011년 총선과 2012년 대선 과정에서 보여준 러시아 국민의 부정선거 규탄과 반정부 시위는 자국민은 물론 세계를 놀라게 한 사건이었다. 이게 과연 갑작스러운 것이었을까? 준비된 것이었을까? 또 일회성으로 그칠 것인가? 언젠가 다시 일어날 것인가? 이런 의문들은 지금도 여전히 우리의 궁금증 가운데 하나로 남아 있다.

그런데 2014년 러시아의 크림 병합과 우크라이나 분쟁, 그 뒤에 이어진 서방의 대러 경제제재, 게다가 2015년 2월 겨울 끝자락에 터진 반정부 야당 정치인 보리스 넴초프(Борис Немцов) 전 부총리 피살 사건 등 일련의 사태는 또다시 우리의 궁금증을 키우고 있다. 러시아 국민은 지금 어떤 생각을 하고 있을까? 그들은 어떤 행동을 준비하고 있을까? 몹시 궁금하기는 해도 이에 대한 명쾌한 답변은 아마 누구도 제시하기 어려울 것이다.

다만 시계를 좀 되돌려 과거에 일어난 일을 현재 상황에 대입하며 궁리해 보고자 한다. 먼저 3년 전으로 돌아가 보자. 2011년 말과 2012년 상반기에 걸쳐 수도권은 물론 전국 각 지역에서 일어난 집회와 시위는 일단 '부정선거 규탄'이라는 정치적 이슈를 계기로 촉발됐으나, 여기서 더 나아가 반정부적, 혹은 반푸틴적 성격으로 확대됐다. 하지만 결국 푸틴이 대통령에 당선되고 그러한 현실이 국민에게 기정사실로 받아들여지면서 그 사태는 그냥 그렇게 마무리됐다. 물론 이러한 마무리에는 소위 불법적이고 반국가적인 시위와 시민단체를 규제하는 법안 제정이 한몫했다.

러시아 국민의 집단행동이 푸틴 시대에 들어와 2012년에 처음 일어난 것은 아니다. 시계를 더 되돌려 보면 이보다 규모는 작지만, 예를 들어 2005년의 지방 시위, 2008년 이후 몇몇 기업에서 일어난 파업 등이 있었다. 2005년의 시위는 2004년 복지개혁안에 대한 국민적 반감에서 기인했는데, 특히 지방에서 위기의식이 강했다. 그리고 2008년 세계 금융위기 상황에서 정부의 타개책이 무위로 그치고 경제 사정이 악화하자 민심이 크게 흔들리며 곳곳에서 파업이 일어났다. 그런데도 국가에 대한 온정적 태도와 부권주의 의식 때문에 러시아 국민은 쉽사리 반정부적 저항이나 행동으로 나서지 못하리라는 것이 학자들의 일반적 의견이었다. 즉, 웬만해선 반정부적 행위를 할 수도 없고, 하더라도 그것은 산발적이거나 국지적이리라는 것이다. 그러다 2012년에 터진 전국적 시위를 보고 세계는 깜짝 놀랐다. 하지만 이러한 '깜짝 놀람'이 무색하게 평소 설문조사에서는 '반정부 시위에 참가하지 않겠다'는 응답 비율이 2000년대 줄곧 70~80%대였으며, 더 나아가 2012년을 지나 2014년에도 여전히 84%의 응답자가 이렇게 답하고 있다(레바다 센터 설문조사). 그래서 여전히 기존 학자들의 의견은 어느 정도 유효한 것으로 보인다.

하지만 그렇다고 현재 국가가 이룩해 놓은 삶의 모습에 대해 러시아 국민이 결코 만족스럽게 생각하고 있지는 않다. 이것은 "당신은 러시아의 경제 상황을 어떻게 평가하는가?"라는 물음에 대한 답변에서 단적으로 나타난다. "경제 상황이 좋다"고 평가하는 비율은 1990년대 내내 5%도 되지 않았고, 2000년대에 점차 상승하다 2006년에 겨우 10%대에 진입하기 시작했다(그래프에서 가장 아랫선). "경제 상황이 나쁘다"고 평가하는 비율은 1990년대 전반적으로 60~70%대였고 1998년 모라토리엄 사태 때는 90%가 넘을 정도였다(그래프에서 가장 윗선). 그러다 2000년대에 들어와 부정적 평가 비율은 급속히 낮아져 20% 이하로 떨어졌다. 하지만 2008년 세계 금융위기 때 또 한 번 고비를 맞아 부정적 평가 비율은 2009년에 40%가 넘었다. 하지만 그 이후 부정적 평가 비율은 다시 낮아져 2014년 초반 20% 이하로 떨어졌다. 이는 세계 금융위기 직전의 수준을 회복한 것이며, 그래서 장밋빛 미래

"당신은 러시아의 경제상황을 어떻게 평가하는가?"

출처 : 레바다 센터 Общественное мнение - 2014. с. 51

가 다시 보이는 듯했다.

그런데 놀랍게도 2014년 말까지 수개월 만에 부정적 평가 비율은 40%를 넘어 세계 금융위기 당시 러시아 국민이 느낀 위기감과 동일한 수준으로 되돌아갔다(그래프에서 2008년과 2014년의 굵은 직선은 필자가 표시한 것임). 러시아의 전문 여론조사 기관 레바다 센터(Левада Центр)는 다양한 수준의 12개 질문을 종합하여 '사회 분위기 지수'를 산출하고 있다. 이 지수는 2009년 3월 75포인트였는데, 2015년 2월에도 같은 수치를 기록 중이다. 이것도 역시 지금의 사회 분위기가 2008년 세계 금융위기 때와 동일한 수준으로 좋지 않음을 보여주는 증표이다.

이것이 바로 현재 서방의 경제제재로 야기된 러시아 현실의 모습이다. '2008년 세계 금융위기'는 '2015년 러시아만의 위기'로 계속 이어지고 있다. 그런데 진짜 문제는 이것이 바닥을 친 상황이 아니라 여전히 진행 중이며 그 관성과 속력이 유지되고 있다는 점이다. 그래프에서도 볼 수 있듯이 경제에 대한 부정적 평가 비율은 위로 치솟고 있다. 이는 사회 분위기 지수 그래프에서도 똑같은 모양새로 나타난다. 물론, 국민이 이 상황에 잘 적응하여 불만이 어느 수준까지 가다 멈출지, 아니면 갑자기 어떤 돌발 상황으로 흐름이 역전될지 모르지만, 적어도 2008년 경제 위기 때보다 현재 국민의 경제와 사회에 대한 느낌은 더 악화할 것이 분명해 보이며, 이는 그만큼 러시아 국민의 현실이 척박해지리라는 것을 예고한다. 실제로 물가 인상, 해고, 임금체납, 파산과 같은 부정적 사회·경제 현상은 현재 러시아 국민의 일상이 되고 있다.

그런데도 역설적으로 푸틴의 지지율은 고공행진을 하고 있다. 2014년 크림 병합과 우크라이나 분쟁 과정에서 고양된 애국주의의 물결 속에서 푸틴의 지지율이 80%를 넘나든다는 사실은 언론을 통해 계속 보도됐다. 혹시 넴초프 사건으로 푸틴의 정국 운영에 차질이 있지 않을까 우려했는데 이마저도 기우에 불과했다. 넴초프는 2월 27일 피살됐는데, 레바다 센터 조사에 따르면 푸틴 지지율은 2015년 2월 86%였고, 3월에는 85%를 기록했다. 경제

2015년 3월 2일 모스크바에서 진행된 보리스 넴초프 전 부총리 추모 집회

출처 : www.tass.com

적 고통이나 넴초프 사건 모두 푸틴과 국가에 대한 국민 지지율에 특별한 영향을 주지 않고 있다.

그렇다면 국민의 경제적 고통은 푸틴의 지지로 계속 치유될 수 있을까? 그동안 어쨌든 계속해서 경제적 고통과 푸틴 지지 현상이 공존해 왔기 때문에 선뜻 이것을 부정하기 힘들다. 하지만 일군의 학자들은 다른 견해를 제시하기도 한다. 이러한 견해에 따르면 2011년 12월 시민 불복종 행위는 처음에 권력에 대한 저항이 아니라 '깨끗한 선거를 위하여'라는 제도 개선 차원에서 시작됐다. 하지만 사회·정치적, 사회·경제적으로 누적된 국민의 불만은 매우 팽배한 상태여서 이것으로 멈춰지지 않았다. 일상생활의 모든 영역(주택, 의료, 교육, 연금, 법질서 등)에 널려 있는 수많은 문제점으로 대중은 이미 폭발 임계점에 닿은 상태였다.

또한, 국민 의식의 변화는 일정한 사회적 학습을 통해 이뤄진다. 사회·경제적 불만 속에서도 국가에 대한 기대로 미래에 대한 희망이 그동안 유지되어 왔지만(게다가 푸틴의 2000년대 1, 2기 집권은 이러한 희망을 더 심어주었다), 몇 차례 위기를 겪으며 희망과 실망이 교차하게 되고, 이 과정에서 국가의 의무와 책임, 더 나아가 국가와 사회의 관계에 대한 재조명이 국민 의식 속에 싹트기 시작했다. 이러한 전조를 거쳐 결국 2011년과 2012년에 이르러 전국적인 저항 시위 사태가 일어난 것으로 풀이할 수 있다.

사회학자 데니스 볼코프(Денис Волков)는 과거에는 쉽게 예상할 수 없었던 이러한 전국 규모의 집단행동이 사실 무엇보다도 러시아 국민의 사회·경제적 불만에서 기인한 바가 크다고 강조한다. 즉, 약 20여 년간 지속한 경제개혁의 성과가 국민의 기대에 미치지 못하거나, 설령 성과가 있었더라도 그것이 소수에 집중되어 빈부 격차가 커지자, 이에 대한 불만으로 반정부 시위가 일어났다는 것이다. 따라서 국민의 경제적 고통이 계속되면 2012년과 같은 국민적 저항이 충분히 나타날 수 있다. 국가에 대한 국민의 온정적 태도와 부권주의 의식에는 양면성이 있다. 믿음과 기대가 커질수록 그것이 꺾일 때 느끼는 실망과 배신감은 더 클 수 있다. 이러한 상태에서 국가 권력에 대한 어떤 작은 불신이나 오점이라도 생길 경우 걷잡을 수 없는 사태가 벌어질 수 있다. 이러한 사태 이전에 국가가 러시아 국민의 현실을 개선할 수 있는 방책을 조속히 찾길 바랄 뿐이다. 2014년 대러 경제제재가 현 국면의 에필로그가 될지, 아니면 새로운 국면의 프롤로그가 될지 지켜볼 필요가 있다.

(2015년 4월 13일 제315호)

문화

39. 러시아 혁명과 예술: 열광과 환멸 사이(I)

이 진 숙
미술평론가

열광으로 시작해서 환멸로 끝났다. 1917년 러시아 혁명에 대한 예술가들의 반응이었다. 러일전쟁(1904~1905) 패배로 러시아는 결정적으로 타격을 입었다. 입헌군주제와 개혁의 요구는 1905년 1월 혁명으로 터져 나왔다. 차르 니콜라이 2세는 어떤 근본적인 해결책도 내놓지 못하고 있었다. 표트르 스톨리핀이 주축이 된 부분적 개혁조차도 그의 암살과 함께 흐지부지되었다. 1914년에는 1차 대전이 발발해서 전 유럽이 전쟁의 물결 속에 휩쓸려 들었다. 러시아 국내에서는 어떤 세력도 주도권을 쥐지 못한 상태에서 정국은 혼란에 빠졌다.

1912년 상징주의자 쿠지마 페트로프-봇킨(Кузьма Петров-Водкин)은 '붉은 말의 목욕'(Купание красного коня)이라는 독특한 그림을 발표했다. 이 그림의 왼쪽 상단부터 시계 방향으로 시선을 옮겨보면, 흰말이 목욕을 통해 주홍 말이 되었다가 마침내 붉은 말로 완성되는 과정임을 알 수 있다. 한층 싱싱하게 다시 태어난 말은 알몸의 젊은이와 함께 힘찬 걸음을 내디디고 있다. 공산주의 시대에 이 그림은 이 강렬한 붉은색 때문에 '공산주의 혁명'을 예고한 그림으로 선전되었다. 그러나 이 그림은 원래 공산주의와 무관한 것으로, 세례와 용을 물리친 성 게오르기우스라는 러시아 정교회적 주제를 현대적으로 재해석한 것이다. '붉은색'은 공산주의의 상징이 아니라 러시아 민족 색이라 할 만큼 공산주의 이전부터 사랑을 받던 색이었으며, 여러 전통 그림에 사용된 색이다. 다만 이 그림에 담겨 있는 새로운 것에 대한 열망, 갱

페트로프-봇킨, '붉은 말의 목욕'(1912).
캔버스 위에 유채, 트레티야코프 미술관, 모스크바.

출처 : www.tretyakovgallery.ru

생과 부활, 현재 상황으로부터의 탈출이라는 느낌이 모두에게 큰 공감을 불러일으켰다.

1914년 발칸의 위기에서 시작된 1차 세계대전 참전은 돌이킬 수 없는 결과를 가져왔다. 전쟁 1년 만에 러시아군은 사망, 부상, 포로 등 175만 명 이상의 병력 손실을 보았으며, 서부 공업지대가 독일군에 점령되자 국가 경제가 물자 부족으로 파탄에 이르렀다. 니콜라이 2세는 이런 총체적 난국에 아무런 해법도 제시하지 못했다. 나라를 쥐고 흔드는 것은 신비주의에 빠진 황후 알렉산드라와 괴승 라스푸틴이었다. 심지어는 전쟁의 전술조차도 꿈과 계시에 의존하고 있었다. 라스푸틴의 만행은 귀족들에게도 반감을 사면서 결국 그는 귀족들의 손에 제거되었다. 1917년 벽두부터 배고픈 사람들이 거리로 뛰쳐나왔다. 차르를 아버지라고 생각하던 러시아 민중들의 입에서 전제정치 타도의 소리가 터져 나왔다. 시위대에 동감한 하급 경찰과 군인들은 시위대를 향해 열심히 발포하지 않았다. 이런 가운데 독일에서 돌아온 레닌이 이끄는 볼셰비키(다수파)가 권력을 장악했고, 전쟁을 종결시켰다. 전쟁의 의무에서 벗어난 볼셰비키는 혁명을 완수하는 데 전력을 다했다. 러시아 반혁명 군대를 지원하기 위해서 프랑스와 영국 군대가 밀려왔고, 시베리아에서는 일본군을 주력으로 여러 나라가 쳐들어왔지만, 1920년 붉은 군대가 반혁명 세력을 완전하게 궤멸하면서 내전이 종결되었다.

보리스 쿠스토디예프(Борис Кустодиев)의 1920년 그림 '볼셰비크'(Большевик)는 새로운 지도자가 권력을 완전히 장악했음을 보여준다. 이

보리스 쿠스토디예프, '볼셰비크'(1920).
캔버스 위에 유채, 트레티야코프 미술관, 모스크바.

출처 : www.tretyakovgallery.ru

그림에서는 압도적 크기의 거인이 거대한 붉은색 깃발을 들고 민중들을 이끌고 행진하고 있다. 지나치게 긴장한 거인의 표정이 어색하기 짝이 없어 보인다. 이 표정은 권력을 잡은 볼셰비키들의 얼굴일지도 모른다. 사실 그들도 사회주의가 어떤 것인지 몰랐다. 그것은 만들어야 할 과제였다.

예술가들을 이 새로운 과제를 마주하며 혁명에 열광했다. 1차 대전이 발발하면서 독일에서는 칸딘스키가, 프랑스에서는 샤갈이 돌아왔다. 이들이 국내에 있던 말레비치, 타틀린, 로드첸코, 엘리시츠키 등과 합류하면서 세계 미술사의 한 획을 긋는 '러시아 아방가르드'들의 대오가 형성됐다. 이들은 사회주의를 이해하고 받아들였다기보다는 과거의 관습을 뛰어넘는 새로운 것을 만든다는 데에 열광했다. 이 예술가들은 신원시주의, 광선주의, 입체미래주의, 절대주의, 구성주의, 추상미술 등 수없이 다양한 형식 실험을 하면서도 톨스토이가 말했던 "진실하게 사는 것"에 대한 고뇌를 멈추지 않았다. 그들은 인간적인 삶의 유토피아를 건설할 기회가 도래했다고 보았다. 타틀린의 '제3인터내셔널 기념탑'(Памятник III Интернационалу)처럼, 이들이 제시한 예술적 프로젝트들은 후대의 예술가들에 의해서 반복적으로 재해석될 만큼 자유분방하고 신선했다. 그들은 회화뿐만 아니라 사진, 영화, 건축, 디자인 등을 아우르며 종합적인 예술을 추구했다. "아침에는 일하고 저녁에는 예술을 비평하는" 사회주의적 총체적 인간상을 구현하는 일에 예술가들은 기꺼이 헌신했다. 실제로 소련 인민계몽위원회 초대 위원장을 지낸 아나톨리 루나차르스키는 칸딘스키, 샤갈, 말레비치, 로드첸코 등에게 신생 사회주의 사회 건설에 필요한 역할을 적절하게 부여했으며, 그에 합당한 대우를 했다.

정치적인 격변 속에 있던 20세기 초반 러시아는 문화적으로도 가장 역동적인 시기에 있었다. 당시 러시아 예술가들은 세잔, 피카소, 마티스 등 서구의 새로운 미술 동향을 빠르게 이해했다. 그러나 이들은 새로운 흐름의 추종자로 만족하지 않고, 그 모든 흐름을 자기화했다. 러시아 작가들은 서구의 실험들에서 모든 가능성을 탐구하고 '철학화' 했다. 여기서 파리의 작가들에게서 볼 수 없는 철학적 심오함이 드러나게 된다. 또 사회 전체를 사로잡고 있었던 강력한 변혁에의 의지는 다른 나라의 작가들이 체험할 수 없었던 강력한 추동력이 되었다. 구세계를 폐기하고 새로운 세계를 열려는 강력한 유토피아 열망이 자라났다. 자유분방하면서도 심오한 형식 실험과 유토피아 열망을 가진 일군의 작가들이 등장했다. 이들은 페트로프-봇킨의 그림에서 붉은 말을 타고 이제 새 출발을 결심한 청년처럼 싱그럽고 단호한 표정으로 거리를 활보했을 것이다.

(2014년 6월 23일 제273호)

40. 러시아 혁명과 예술: 열광과 환멸 사이(II)

이 진 숙
미술평론가

유토피아에 대한 갈망은 러시아에서 추상미술로 먼저 터져 나왔다. 몬드리안과 함께 20세기 추상미술을 주도한 칸딘스키와 말레비치가 러시아 사람이라는 사실은 주목할 만하다. 왜 피카소나 마티스 같은 당대 최고의 도시 파리의 화가들은 추상미술을 하지 않았을까? 이런 문화사적인 질문에 대한 대답은 추상미술이 거꾸로 미발전 지역에서 발전했다는 데서 찾을 수 있다. 추상미술은 눈에 보이는 현실을 거부하면서부터 시작된다. 그들에게 지금 이곳의 현실은 보존될 가치가 없는 것이다. "유토피아는 디스토피아를 전제로 한다는 역설이 확인되는 순간"이다. 칸딘스키와 말레비치는 서로 상당히 경계했고 몇 가지 부분에서는 본질적인 차이점이 있었지만, 이들이 공유한 것은 현실에 대한 거부였다. 그들은 눈에 보이는 현실 너머의 세계를 드러내고자 했다. 이것은 보이지 않는 신적인 세계의 현현이라는 성상화(icon)의 오랜 전통을 가진 나라에서는 너무도 자연스러운 태도이기도 하다.

미술사학자 윤난지는 저서 『유토피아와 추상미술』에서 유토피아가 근본적으로 '추상적 이미지'라고 주장한다. 토머스 모어나 캄파넬라의 이론 속에만 존재하던 유토피아는 18세기 말 이후에는 사회 이론 속에서 논의되기 시작했다. 더 나아가 프랑스 혁명으로 본격화된 시민혁명은 더 이상적인 사회를 현실에서 구현하려는 노력이었다. 모든 혁명은 더 나은 세계, 유토피아의 꿈과 관련이 있다. 그렇다면 아무도 가보지 못한, 한 번도 존재하지 않았던 유토피아는 어떻게 생겼을까? 토머스 모어의 『유토피아』, 캄파넬라의 『태양의

카지미르 말레비치,
'절대주의 회화'(1915)

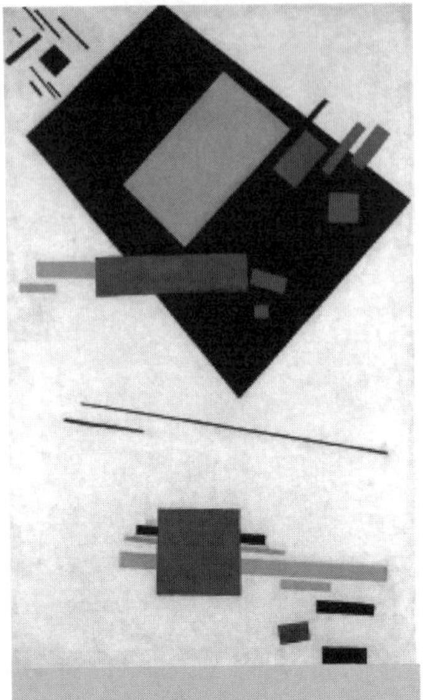

출처 : www.artscroll.ru

도시』 등에서 그리고 있는 유토피아들은 질서정연한 기하학적 대칭의 도시를 꿈꾸었다. 이것은 피타고라스에서 유래한 세계의 미적 질서에 대한 서구인의 오랜 관념의 표현이기도 했다. 특히 계급적 질서, 기존의 불평등한 질서를 극복한 평등의 질서는 기하학적인 질서의 표상에 의존하게 했다.

말레비치의 유명한 '검은 사각형'(Черный квадрат, 1915)은 현실의 절대적 부정으로 시작되었다. 그는 이 검은 사각형이 "모든 회화를 불태운 화장터"이며, 동시에 새로운 회화의 출발점이 되어야 한다고 주장했다. 그의 절대주의는 모든 현실의 흔적을 지운 절대 추상의 세계였다. 기하학적 도형이 유영하는 이 세상은 뉴턴의 "인력의 법칙"에 지배받는 공간이 아니다. 인력의 법칙이 지배하는 공간은 모든 것이 상/하, 문명/자연, 남/여, 빈/부 같은 이분법적 대립을 당연시하는 곳이다. 인력의 법칙을 걷어낸 새로운 공간에서는 모든 차별이 사라진 새로운 공간이었다. 절대주의가 선언되고 2년 뒤에는 사회주의 혁명이 이루어진다. 말레비치와 타틀린, 로드첸코, 엘 리시츠키 등 많은 러시아 아방가르드 작가가 사회주의 혁명으로 유토피아가 지상에서 구현될 것으로 믿었다. 이제 예술은 현실의 유토피아를 건설하기 위해 복무해야 했다.

타틀린의 '제3인터내셔널 기념탑'은 러시아 아방가르드들의 유토피아적 열망을 보여주는 대표적인 작품이다. 그는 예술가가 정부의 단순한 조력자가 아니라 "정권을 분발케 하는 자유로운 혁신자"라고 생각했다. 이 탑은 자본주의의 상징인 파리의 에펠탑보다 무려 세 배나 크게 설계되었다. 그 형태는 그들의 낙관적인 발전론을 반영하듯이 나선형의 상승 구조로 되어 있었다. 이 철골 구조물 안에는 스테인리스와 유리라는 첨단 소재로 된 세 개의 구조물이 들어 있다. 최하단의 정육면체형 건물에는 인민의 뜻을 결집하는 입법부가 들어선다. 이 건물은 1년에 한 번 회전을 하는데, 이는 곳곳의 다양한 의견을 반영하고 평등을 실현하겠다는 의지의 표현이다. 가운데에는 입법부에서 결의된 내용을 적극적으로 실행하는 행정부가 들어선 피라미드 형태의 건물이 있다. 피라미드는 한 달에 한 번 회전한다. 상단의 원통 모양 건물에는 하루에 한 번 회전하는 정보센터(Information Center)가 들어선다. 정보센터는 인민들의 의지가 어떻게 실행되고 있는지를 부지런히 알리는 소통의 중심지이다. 이 환상적인 기획은 기술적, 재정적 문제로 실행되지 못했지만, 그들이 꿈꾸었던 세상이 어떤 것이었는지를 보여준다. 또 정육면체, 피라미드, 원통은 말레비치의 기하학적 도형들을 입체화시킨 것으로, 두 사람의 불화에도 불구하고 기하학적 유토피아라는 꿈을 공유하고 있음을 보여준다.

그러나 이 열광은 오래가지 못했다. 현실 사회주의에 환멸을 느낀 칸딘스키는 1921년에 일찌감치 독일로 떠났다. 1925년 샤갈도 소련을 떠났다. 그러나 1920년대 중반부터는 다시 회화와 사진에서 전통적인 리얼리즘만이 사회주의 국가의 정책에 맞는 예술 양식으로 간주되기 시작했다. 아방가르드 작가들의 다양한 매체 실험은 공식적인 인정을 거의 받지 못했다. 1935년 말레비치는 스탈린에 의해 형식주의자로 낙인찍힌 채 쓸쓸한 죽음을 맞이했다. 이에 앞서 1930년 4월 14일에는 미래주의 시인 마야콥스키가 한 발의 총성과 함께 삶을 마감했다. 유토피아를 꿈꿨던 소비에트 최고 선동시인의 죽음은 불길한 징조였다. 1920년대 중반부터 시작된 신경제정책(NEP)은 혁명 정부의 관료화를 가속화했다. "혁명은 바로 사회주의 내부에서 자라난 관료주의에 의해 패배했다는 뼈저린 인식이 마야콥스키의 권총이 장전된 이유"였다. 1926년 세르게이 루치시킨(С.Лучишкин)이 그린 '풍선은 날아가고'(Шар улетел, 1926)는 이런 실망스러운 현실 분위기를 빠르게 감지해서 표현했다. 아방가르드 예술가들이 열정을 바쳤던 유토피아의 꿈을 실은 빨간 풍선은 위압적인 관료주의의 건물 사이로 덧없이 사라져 버리고 말았다. 남은 것은 깊은 환멸감뿐이다.

세르게이 루치시킨, '풍선은 날아가고'(1926).
캔버스 위에 유채, 트레티야코프 미술관 신관, 모스크바.

출처 : www.tretyakovgallery.ru

레닌 사후에는 트로츠키와의 권력 투쟁에서 승리를 거둔 스탈린의 일당독재가 시작되었다. 소련은 20년 만에 "낡은 전제정치 아래 신음하던 후진 농업국가"에서 "히틀러의 독일과 현대전을 벌일 수 있는 강력한 산업국가"가 되어 2차 대전 때 세계사에 다시 얼굴을 드러냈다. 그러나 현대적 발전은 끔찍한 모순을 숨기고 있었다.

1932년 사회주의 리얼리즘이 선언되었다. 특정한 형식을 고집하는 이 선언으로 모든 아방가르드는 창조적인 형식 실험을 멈추어야 했다. 사회주의 리얼리즘으로 예술적 자유와 진실은 모두 사라졌다. 예술가는 모두 국가기관인 소련작가동맹으로 편입되었고, 공산주의의 정치적, 사회적 이상을 찬양하는 데 동원되었다. 물론, 기층 민중들의 건강함을 그린 대작들도 그려졌지만, 스탈린의 '궁정 화가' 알렉산드르 게라시모프(Александр Герасимов)의 작품처럼 독재자를 향한 박수갈채가 울려 퍼지고, 꽃송이가 날아드는, 쳐다보기도 민망한 그림들이 공공연히 그려졌다. 예술은 사회적 소통 수단의 기능을 잃고 정권의 선전 기관으로 전락했다. 1956년 흐루쇼프가 스탈린의 개인 우상 숭배와 왜곡된 사회주의 정책을 공공연하게 비판하기까지 소련 미술은 철의 장막에 가려져 있었다.

(2014년 6월 30일 제274호)

41. 영혼의 숨소리: 소피아 구바이둘리나의 음악

송 영
작가, 음악 칼럼리스트

소피아 구바이둘리나(Sophia Gubaidulina, 1931~)의 이름이 지구촌에 본격적으로 알려진 건 1980년대 초반 그의 대표작 중 하나인 바이올린 협주곡 「Offertorium」(봉헌곡)이 시발점이 되었다. 이 곡을 헌정 받은 같은 타타르 출신 연주가 기돈 크레메르의 헌신적인 연주로 세계가 그의 존재를 알게 된 것이다. 필자도 겨우 90년대 후반에야 이 곡이 수록된 음반을 통해 그 이름을 알게 되었다. 비록 단일 작품이었지만, 당시 그 작품에서 받은 충격이 작지 않았고 강렬한 인상이 오래 남았다. 바흐의 관현악곡 「음악에의 헌정」(Musical Offering)을 모태로 삼았다는 이 곡은 기법과 음향에서 그때까지 경험하지 못한 기발하고 혁신적인 음악을 들려주었다. 끊임없는 반음과 미분음의 출몰, 현의 반란이라고 말해도 무방할 맹렬한 글리산도의 반복으로 매우 기괴한 느낌과 함께 다른 음악에서 맛보지 못한 신선감을 주기도 했다. 구바이 둘리나가 창출해낸 그만의 독자적인 음향과 색감이라고 할 수 있는 이런 현상은 유리 바쉬메트(Yuri Bashmet, 1953~)가 초연한 「비올라 협주곡」과 그의 다른 주요 작품에도 예외 없이 나타난다.

러시아에는 오랜 기간 현대 음악을 대표해온 알프레드 슈니트케(1934~1998)가 있고 현실초극과 신비주의 혹은 신음악을 주장하는 페테르부르크의 이단아 유리 한인(Yuri Khanin, 1965~) 같은 흥미로운 인물도 존재한다. 그런데 슈니트케가 여러 양식의 인용과 모방 기법을 통해 음악의 양식주의에 집중한 데 반해 소피아 구바이둘리나의 음악은 기법과 음향의 혁신이 하나의 수단일 뿐 궁극의 지향점은 확고한 종교적 성찰에 있는 점에서 비슷한 연배인 슈니트케와는 확연히 구별된다.

그의 종교적 성향은 평생 일관된 것이고 뿌리가 아주 깊다. 구바이둘리나는 5세 때 교회의 성상에서 그리스도 감화를 받았다고 고백하고 있다. 종교가 엄격하게 금지된 소비에트 시절이고 타타르인 아버지마저 완고한 무신론자였으므로 어린이가 처음 경험하는 자기의 신성하고 은밀한 감동을 밖으로 드러내기는 불가능했을 것이다. 단절과 소통 부재의 그 막막한 심정이 지금 구바이둘리나의 작품 곳곳에서 소통과 화해를 외치며 삐쭉삐쭉 얼굴을 내밀고 있다. 그의 음악은 우리를 긴장하게 하고 엄숙을 강요하는 듯한 부담감을 안겨준다. 그리고 바로 이런 점이 그의 이름을 우리가 각별히 주목하게 하는 것이다.

구바이둘리나는 동서의 다양한 악기를 작품에 동원하고 악기편성에서도 관행을 벗어난 파격을 보이는데, 이를테면 아코디언을 관현악의 중심에 놓고 아코디언과 관현악이 대화를 주고받는 형식을 취한 「가상칠언」 같은 작품이 좋은 사례이다. 이런 이질적 조합은 그가 지향하는 명상과 신비적 분위기, 독특한 음색 조성에 적지 않게 기여하는 것이다. 그는 아직 이름이 덜 알려진 시절에 동료들과 즉흥연주단을 만들어 캅카스, 근동 아시아 등 변방 지역의 다양한 민속 악기를 시험 활용했는데, 이 경험이 그가 작품에 다양한 민속 악기를 사용하는 데 큰 도움이 되었다. 동양적 민속 악기의 참여는 그의 음악이 서양의 기존 음악의 틀을 뛰어넘어 다른 문화권을 포용하고 음악적 상상력을 확장하는 데 크게 도움이 되었을 것이다.

구바이둘리나의 대표작들, 특히 대작에 해당하는 「요한수난곡」과 이번 서울국제음악제에서 공연된 칸타타 「루바이야트」(Rubaiyat)와 피아노협주곡 「인트로이투스」(Introitus), 그리고 유리 바쉬메트에 의해 초연된 「비올라 협주곡」까지 어느 것이나 그의 종교적 신념과 무관한 작품은 없다. 그리고 어느 것이나 음악에 신앙이 날것으로 나타나는 경우도 없다. 구바이둘리나의 여러 특성을 집약시킨 피아노협주곡 「인트로이투스」의 구조도 흥미롭다. 이 작품은 피아노가 주제를 선도하거나 활발하게 오케스트라를 끌고 가는 역할을 전혀 하지 않고 마치 느린 소북처럼 이따금 건반을 울려줄 뿐이다. 이 장면은 목탁을 활용하는 반야심경 독송이나 선(禪)음악을 연상시킨다. 몽골 지역에도 이 비슷한 유목민의 음악이 있는 걸로 알고 있다. 자세히 보면 그의 작품 곳곳에서 유목민의 흔적이 엿보이기도 한다.

소피아 구바이둘리나

출처 : music-gazeta.com

그는 질문하고 저항하고 모색한다. 신앙 자체와 '종교적'이란 말은 다르다고 본다. 그는 음악을 통해 종교적 영성과 그 영성에 배반하는 현실 세계의 갈등 사이에서 그걸 완화하고 해소하는 길을 모색하고 싶은 것이다. 그게 가능한가? 이건 또 다른 질문일 것이다. 그가 따로 표제로 내걸지는 않지만, 나는 그의 음악에서 나치 수용소의 악행, 반세기를 끌어온 소비에트 공산독재 등 20세기 비극적 상황에 대한 항거와 참담한 신음을 듣는다. 특히 「비올라 협주곡」의 날 선 음률에서 그런 것을 감지하며 중세 페르시아 시편에서 가사를 차용했다는 칸타타 「루바이아트」의 모든 가사에는 현대인의 성찰을 요구하는 낱말들이 숨 쉬고 있다.

소피아 구바이둘리나의 음악을 듣는 것은 매우 불편하고 상당한 인내심이 요구된다. 그것은 전혀 즐거운 음악이 아니다. 모차르트와 바흐와 쇼팽을 들을 때와 그 시간은 아주 다른 시간이다. 시간의 인내와 충격을 견디는 것은 각종 소음에 길든 현대인에게도 쉽지 않은 일이다. 그런데 우리는 명상을 위해 깊은 숲을 찾거나 고행으로 자기의 때 묻은 혼을 정화하기 위해 멀고 먼 사막을 찾기도 한다. 우리네 시골 할머니 모습을 닮은 소피아 구바이둘리나의 음악이 그 숲과 사막을 바로 우리 곁에 고도로 양식화된 형태로 마련해 놓고 우리를 초대한다고 생각하면 용인이 될까?

(2014년 7월 7일 제275호)

42. 양 날개를 단 발레리 게르기예프 제22회 '백야의 별' 참관기

장 일 범

음악 평론가, 경희대 포스트모던 음악학과 겸임교수

서늘한 6월 21일 하짓날 상트페테르부르크의 밤. 백야가 한창인 이날 다시 '백야의 별' 페스티벌(Stars of the White Nights Festival)을 찾았다. 2009년 '백야의 별' 페스티벌을 찾아 일주일간 공연을 본 지 5년 만이었다. 그동안 가장 크게 달라진 점은 1860년에 지은 마린스키 오페라 극장과 2005년에 지은 마린스키 콘서트홀에 이어 작년에 새로 개관한 마린스키 제2극장이 2년째를 맞아 백야 페스티벌의 공연 장소로 본격적으로 쓰이게 됐다는 점이었다.

22회째를 맞은 2014년 페스티벌은 의욕적으로 외연을 확장해 역사상 최초로 2백 개의 공연을 올리는 신기록을 작성했으며 신극장의 4개 체임버 홀에서도 공연이 열려 레퍼토리의 다양성 면에서 높은 수준을 보여주었다. 예술 감독이자 상임 지휘자 발레리 게르기예프는 '백야의 별' 페스티벌을 통해 두 가지 행보를 확실하게 보여주고 있었다. 첫 번째는 베를리오즈의 「트로이 사람들」, 바그너의 「니벨룽의 반지」 4부작, 말러 교향곡 시리즈 등 레퍼토리를 꾸준하게 국제화하고 현악, 성악, 피아노, 연출 등 해외 스타 아티스트들과의 공동 작업과 초청 공연을 통해 세계 최고 수준의 페스티벌을 지속하는 것이었고, 두 번째는 애국적인 주제를 통해 '위대한 러시아 재건'에 앞장서는 것이었다.

특히 운하 하나를 사이에 두고 기존 마린스키 극장 옆에 세워진 마린스키 제2극장은 현대화의 첨병 역할을 하는 데 제격이었다. 도착한 다음 날인 22

일 밤 10시(이날이 백야가 가장 긴 날이었다)에 시작하는 콘서트를 보러 갔다. 2천 석을 수용하는 홀 내부는 단정하고 아름다웠으며 로비가 특히 인상적이었는데, 내부 벽을 호박(琥珀)색으로 장식해 현대적인 건물이지만, 러시아성을 갖추도록 섬세하게 표현한 것이 인상적이었다. 9년 전에 지은 콘서트홀도 편안하게 꼭대기 층까지 오를 수 있었던 것처럼 마린스키 제2극장도 매우 독특한 개성이 돋보이면서도 편안한 동선으로 꼭대기 층 카페테리아까지 오를 수 있었으며 러시아의 공연장에서는 보기 힘든 넓은 창과 개방적인 디자인으로 바깥 경치를 만끽할 수 있도록 한 인테리어가 파격적이었다.

공연은 발레리 게르기예프의 공연치고는 준수하게도 10시 10분에 시작됐는데 이날의 협연자는 피아노를 천재적으로 연주해서 러시아 과학아카데미에서 발견한 별의 이름을 부여받은 데니스 마추예프였다. 첫 곡은 라흐마니노프의 「피아노 협주곡 1번」이었다. 첫 곡이 시작될 때 필자는 코를 찡그릴 수밖에 없었다. 게르기예프의 손을 많이 떠는 지휘 때문인지 마린스키 오케스트라의 연주가 아쉽게도 잘 맞아 들어가지 않았기 때문이었다. 명료하게 시작하지 못한 도입부의 아쉬움을 뒤로 한 채 마추예프는 야생마처럼 질주하면서도 세심하고도 아름다운 음색을 겸비한 채 라흐마니노프의 피아노 협주곡이 결코 2번, 3번만 명곡이 아니라 1번도 명곡이라는 사실을 깨닫게 해주는 명연주를 들려주었다. 하지만 중요한 지점에서 게르기예프의 지휘는 마추예프의 연주와 타이밍을 정확히 맞추지 못해 매우 아쉬웠다.

첫 곡이 끝난 잠시 후 휴식도 없이 마추예프는 다시 등장해 그리그의 피아노 협주곡을 연주했다. 그러고 보니 두 곡 모두 백야가 있는 나라(노르웨이와 스칸디나비아 사람들은 Midnight Sun이라고 하지만) 레퍼토리들이었다. 이날 마추예프의 연주는 매우 만족스러웠다. 마냥 쉽게 치는 듯이 보이던 연주도 이제 숙성되어 있었다. 그동안 성장한 것을 눈과 귀로 확인할 수 있었던 연주였다. 마추예프는 다시 피아노 앞에 앉았고 앙코르곡을 연주했다. 귀를 만족하게 해주는 이 곡은 고요와 서정으로 가득한 차이콥스키 「사계」 중 5월 「백야」였고 이날 밤의 주제곡이었다. 2곡의 협주곡을 연주한 후에도 마린스키 오케스트라는 쉬지 않았다. 인터미션 대신 곧바로 무대를 오케스

제22회 '백야의 별' 페스티벌 포스터

출처 : www.muzklondike.ru

트라 대형으로 바꾸더니 다시 입장해서 게르기예프와 라벨의 「볼레로」를 연주했다. 협연자가 없어지니 비로소 게르기예프는 자유로워졌다. 유명한 이쑤시개를 닮은 조그만 지휘봉으로 오케스트라를 요리한 게르기예프는 냉정한 계산과 서늘한 열정으로 이 남녀 간의 성애를 묘사한 곡을 빼어나게 연주해 주었다. 백야의 밤은 남녀의 합일과 같다는 뜻일까?

다음날 다시 마린스키 제2극장을 찾았다. 소비에트 러시아 시절부터 볼쇼이 극장을 통해 발레 작곡가로 명성을 떨친 작곡가 로디온 셰드린의 「안나 카레니나」를 보기 위해서였다. 이번 '백야의 별' 페스티벌에서 게르기예프는 그래험 빅이 연출한 프로코피예프의 오페라 「전쟁과 평화」 신연출과 보로딘의 「이고르 공」 등을 통해 애국적인 작품들을 선보였는데, 작년부터 셰드린의 작품을 적극적으로 무대화함으로써 소비에트 러시아 작곡가들에 대한 재평가를 시도하고 있다. 「안나 카레니나」는 모스크바 볼쇼이 극장에 오른 버전과는 다르게 2010년 알렉세이 라트만스키가 새롭게 안무한 작품으로 화려한 19세기 의상과 빠른 무대 전환, 아름다운 미장센, 무대 장치와 디자인 그리고 현대적인 안무에 이르기까지 톨스토이의 대작을 1시간 50분에 훌륭하게 담아 놓은 걸작이었다. 특히 2막은 긴장감으로 청중을 몰입하게 했는데, 브론스키 공작의 경마 장면에서 말처럼 달린 남성 군무가 압도적이었다.

이번 페스티벌에서 안나 카레니나 역은 울리야나 라파트키나와 아나스타시야 마트비엔코가 맡았는데, 22일은 마트비엔코의 무대였다. 그녀는 안나 카레니나에 어울리는 미모와 호소력 짙은 춤으로 청중들의 감동을 자아냈다.

베로나 아레나 페스티벌에 이어 세계에서 가장 오랜 기간에 걸쳐 열리는 상트페테르부르크 '백야의 별' 페스티벌(금년은 5월 28일~7월 31일)은 이제 마린스키 제2극장을 세우면서 제3기를 맞았다. 언제 방문해도 매우 짜임새 있고 볼거리도 더 풍성하고 들을 거리도 더 많은 페스티벌이 되었다. 러시아 문화력의 강력한 현주소를 보여주는 '백야의 별' 페스티벌에 더욱더 많은 관심을 기울였으면 한다.

(2014년 7월 14일 제276호)

43. 순서의 심리학

김 은 희

한국외국어대학교 노어과 강사

I. 크릴로프, D. 폰비진, M. 로모노소프, A. 루나차르스키, I. 투르게네프, K. 추콥스키, B. 파스테르나크, V. 나보코프, B. 아쿠닌, B. 스트루가츠키, B. 자이체프, S. 톨스토이, A. 페트, M. 츠베타예바, A. 아흐마토바, B. 아흐마둘리나, I. 브롯스키, B. 브류소프, B. 베레사예프, A. 그리고 리예비치, N. 구밀료프, D. 메레지콥스키, A. 타르콥스키...이들의 공통점은 무엇일까? 작가의 길을 걸으면서 번역 작업도 동시에 진행했다는 점이다. 파스테르나크는 셰익스피어의 작품을 러시아어로 번역했으며 안나 아흐마토바는 김부식, 윤선도, 정몽주 등과 김소월의 시를 러시아어로 번역하기도 했다. 나보코프는 푸시킨, 레르몬토프, 튜체프의 시를 영어로 번역했고 자신의 작품들도 영역했다. 하지만 우리는 위의 작가들을 번역가가 아닌 소설가 나 시인으로만 대부분 알고 있다.

요즘은 번역을 주로 하다 보니 자연스레 번역가의 위상과 역할을 뒤돌아보는 계기가 있어 개인적 경험과 소회를 적어본다.

유리 나기빈(Юрий Нагибин)을 번역한 아무개냐고 하면서 한 출판사에서 전화가 왔다. 만남 자리에는 편집장과 책임편집인이 나왔다. 그들의 요지는 내가 전에 번역 한 나기빈 작품집 중에서 메아리를 수집하는 소녀 이야기인 『메아리』 같은 단편을 몇 편 선별해줄 수 있느냐는 것이었다. 그러면 자체 논의를 거쳐 저작권 문제를 해결하고 번역 작업이 끝나는 대로 책을 내겠다고 했다. 인세가 얼마나 되는지를 물었다. 통상 출판사에서는 저작권과 번역료를 합쳐서 10~15% 정도 인세로 잡는데 동화라서 삽화가를 포함해야 한단다. 그러면서 삽화가와 똑같은 인세를 제시했다. '삽화가와 똑같다고?' 하는 생각에 동화에서는 번역가와 삽화가가 같은 대우를 받느냐고 물었다. 그것이 '관례'라는 대답이 돌아왔다. 인세가 적은 대신에 선(先)인세를 받는 조건으로 계약서를 썼다.

나기빈의 동화를 번역해서 한국에 내놓을 기회라는 생각에 들떠 그 날부터 4권짜리 나기빈 전집을 훑었다. 인세 대신 책 몇 권 받고 번역한 적도 많았고 원고지 장당 번역료를 받은 경우도 적잖았다. 그래서 얼마라도 인세를 제대로 받는다는 사실에 들떴던 속마음도 있었다.

단편 십여 편을 골라 내용과 서지 정보를 출판사에 보냈다. 탈락과 재선별 과정을 거치고 번역하는 과정이 1년 반, 출판사와 출판 시장 상황 때문에 미뤄진 것이 2년이었다. 세상의 많은 책 속에서 하루빨리 나기빈 동화를 보고픈 마음은 나뿐이었다. 그 기다림의 간극을 지나 『겨울 떡갈나무』의 표지와 삽화가 포함된 마지막 교정쇄를 보는 마음은 작가가 활자화된 자기 작품을 봤을 때나 화가가 마지막 붓질을 한 그림을 고객에게 처음 선보이는 순간이나 음악가가 곡을 완성하여 청중 앞에서 연주되는 것을 처음 듣는 마음과 별반 다르지 않을 것이다. 표지와 삽화가 가장 궁금했는데 펜으로 그린 그림들이 정성스럽게 보여서 마음에 들었다. 이름을 확인하는데 '글 아무개,' '그림 아무개,' '옮긴 이 아무개' 순이었다. '어! 옮긴이가 두 번째가 아니고 세 번째네... 동화라서 그런가?' 하는 생각이 들면서 순서가 마음에 걸렸다. 서재로 들어가 집에 있는 동화들을 확인했다. 번역 동화 중에서 삽화의 비중이 크거나 출판사

『겨울 떡갈나무』 표지

출처 : www.hanibook.co.kr

에서 자체 번역해 내놓은 책은 '글, 그림, 옮긴 이' 순이었고, '글, 옮긴 이, 그림' 순서도 반 정도 되었다. 출판사와 번역 계약을 체결할 때 삽화가와 인세가 같아서 삽화가의 위상과 번역가로서의 내 초라함이 실감 났던 기억이 새삼 떠올랐다.

'글, 그림, 옮긴 이'의 순서가 마음에 걸렸고, 왜 그런 순서일까를 생각해보았다. 동화에서 '글, 그림, 옮긴 이'의 순서가 관례가 된 것은 아마 '창작성'이라는 기준을 잣대로 한 것이 아닌가 하는 생각이 들었다. '글'과 '그림'은 창작이고 번역은 남의 창작을 '옮기는 일'이기 때문인가. '번역도 창작이다'고 주장할 수도 있겠지만, 역시나 원작이 있어야 번역도 가능한 일이니 공허한 울림으로 들릴 뿐이다. 하지만 번역가가 없다면 외국 작가의 작품을 어떻게 읽어볼 수 있겠는가...

마지막 교정쇄의 오탈자를 확인하고 편집인에게 전화를 걸었다. 교정 내용을 편집인에게 전하고 조심스레 '글, 그림, 옮긴 이'의 순서에 대해 물었다. 그렇지 않아도 편집장과 그 순서에 대해 논의가 있었지만, 나기빈 동화가 시리즈물 중 하나라서 전례를 따른 것뿐이라고 했다. 책임 편집인은 단순한 '순서'일 뿐 '우선순위'가 아니라면서도 한 번 더 논의해 보겠다고 했다. 출판사에서는 단순한 '순서'일 뿐이라고 했지만, 나는 어느새 그 순서를 '서열'로 인식하고 있었기에 순서를 바꾸어 출간하겠다는 연락이 왔을 때 기분이 좋으면서도 내 뒤로 밀린 삽화가에게 조금 미안해지기도 했다.

중국 작가 다이호우잉의 『허공의 발자국 소리』에는 줄서기 광경을 묘사한 에피소드가 하나 있는데 '순서'에 관한 사람들의 심리가 잘 드러나 있다. 주인공이 새벽에 나와 여객버스를 기다리며 맨 앞줄에 서 있었는데 정거장 관리인이 나오더니 표지판을 들고 사람들에게 다시 줄을 서라고 한다. 그러자 기존의 줄은 가망 없이 허물어져 버리고 밀치고 당기는 실랑이가 벌어진 후 힘의 세기에 따라 새로운 줄이 생긴다. 주인공은 선두에 섰다가 끝으로 밀려나지만, 관리인이 갑자기 뒤쪽으로 걸어와서 뒤에서부터 차를 타라고 하자 다시 줄이 만들어진다. 사람들은 몇 마디 중얼거리더니 곧 새로운 현실을 받아들인다. 그런 사람들의 심리에 대해 작가는 "사람들은 자신을 지휘하는 사람에 대해서 항상 경외하고 공손하다"는 말로 설명을 대신한다.

필자도 출판사 측에서 '글, 그림, 옮긴 이'의 순서를 고집했다면 결국 그렇게 따랐을 것이다. 하지만 동화 선별부터 작품 홍보 문구까지 깊숙이 관여한 번역자라는 나의 입장과 출판사에서 의뢰를 받고 작업한 삽화가의 위치는 다르지 않으냐는 생각에서 기존 순서에 대해 내 의견을 내 보았던 것이다. 그래서 인쇄소 종이 냄새가 나는 빳빳한 책이 집으로 배달됐을 때 '글, 옮긴 이, 그림'의 순서를 보며 제 자리를 찾은 듯이 뿌듯했다.

그런데 정작 책이 세상에 퍼지자 평론가들과 독자들의 반응은 대부분 작가 나기빈과 삽화가에 관한 것이었다. '글이 사려 깊고 좋다,' '정서가 너무 아름답다,' '삽화가 아름답다,' '삽화가 책 내용을 잘 반영했다' 등이었지 내 번역에 관해선 별로 언급이 없었다. 번역에 관해서는 '전문 번역가의 손길을 거친,' '처음으로 러시아어에서 번역한'이란 표현이 전부였다. 그들에게 나는 작가의 그림자인 옮긴 이일 뿐이었다. '글, 옮긴 이, 그림'의 순서를 고집해서 '넘버 투'라고 우겼는데 현실은 '넘버 쓰리'였다. 쓴웃음이 나왔다. 삽화가에게 미안해진 것도 그때였다. 나기빈 동화의 정서를 살려낸 삽화가 덕분에 나기빈의 『겨울 떡갈나무』가 한국의 대지에 더 깊고 넓게 뿌리내리고 있었다. 평론가들에게도 독자들에게도 내 번역은 그다음이었지만, 독자들은 어차피 작가만 기억할 것이다...

(2014년 4월 21일 제264호)

44. 바흐틴의 몸 개념으로 살펴 본 몸-공간

김 민 아
서울대학교 노어노문학과 강사

인간의 몸은 공간의 일부를 차지할 뿐 아니라 몸 자체도 일종의 공간이다. 러시아어 'тело'의 사전적 정의는 크게 둘로 나뉘는데, 첫째가 '어떤 물질에 의해 채워진 제한된 공간, 닫힌 표면들로 제한된 공간의 일부(구체, 직육면체 등의 體)'라면, 둘째는 '인간 유기체'이다. 이 정의를 사용해서 인간의 몸을 재정의하자면, 몸은 근육과 피, 뼈들로 채워지고 피부(살갗)라는 표면에 의해 닫힌 공간의 일부이다.

몸을 일종의 공간으로 파악하는 경향은 예전부터 있었다. 지상에서 영혼이 잠깐 머무는 장소, 더 나아가 자유로운 영혼을 가두는 감옥으로서의 플라톤의 몸 개념에서 시작하여 사유하는 존재(res cogitans)에 의해 점유되는, 데카르트의 몸-기계 개념에서 정점에 이르는 전통적 서구 형이상학의 몸 개념은 19세기 말 지배적인 힘을 잃으면서 몸-공간 개념은 몸/정신의 이원론에서 벗어나 더 다채로워진다. 니체가 인간의 모든 경험이 축적되고 악덕과 덕이 투쟁하는 공간, 사유와 감정의 작은 이성을 아우르는 큰 이성으로 인간의 몸을 보았다면, 푸코는 육체를 훈련시키고 규율화(관찰, 감시, 금지, 처벌)하여 최대한 이용하려는 의도를 지닌 다양한 권력들이 각축을 벌이는 공간으로 몸을 이해했고, 보드리야르는 자본주의 시대에서 소비(패션, 건강식품, 다이어트, 성형 등) 공간으로 변한 몸을 보았다. 이처럼 과거부터 현재에 이르기까지 공간으로서의 몸은 물리적, 은유적 차원에서 수많은 담론의 대상이 되고 있다.

러시아의 철학자이자 문화 연구가, 문학 이론가인 바흐틴에게 몸-공간은 가장 먼저 미학의 차원에서 논의되었다. 1920년대 중반에 집필한 『미학적 행위에서의 작가와 주인공』에서 바흐틴은 작가가 주인공을 완결된 전체로 만드는 전제조건으로 주인공에 대한 작가의 공간적, 시간적, 의미적 '외재성'(вненаходимиость)을 지적한다. 이 외재성, 다시 말해 작가와 주인공은 세계 속에서 차지하는 위치가 서로 다르고 이 위치는 대체 불가능하다는 사실 덕분에 작가는 주인공보다 더 많이 보고 더 많은 것을 알게 된다. 특히 공간적 외재성 덕분에 작가는 주인공의 공간적 가치들-외양, 신체의 외적 경계, 외적 행위 등이 속하는 주인공의 몸-을 미적으로 완결할 수 있다.

예를 들어 지금 나는 어느 대학의 도서관에서 이 글을 쓰고 있다. 글이 잘 써지지 않아 인상을 쓰고 몸을 뒤척이며 휴대전화기를 만지작거리다가 이윽고 커피를 마시러 밖으로 나간다. 나는 내가 어떤 자세로 책상 앞에 앉아 있는지, 어떤 표정을 짓고, 어떻게 걸어 나가는지 볼 수가 없다. 그러나 지금, 나와 같은 공간(내 앞이나 옆에 앉은) 내의 누군가(타자)는 나의 외양과 행동을 전체적으로 바라볼 수 있다. 또 커피를 마시러 밖으로 나가는 나의 목적론적 행위를 그는 행위의 인과관계에서 벗어나 객관적으로 파악할 수 있다. 즉 나의 자세나 표정, 의자에서 일어나 밖으로 나가는 나의 행위를 나는 집중이 안 된다거나 지루하다는 나의 주관적 감정이나 생각에 종속하여 파악한다면, 타자가 가장 먼저 이끌리는 것은 공간적 소여로서의 나의 몸과 관련된 것들-외양, 표정, 행위들-이다. 더 나아가 만약 타자가 나를 주인공으로 소설을 쓴다면 이제 나의 몸은 단순히 주어진 것(данность)이 아닌, 적극적으로 창조해야만 하는 과제(заданность)가 된다.

바흐틴의 몸-공간의 특징이 바로 여기에 있다. 미학적·가치적 활동 시 타자의 몸은 물리적으로 닫혀 있는 제한된 공간이 아니라 미적, 가치적으로 사건적 성격을 띠는 살아 있는 공간으로 주어진다. 즉 물리적 공간으로서 인간의 몸은 미학적 사건이 일어나는 미학적 공간이 되는 것이다. 몸이 나에 의해 체험되는, 자기충족적인 '무거운 육신'인 어떤 것에서 벗어나려면 타자가 인정하고 형태를 부여하는 행위가 필요하다는 바흐틴의 사상에는 타자의 개입에 의해서만 사건이 발생한다는 그의 사건 개념(событие)이 드러나 있다.

20여 년이 흐른 1940년대에 박사학위 논문으로 집필한 『프랑수아 라블레의 작품과 중세 및 르네상스의 민중 문화』에서 바흐틴은 16세기 작가 라블레의 소설 『가르강튀아와 팡타그뤼엘』이라는 연작 소설에서 형상화되는 몸-공간에 대해 논의한다. 라블레의 작품은 민중의 웃음 문화의 유산이고, 작품 속에 나타나는 그로테스크한 몸의 이미지는 민중의 웃음 문화의 미학인 그로테스크 리얼리즘의 산물이다. 그로테스크한 몸의 공간에서는 먹고, 마시고, 배설하고, 출산하고, 타인과 접촉하는 행위(폭력, 성행위 등) 등의 생리적, 물리적 몸의 사건이 극도로 과장되어 나타난다.

바흐틴 삽화

출처 : www.liveinternet.ru

바흐틴이 라블레의 작품에서 본 그로테스크한 몸에서 우리의 관심을 끄는 것은 그로테스크한 몸의 사건이 항상 두 몸의 경계들 위에서 발생한다는 것이다. 즉 먹기, 마시기, 배설, 성교, 임신, 출산, 성장, 죽음 등의 모든 사건은 몸과 세계의 경계나 새로운 몸과 낡은 몸 사이의 경계에서 일어난다. 왜냐하면 바흐틴에 의하면 그로테스크는 분리되고 완료된 현상처럼 몸을 가두고 구별하는 단단히 잠긴 표면을 무시하기 때문이다. 그로테스크한 몸에 대립하는 몸은 공식 문화의 고전적 몸으로, 이것은 완결되고, 개별적으로 표현되며 엄격하게 경계 지어진 육중한 몸이다.

그로테스크한 몸에 대한 바흐틴의 설명에서 우리는 미학적 사건이 발생하는 미학적 공간으로서의 몸 개념과의 유사성을 발견하는데, 그것은 미학적 공간이든 물리적 공간이든 바흐틴은 닫힌 몸-공간에서의 자족적 사건보다는 타자(타자, 세상, 다른 몸)의 개입과 영향이 전제되는 열린 사건을 지향했다는 사실이다. 우리가 태어나면서 소유하는(엄밀히 말하면 우리에게 '주어지는') 가장 최초의 공간인 우리의 몸에서는 지금도 우리가 의식하지 못하는 수많은 사건이 일어나고 있다. 그러나 이 사건들이 바흐틴적인 유의미한 사건이 되려면 타자의 존재가 반드시 필요하다.

(2014년 7월 21일 제277호)

45. 미하일 레르몬토프, 시대가 낳은 낭만주의 시인

김 준 석
한국외국어대학교 러시아연구소 HK연구교수

2014년 10월 15일은 '러시아의 바이런'이라 불리는 미하일 레르몬토프 탄생 200주년이 되는 날이었다. 작가가 러시아 문학사에 큰 영향을 미친 점을 고려할 때, 이상하게도 그는 이제까지 사후 자신의 기념일과는 크게 '인연'이 없었다. 그는 자신의 '탄생 100주년'(1914년)을 사회주의 혁명 전야에, '서거 100주년'을 1941년 2차 세계대전 속에 맞이했다. 하지만 올해 그의 탄생 200주년은 러시아 각지에서 열린 다양한 행사 덕분에 훨씬 더 나은 모습을 보였다.

지난 5월에는 새로 단장한 레르몬토프박물관(모스크바)이 개관했고, 푸시킨박물관(모스크바)과 러시아문학연구소 문학박물관(상트페테르부르크)에서는 레르몬토프 기념 전시회가 열렸으며, '문화' 채널(TV)에서는 작가를 기념하는 다큐멘터리 프로그램을 방영했다. 이 밖에도 시인의 작품 세계를 되돌아보는 국제학술회의와 각종 심포지엄 등이 세계 각지에서 열렸다. 생전에도 사후에도 누려보지 못한 호사를 올해 그는 차분한 분위기 속에서 맛보고 있는 것이다. 상트페테르부르크 클래식 페스티벌은 지난달 12일에 막을 내렸지만, 모스크바 푸시킨박물관의 전시회는 12월 10일까지 이어진다고 하니 시인의 굴곡진 삶을 느껴볼 시간은 여전히 남아 있는 셈이다.

레르몬토프가 활동했던 19세기 초반의 러시아는 당시 유럽과 마찬가지로 프랑스 혁명의 실패로 인한 상실감이 팽배하던 시기였다. 혁명의 실패에도 불구하고 그 정신 이념이었던 '자유, 평등, 박애'를 기초로 한 사회 건설의 가능성에 관한 문제가 문학 작품에 자주 제기됐다. 이런 면에서 도스토옙스키의 주인공들은 매우 적극적이었는데, 그들은 혁명 이념에 기초한 이상 사회 건설 가능성에 관해 회의적이고 비판적으로 반응했다. 소설 『지하생활자의 수기』(1864년)의 주인공이 피지배층의 "피가 샴페인처럼 치솟고 있다"며 사회에 던졌던 분노의 항변은 당시의 사회상을 짐작하게 해준다.

프랑스 혁명은 상당 부분 계몽주의자들의 활동으로 말미암은 결과였다. 디드로, 볼테르, 루소 등의 계몽주의자들은 이성과 바른 사상의 힘으로 세상의 변화를 꿈꿨다. 그들은 인간 개개인의 생각이 바뀌면 사회도 틀림없이 변화하리라고 생각하여 민중 계몽에 기대를 걸고 혁명 사상을 주도해 나갔다. 하지만 1789년에서 1794년의 짧지 않은 기간에 변혁의 소용돌이는 계몽주의적 저항의 가치에 잔인성을 더한다. 주지하듯이 혁명은 수십만 명의 사상자를 낳았고 급기야는 루이 16세와 그의 아내 마리 앙투아네트를 처형한다. 우여곡절 끝에 프랑스는 왕이 없는 나라, 공화국이라는 궁극의 목표를 달성하는 듯싶었다. 하지만 그게 다가 아니었다. 그로부터 10년 후 나폴레옹이 나타나 프랑스의 황제로 즉위하며 혁명의 종료를 선언하는데, 이는 레르몬토프가 살고 간 시대와 그 시대의 예술에 직접적인 여파를 남긴다.

러시아 시인이자 외교관이었던 표도르 튯체프(1803~73)의 표현처럼 '혁명'의 속성에는 언제나 '새로운 시저'로 가는 길이 도사리고 있는 것일까? 사람들은 그동안 무엇을 위해 그토록 많은 피를 흘려야 했는지 반문했다. 절실했던 사회적 기대와 잇따른 실현 가능성의 급격한 소멸은 인간 의식의 가치 구조를 변화시켰다. 유럽 전체가 '자유, 평등, 박애'의 기본 정신에 기초한 사회를 기대했기 때문에 계몽주의적 가치 시스템의 붕괴는 전 유럽에 영향을 끼쳤다. 인간이 노력해서 실질적으로 얻을 수 있는 부분에 관한 물음으로 시작된 가능성과 '가능한 것'에 관한 생각의 변화 추이는 현존하는 질서가 부동의 자연 상태가 아니라는 사실을 일깨워주기에 충분했다. 사람들은 삶에서 현실과 이상을 분리하기 시작한다. 작가들은 인간의 삶을 '외적인 것'과 '내적인 것'으로 양분하여 이전까지 주목받지 못했던 인간의 내적 영역, 이른바 인간의 고유성과 개성의 문제를 새롭게 제기했다. 이는 문학에서 삶을 새

모스크바 국립푸시킨박물관의 미하일 레르몬토프 탄생 200주년 기념 전시회 포스터

출처 : www.russkiymir.ru

로운 각도로 살피려는 시도로 이어지는데, 이것이 바로 고전주의 시대에서 낭만주의 시대로의 변화상이었다.

레르몬토프의 작품을 읽을 때 우리는 그가 낭만주의 시대의 시인이라는 점을 잊지 말아야 한다. 낭만주의 예술은 인간의 내부 문제, '감정'에 방점을 찍는다. 표절할 수 없는 감정의 세계에 인간의 고유성과 본질이 살아 있다고 생각하기 때문이다. 낭만주의 시인들이 인간의 내적 가치문제에 천착하는 이유는 그들이 인간의 존엄성을 확신하기 때문이다. 낭만주의자들의 '가치문제'는 계몽주의자들이 언급했던 추상적이거나 일반적인 가치를 이야기하는 것이 아니다. 그것은 모든 사람과 공유될 수 있는 보편타당한 것이 아닌 '자아'와 관계된 낭만주의적 고유성을 일컫는 것이다. 낭만주의 시상의 중심부에 주변 세계와 자신을 구분 짓는, 세상을 적대시하는 고독한 주인공들이 등장하는 것도 이러한 연유에서 설명될 수 있다.

당시 낭만주의는 유행병처럼 번져나갔던 문학 조류였다. 알렉산드르 푸시킨의 운문소설『예브게니 오네긴』에 등장하는 렌스키도 낭만주의의 수많은 모방자 가운데 한 명으로 이해될 수 있다. 하지만 레르몬토프는 모방자들과는 다른 차원의 시인이었기에, 훗날 문학 연구자들은 그의 흔적을 거대한 '현상'이었다고 이야기한다. 과연 그 현상의 본질은 무엇일까.

평범한 인간, 보통의 시인이 망망한 대우주 앞에, 웅장한 신의 세계 앞에 서게 될 때 그는 자신의 하찮음을 인정하거나 적어도 자신이 드넓은 우주의 작은 부분이라는 점을 인지하고 고백하기에 이른다. 하지만 레르몬토프의 서정적 자아는 자신과 세상을 시종일관 대응점에 위치시키며 그에 상응하는 권리를 주장한다. 연구자들은 시인이 보여준 인간적 가치의 확신 정도,

그 자유로움의 폭발적 스케일에 매료되었다. 레르몬토프의 주인공들은 (고전주의와 계몽주의 시대에 중시했던) 전통과 이성, 법질서를 거부했다. 그들은 현실 사회에서 자유롭게 벗어나 자신의 내적 가치문제에 몰두하는데, 이는 19세기 러시아 사상계를 이끌던 슬라브주의와 서구파 모두가 시인과의 정신적 거리를 좁힐 수 없었던 이유가 된다. 레르몬토프 탄생 200주년을 맞은 시점에서 시인이 이룬 위대한 업적에 다시금 주목해야 할 중요한 이유 가운데 하나도 바로 여기에 있지 않나 싶다.

(2014년 11월 3일 제292호)

46. 예술과 산업의 경계에 선 '렌필름'

정 미 숙
영화평론가

영화 스튜디오 '렌필름'(Киностудия Ленфильм)은 상트페테르부르크의 대표적인 문화 상징 가운데 하나다. 하지만 '렌필름'은 최근 파산 위기를 겪으며 예술 전통과 산업의 경계에서 스튜디오 역사상 최대 혼란을 겪었다. 갈등과 분열의 씨앗은 스튜디오의 민영화 정책에서 싹트기 시작했다. 2012년 스튜디오의 파산과 흡수에 대한 위기가 본격적으로 공론화되면서 내부 갈등과 분열의 골이 더욱 깊어졌다.

사실 스튜디오의 민영화는 2004년 개방형 주식회사로 전환하면서 조심스럽게 언급되기 시작했고, 내부 여론도 찬반양론으로 갈렸다. 그리고 2007년 '렌필름'의 민영화 착수를 놓고 러시아 문화부와 연방자산관리청(Росимущество)이 협의 중이라는 보도가 나오면서 스튜디오의 이사회와 공동협의회는 민영화에 적극적으로 반대했다. 정부기관은 잠정적 민영화 중단과 '모스필름'(Мосфильм)과의 합병을 논의했지만, 이마저도 무산됐다.

마침내 2010년 러시아의 거대 미디어사인 АФК '시스테마'(АФК Система)가 매매 의사를 밝히면서 스튜디오의 위기 극복과 발전을 위한 세 가지 구상이 나왔다.

첫 번째 구상은 국가가 25%, '시스테마'가 75%의 주식을 소유하고, '렌필름'은 '시스테마'의 자회사인 '러시아 월드 스튜디오'(Всемирные русские студии)로 이사하고, 현재 도심에 있는 스튜디오 자리는 사무실과 비즈니스 센터, 영화관, 공원으로 바꾼다는 계획이다. 두 번째 구상은 스튜디오 이사회가 주장하는 것으로, '렌필름' 공간을 영화·방송 관련 대학과 제작 등에 양도하고 여기서 나온 자금을 활용하자는 것이었다. 마지막으로 스튜디오에서 활동하고 있는 영화인들로 구성된 공동협의회는 100% 국가 소유로 남겨두는 안을 지지했다. 그리고 낙후한 스튜디오 건물의 재건과 기술 설비의 현대화를 위해 국가가 자금을 지원하고, 작가영화와 예술영화 등 비상업영화 제작에 주력한다는 내용이었다.

2012년 9월에는 논쟁과 회의를 거듭하며 세 가지로 압축된 안건을 중심으로 '렌필름' 발전을 위한 공청회가 모스크바에서 열렸다. 공청회 직전 '시스테마'가 인수 계획을 돌연 취소하면서 나머지 두 가지 구상만 선택지로 남게 됐고 이 중에서 하나를 선택해야만 했다. 양측이 공통으로 요구했던 민영화 반대와 도심 외곽 이동 거부 문제가 사라지자 선택도 훨씬 쉬워지는 듯했다.

그러나 이사회와 공동협의회에는 각각 프로듀서 중심과 제작·교육 중심이라는 본질적인 견해차가 존재했다. 즉, 산업 중심 시스템과 영화예술작품 및 교육 중심 시스템 중에서 하나를 선택해야만 했다. 결론적으로 공청회는 이사회의 승리로 막을 내렸다. 산업으로서의 영화에 주목하는 프로듀서 중심 체제로 결정된 것이다. 공동협의회 회장인 스베틀라나 카르말리타(Светлана Кармалита)가 갑자기 이사회를 지지하면서 정부기관의 결정에 영향을 끼쳤다. 공동협의회에서는 그녀의 갑작스러운 변화를 전혀 예상치 못했다. 공동협의회 구상을 지지했던 사람들도 모두 놀라지 않을 수 없었다. 이 순간 가장 충격을 받은 사람은 알렉산드르 소쿠로프(Александр Сокуров) 감독이다. 그는 국가적 브랜드로서 '렌필름'의 문화적 가치와 전통을 유지하고, 위기를 극복하기 위해 당시 총리였던 푸틴과 문화부 장관에게 공개서한을 보내는 등 적극적인 노력을 기울였다. 소쿠로프 감독에게 '렌필름'은 영화적 고향이다. 데뷔 시

알렉산드르 소쿠로프

출처 : www.sokurov.spb.ru

절부터 그의 영화는 상영 금지, 촬영 중단을 경험했다. 온갖 역경을 견디고, 작품을 끝까지 완성할 수 있었던 것은 '렌필름'에 비상업적 특성이 있었던 덕분이다. 상업적 목적이 아니라 독립적이고 전문가적인 견지에서 다양성이 유지되어야 한다는 태도를 고수했던 소쿠로프 감독은 데뷔하는 젊은 감독들에게 기회를 제공하고, 작품 제작과 교육 위주로 다른 상업적 스튜디오와 차별화하는 길을 원했다.

한편, 공청회 이후 스튜디오는 급변했다. 문화부는 스튜디오 새 사장으로 에두아르드 피추긴(Эдуард Пичугин)을 선출했고 연방자산관리청의 제안에 따라 이사회 회장으로는 표도르 본다르추크(Федор Бондарчук) 감독이 추대됐다. 이사회 회장 추대는 비공개로 이뤄졌다. 본다르추크와 피추긴은 스튜디오를 대표하는 새 구성원으로서 영화계에서 뛰어난 사업가적 능력을 인정받고 있다.

공교롭게도 피추긴과 본다르추크는 그들이 발의한 영화관 네트워크 '키노 시티'의 공동 대표이다. 이 프로젝트는 러시아 변방의 도시와 중소도시에 현대식 시설을 갖춘 영화관 '크론베르크 시네마'를 기반으로 영화클럽 네트워크를 형성하고자 하는 계획이다. 개방형 주식회사 '키노 시티'의 자본은 연방자산관리청과 두 사람('키노 시티 메니지먼트'사)이 각각 74%와 26%를 보유하고 있다. 본다르추크는 모스크바 외곽에 설립된 현대적인 복합 영화·방송 스튜디오 '글라브키노'(Главкино, 2008년 설립)의 지분도 소유하고 있다. '글라브키노'는 신생기업이기는 하지만, 방송과 영화 제작의 기획 단계에서 후반 작업까지 할 수 있고, 영화와 방송매체로 배급까지 가능하다.

본다르추크는 사실상 영화의 제작과 배급, 상영 단계까지 개인적인 역량을 발휘하는 기업가이다. 그의 개인 회사가 국영 스튜디오 '렌필름'과의 관계에서 어떻게 작용할지는 아직은 미지수다. 영화산업의 대주주이자 대표자인 이들의 능력에 대한 기대만큼은 어떠한 형태로든 작용했을 것이다.

한편, 신임 회장 본다르추크는 카르말리타의 아들인 알렉세이 게르만 주니어(Алексей Герман-младший, 작년에 타계한 거장감독 알렉세이 게르만의 아들)와 소쿠로프 감독을 나란히 이사회에 영입한다고 발표했다. 하지만 소쿠로프 감독은 스튜디오의 이사회에 국가기관의 사람들과 게르만 감독의 영입, 비합법적이고 논쟁의 여지가 있는 이사회 임명안에 동의하지 않았다. 소쿠로프 감독은 공청회에서부터 이사회 구성, 일방적인 해고(소쿠로프의 사람으로 알려진 안드레이 시글레(Андрей Сигле, 현 'Proline Film' 영화사 사장) 등에 대한 일련의 의혹과 질문에 대해 뚜렷한 해답도 듣지 못했다. 그는 자신의 이사회 영입에 대해 발언권이 전혀 없는 형식적이고 상징적인 자리일 뿐이라며 거부했다. 또 한 인터뷰에서 족벌주의라는 단어를 쓰면서 게르만 감독을 공개적으로 비난하기도 했다. 그러자 게르만 감독이 소쿠로프의 이런 비난에 대해 조목조목 공개 반론을 펴면서 갈등의 골이 깊어지기 시작했다. '렌필름'의 발전을 위한 논의가 공론화 과정을 거쳤음에도 비밀주의 속에 급속하게 진행되고, 문화부와 연방자산관리청, 이사회와 공동협의회의 몇몇 사람이 자기들끼리만 모여 결론을 도출하면서 결과적으로는 음모론에 대한 의혹이 일어나기도 했다.

이런 가운데 본다르추크는 소쿠로프 감독을 직접 만나서 '렌필름'의 기반 위에 독립적으로 존재하는 교육과 학습연수 센터 운영에 대한 기획을 설명하고 운영 계획을 함께 논의했다. 아직 계획이 구체화되지 않았지만, 분명한 사실은 본다르추크가 공동협의회와 소쿠로프 감독이 지지한 제작·교육 중심을 완전히 거부하는 것은 아니라는 점이다.

영화는 예술과 산업의 경계에서 줄타기하는 곡예와도 같다. 예술과 산업이라는 두 마리 토끼를 잡고자 하는 것이 영화감독들의 희망이듯이 본다르추크와 소쿠로프의 연합이 원만하게 이루어진다면 '렌필름'도 일거양득을 이룰 수 있으리라고 예측해볼 수 있다. 하지만 무엇보다 중요한 것은 '렌필름'이 역사상 처음으로 프로듀서 중심 체제로 변했다는 것이다.

2014년 현재 '렌필름'은 '러시아연방영화기금'(Госфильмофонда)으로부터 영화 판매권 전환을 위해 적극적으로 노력하고 있다. 러시아 영화의 대표적인 특징 중 하나인 방송과의 연관성에서 볼 때 방송 상영을 통한 수익은 스튜디오에 상당한 이익을 보장한다. '모스필름'도 자사의 제작상품을 방송에 판매해 수익을 톡톡히 올리고 있다. '렌필름'에서 제작한 1992년 이전

작품들에 대한 판매권 전환이 실현되면, 스튜디오의 독립채산을 위해 매년 13~15편의 영화와 4편의 연작 작품을 만들어야 한다는 피추긴의 계획도 훨씬 쉽게 접근할 수 있다. 하지만 소쿠로프가 제안하고 푸틴 대통령이 동의했던 '렌필름'의 '국가적 브랜드'와 '영화제작 환경의 다양성'은 상업주의 시장에서 러시아 영화의 미학적 독창성과 실험성의 전통을 유지할 수 있을 때 가능하다.

(2014년 8월 11일 제280호)

제4장

역사와 기억

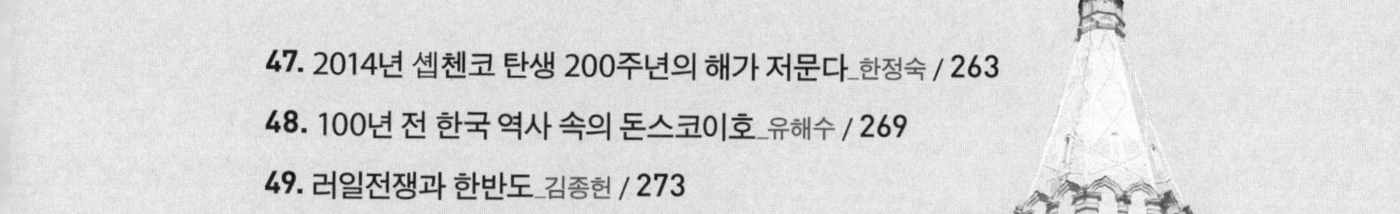

47. 2014년 셉첸코 탄생 200주년의 해가 저문다

한 정 숙

서울대학교 서양사학과 교수

시집『농무』로 유명한 신경림 시인이 올해 초『사진관집 이층』이라는 새로운 시집을 펴냈다. 평범한 독자의 눈으로 보기에는, 외국 여행에서 얻은 느낌을 표현한 시가 꽤 여러 편 담겨 있어서 이채로웠다. 그중 하나인「드네쁘르 강, 아름답고 아름다운」은 시인이 우크라이나의 수도 키예프를 방문하고 사람들을 만난 후의 감흥을 담은 작품이다. "도시가 숲 속에 들어앉았다. / 전체가 공원이다. / 국립 끼예프 대학도 공원 안에 있고 쏘피아 성당도 공원 안에 있다. / 공원을 둘로 가르며 흐르는 / 널따란 드네쁘르 강이 아름답다." 한국의 노시인이 우크라이나 역사 속의 시인을 만나는 순간은 이렇게 그려져 있다. "뒷골목을 과일 장수들이 메웠다. / 가장 존경하는 인물, 그러면 당연히 시인 셰프첸꼬다."(고유명사 표기는 시인의 표기를 따름-편저자)

물론이다. 타라스 셉첸코는 키예프 뒷골목의 노점상들까지도 모두 다 알고 존경하는 우크라이나 '민족시인'이다. 2012년 '순위조사'(레이팅, Рейтинг)라는 사회학 연구집단이 우크라이나인들을 대상으로 고금을 통틀어 가장 위대한 우크라이나인에 대해 설문조사를 했을 때 셉첸코는 58.7%로 압도적인 지지를 얻어 단연 1위에 올랐다(복수응답이 허용된 것으로 보인다). 2, 3위를 각기 차지한 인물은 19세기 말 20세기 초의 여성시인인 레샤 우크라인카(22.5%)와 17세기에 폴란드 지배에 맞서 봉기를 이끌고 헤트만령을 수립했던 지도자 보흐단 흐멜니츠키(20.1%)였다. 역시 시인인 이반 프란코의 뒤를 이어 이반 마제파, 야로슬라프 대공과 같은 역사 속 통치자들이 높은 순위를 차지했고, 6위에 오른 인물은 역사가이자 정치가였던 미하일로 흐루셉스키이다. 하긴 우크라이나에는 이와 비슷한 설문조사를 하는 일이 자주 있으며 그때마다 위대한 우크라이나인의 순위가 바뀌기는 한다. 그런데 그중에서도 타라스 셉첸코는 거의 빠짐없이 높은 순위에 든다. 그가 1위를 차지한 어느 설문조사와 관련하여 한 인터넷 언론은 "타라스가 안드리(축구선수인 안드리 셉첸코를 말한다)를 눌렀다"는 제목의 기사를 싣기도 했다.

신생독립국의 국민들이 그들의 민족적 정체성을 시적 언어에 담아 표현해 준 시인들에게 열렬한 사랑과 존경을 바치는 것은 놀라운 일이 아니다. 다만 타라스 셉첸코는 그 이상의 존재인 것으로 보인다. 그는 우크라이나인들의 문화적, 정치적 자율성 확대를 위한 노력 때문에 엄청난 고초를 겪었던 순교자와도 같기 때문이다. 농노로 태어나 유형수가 됐다가 마흔일곱의 나이에 가난한 독신남으로 사망한 그의 고통 가득한 삶은 우크라이나인들에게는 곧 그들의 민족적 고난을 응축해 놓은 것으로 여겨지기도 한다. 그리고 그들은 셉첸코가 읊었던 코자크(러시아식으로는 카자크, 영어식으로는 코사크)들의 영광을 우크라이나인들의 역사적 영광과 동일시한다.

2014년은 셉첸코가 탄생한 지 꼭 200주년이 되는 해이다. 1814년 2월(구 러시아력) 키예프 인근의 작은 마을 모린치에서 태어나 이웃 마을 키릴리프카에서 자라난 셉첸코는 농노신분임에도 일찍부터 지적 재능을 인정받아 글을 배울 기회를 가졌고 초보적이나마 미술도 배웠다. 그 후 지주를 따라 키예프, 빌니우스, 바르샤바 등으로 옮겨 다니며 살다가 상트페테르부르크에서 화가 이반 소센코를 만나 인생의 전환점을 맞이하게 되었다. 그의 도움으로 셉첸코는 제국 상류층 인사들과 알게 되고 러시아 제국 미술원에서 본격적인 미술 공부를 시작하게 되었으며 그들의 도움으로 농노신분에서 해방되었다. 그는 재능 있는 화가로 출발했으나 곧 타오르는 불과도 같은 언어를 거침없이 구사하는 열혈 시인으로서 더 큰 이름을 얻게 되었다. 그는 일기를 포함해서 산문은 러시아어로 쓰기도 했으나 시만은 항상 우크라이나어로 썼는데, 그의 시들은 개인적인 심경과 회상을 그린 것을 제외하면 주로 우크라이나의 역사와 러시아 제국의 현실에서 소재를 취해 왔다. 러시아 제국의 농노제와 전제정에 대한 셉첸코의 통절한 비판은 ‘우크라이나 코자크 집단의 자유, 평등 정신’에 대한 찬미와 대구를 이루는 것이었다.

셉첸코는 해방적, 자유주의적 범슬라브주의 사상에 근거하여 러시아 제국의 재편을 꿈꾸었던 우크라이나 지식인들의 결사 키릴로-메포디(키릴로스-메토디오스) 형제단 사건에 연루되어 1847년 봄 키예프에서 체포되었다. 이 때문에 그는 상트페테르부르크에 압송되었다가 우랄 산맥 부근 오지로 떠돌며 유배생활을 했으며 1857년 겨우 석방되기는 했으나 몇 해 안 가서 병으로 사망했다. 그토록 고대하던 농노제 철폐가 바로 눈앞에 다가와 있었으나 이를 보지 못한 채 눈을 감은 것이다.

셉첸코는 사후에 우크라이나인들에게 자율적인 문화발전과 교육, 계몽의 상징적 존재가 되었다. 그가 애국 시편들에서 우크라이나인들의 각성을 촉구하며 스스로 배우고 판단하며 결정하라고 촉구했던 영향도 있었다. 말하자면 그는 우크라이나인들의 정신적 성장을 독려하며 영감을 주는 역사 속 후원자였다. 그의 이름을 따서 1873년 르비브(당시 합스부르크 제국령)에서 설립된 타라스 셉첸코 학회는 우크라이나 지식인들의 학문·문화 활동의 구심점 역할을 담당했다. 역사가 흐루셉스키도 르비브대학 교수 시절, 이 학회의 의장으로 활동하면서 학회의 성장에 이바지하기도 했다. 반면 러시아 제국에서는 1863년 발루예프 회람에 이어 1876년 엠스칙령으로 문학 창작품

소련 시절 셉첸코 기념 우표

출처 : www.shutterstock.com

등 우크라이나어 출판물이 금지됐는데, 셉첸코의 작품도 제국 검열 당국의 금서목록에 오랫동안 들어 있었다.

하지만 소련 체제 아래서 셉첸코의 작품은 금지되지 않았을 뿐 아니라 비교적 긍정적인 평가를 받기도 했다. 그의 사상은 '혁명적 민주주의'로 규정되었는데, 이는 소련 정부가 중시하던 19세기 혁명운동의 정신과 일맥상통하는 것이라고 여겨졌다. 그가 러시아 제국의 현실에 대해 불같은 비판을 쏟아내기는 했으나 이는 반러시아적인 것이 아니라 차르 정부에 반대하는 것이라고 해석되었다. 그 덕분에 셉첸코의 시들은 소련 시절 러시아어로 번역되어 국영 출판사에서 여러 권의 선집으로 출판되었고 그의 작품과 생애에 대한 연구도 이루어졌다. 소련 시절에는 셉첸코의 얼굴이나 그의 미술작품(예를 들어 「카테리나」)이 우표 도안으로 자주 사용되었으니 이것만으로도 소련 체제의 셉첸코 애호를 짐작할 수 있다.

소련의 약화와 해체 이후 우크라이나인들 사이에서 셉첸코에 대한 찬양과 숭배의 경향은 현저히 강화되었다. 독립 우크라이나에서 셉첸코는 당연히 우크라이나적 정체성의 아이콘이 되었다. 우크라이나에는 셉첸코의 이름을 달고 있는 문화기관들이 수없이 많다. 키예프국립대학, 키예프의 우크라이나 국립오페라극장이 그의 이름을 따서 명명되었고 우크라이나 문화예술 분야의 최고상도 그의 이름으로 수여된다. 공원을 비롯한 공공장소가 그의 이름을 따서 명명된 예는 일일이 헤아리기 어려울 정도이다. 한편, 셉첸코 학회는 1939년 강제 해산됐지만, 1989년 르비브에서 재건되어 오늘에 이르고 있고 미국 뉴욕을 비롯한 여러 외국 도시에 설립된 지부들도 활발한 활동을 펼치고 있다. 외국 주재 독일 문화원이 괴테 인스티투트라는 이름을 달고 있듯, 셉첸코 학회는 해외 각국에 우크라이나 문화를 알리는 역할을 자임한다고 할 수 있다.

이런 셉첸코였던 만큼 그의 탄생 200주년을 맞아 수많은 기념행사가 열리리라는 것은 충분히 예상할 수 있는 일이었다. 1936년 푸시킨 사망 100주년 기념행사가 소련 정부의 지원 아래 대대적으로 열렸던 것에 비견할 만한 범국민적인 기념행사들이 2014년 우크라이나에서도 1년 내내 열렸다. 수많은 학술행사와 축제, 공연이 개최됐다. 우크라이나인들은 어린 학생이건, 어른이건, 셉첸코의 시에 곡을 붙여 만든 노래들을 독창으로, 합창으로 불렀고, 미국과 캐나다, 호주, 유럽 등 외국 곳곳에까지 이 열기를 전했다. 예나 지금이나 열혈시인들에 대한 반복적 기림은 근대적 국민 만들기와 무관하지 않은 것으로 보인다. 셉첸코 탄생 200주년 기념 로고 공모에서는 미술교사인 올레흐 슈플리야크의 작품이 선정됐는데 (공모작 중 1등은 없었고, 2등이 최고상이었다), 로고 속의 셉첸코는 젊은 시절 그가 그렸던 자화상처럼 젊고 총명한 청년 예술가의 모습을 하고 있다. 그러나 다른 공모작들을 보면, 유배에서 풀려난 후 나이보다 훨씬 늙어 보이고 침울한 중늙은이가 된 셉첸코의 40대 모습을 담은 작품들도 적지 않다. 우크라이나인들은 그의 어떠한 모습이라도 사랑할 준비가 되어 있는 것이다.

9세기 비잔티움 제국의 선교사 키릴로스와 메토디오스가 슬라브인들을 위해 문자를 만들어주었다면, 셉첸코는 그 문자에 담을 시를 우크라이나인들을 위해 창조해낸 인물이다. 하지만 외부의 눈으로 보면 셉첸코 역시 논란의 여지가 없지는 않다. 이미 셉첸코의 시작 활동 초기에 그의 시는 폭력 묘사가 많다는, 혹은 심지어 폭력을 찬미한다는 이유로 일부 러시아 평론가 사이에서 비판을 받았다. 그런가 하면 장시 『하이다마키』 중 일부 구절은 유대인들에 대한 격렬한 반감을 드러내고 있어서 러시아어, 영어 번역본의 옮긴이들은 이 구절들을 원문과 다르게 좀 더 완곡한 표현으로 바꾸어 번역해왔다. 유대인들과 우크라이나인들의 역사적 화해는 반드시 이루어져야 할 터인데, 이를 위해 그의 시와 이름이 어떤 역할을 할지 주목된다.

다른 한편, 셉첸코 탄생 200주년이라는 우크라이나인들을 위한 축제의 해는 러시아와 우크라이나 사이의 대대적 충돌이라는 초유의 사태로 얼룩진 해이기도 했다. 그래서 셉첸코의 이름이 러시아와 우크라이나의 갈등 상황 속에서 어떤 역할을 하게 될 것인지도 관심거리가 될 수밖에 없다. 셉첸코는 정교적, 코자크적 우크라이나에 대한 집단기억을 바탕으로 시를 쓴 시인이었다. 그는 우크라이나 내 통합교회파(동방정교 의식을 지키되 가톨릭 교황의 권위를 인정하는 교도들)나 가톨릭교도들에 대해서는 호의적이지 않았

셉첸코 탄생 200주년 기념 로고

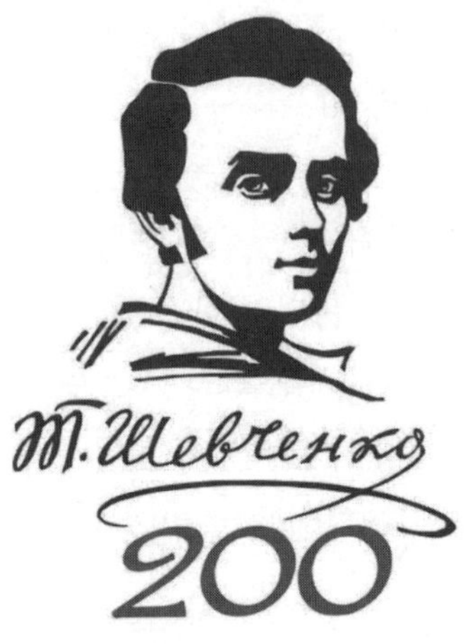

출처 : www.day.kiev.ua

다. 하지만 가톨릭적·서방적 색채가 동부 우크라이나보다 더 짙은 르비브의 지식인들도 그를 높이 평가하여 앞에서 말한 대로 19세기 후반 그의 이름을 따서 학회를 창설했으니, 적어도 우크라이나 문화·지성계 인사들 사이에서는 그의 권위가 흔들림 없는 것이 분명하다. 최근 분리주의로 주목을 받고 있는 루한스크의 국립대학도 셉첸코의 이름을 달고 있으며 루한스크의 예술가가 만든 셉첸코 탄생 200주년 기념 로고 시안의 문구 중 일부는 우크라이나어가 아닌 러시아어로 쓰여 있는 것도 눈에 띈다. 그러나 러시아·우크라이나 갈등이 격화한 이후 일부 러시아인은 셉첸코가 러시아 혐오주의를 조장했다는 주장을 펴기도 한다.

셉첸코는 러시아 제국의 농노제와 전제정을 격렬히 비판하기는 했지만, 모든 슬라브인은 형제라는 정신 속에서 슬라브인의 우애와 대동단결을 호소했던 범슬라브주의자이기도 했다. 그가 기울였던 이런 노력이 상기된다면, 지금으로써는 점점 멀어져 가고 있는 듯이 보이는 러시아인들과 우크라이나인들이 다시 가까이 다가서는 데 혹시라도 도움이 될 수 있을까.

(2014년 12월 29일 제300호)

48. 100년 전 한국 역사 속의 돈스코이호

유 해 수

한국해양과학기술원 해양환경보전연구부장

1895년 일본의 낭인에 의해 명성황후가 시해되자 러시아 황제 니콜라이 2세는 조선에 돈스코이호를 급파한다. 그런 후 바로 다음 해인 1896년 고종이 러시아 공사관으로 아관파천을 단행하자 러시아는 제물포항(현재 인천항)에 입항해 있던 돈스코이호의 해군과 대포 등을 한성으로 이동시켜 고종황제가 보호를 받으며 일본 간섭을 벗어나 친러정책을 펼 수 있도록 지원한다. 구체적으로 말하면, 한강 수로 측량과 대한제국 무기고 정비, 황궁 경비 강화를 지원해주었다.

그런데 돈스코이호는 109년 전 러일전쟁 당시 일본에 맞서 항복을 거부하고 결사항전 끝에 자침을 선택한다. 일본이 러일전쟁 종전협상에서 전쟁 배상금을 전혀 받지 못한 것도 이렇게 자침을 선택한 돈스코이호의 영웅적 결단 때문이었다. 돈스코이호가 보여준 용맹함은 세계 해전사에서도 찾기 어려운데, 이 전함은 우리나라 울릉도 저동 앞바다에 지금껏 깊이 잠들어 있다.

멀지 않은 장래에 돈스코이호가 세상에 제 모습을 드러내는 날 한국인들은 지난 100여 년 전 감추어진 역사의 한 장을 열게 될 것이고, 러시아로서는 민족적 자존감을 복원하는 기회가 될 것이다. 이를 계기로 양국의 상호우호 관계도 증진될 것이다.

현재 상트페테르부르크 해군중앙역사박물관에 모형으로 전시된 돈스코이호는 원래 러시아 발트 함대 소속 전함이었다. 특히, 이 전함은 1905년 러일

1896년 아관파천 때 고종황제를 보호하고 1905년 러일전쟁 시 울릉도 해저에
침몰한 러시아의 영웅적인 전함 드미트리 돈스코이호(6,200톤)

출처 : 필자 제공

전쟁 당시 일본 함대와의 격전 중 전함 3척을 격침했을 뿐만 아니라 다른 순양함 1척에도 막대한 타격을 가하는 등 혁혁한 전과를 올렸다.

하지만 결사항전에도 전투가 더 어려워지자 돈스코이호 함장은 중대 결단을 내리지 않을 수 없었다. 이 결단은 항복하지 않고 자진해서 침몰함으로써 러시아의 자존심을 지키는 것이었다. 세계 해전사상 유래를 찾아보기 어려운 돈스코이호의 숭고한 결단 앞에 지금도 숙연해지지 않을 수 없다.

얼마 전 푸틴 러시아 대통령은 러시아 심해잠수정 미르(Mir)를 직접 타고 1869년 침몰한 전함 '올레그호' 탐색에 동참한 바 있다. 자국의 역사를 절대로 잊지 않겠다는 결의이자 존경의 표시였다. 푸틴 대통령의 이런 용기는 러시아 국민에게 커다란 본보기가 되었다.

돈스코이호 역할

오늘날 한·러 양국의 협력관계는 박근혜 정부의 '유라시아 이니셔티브' 정

울릉도 해저에서 발견된 돈스코이호 (152mm 함포와 불에 탄 조타기)

출처 : 필자 제공

책과 더불어 가스관 사업을 포함해 IT, 의료, 자동차 기술 등 다양한 분야에서 활발히 진행 중이다. 이러한 때에 돈스코이호에 관한 생산적 논의는 한국과 러시아의 창조적 미래를 위한 신뢰와 협력을 돈독히 하고 양국의 상생 발전, 세계 평화의 가교가 될 수도 있다.

한국의 돈스코이호 탐사는 지난 1997년 국제금융위기(IMF)로 인해 실의에 젖은 한국인들에게 꿈과 희망을 주기 위한 목적으로 시작되었다. 당시 연구책임자였던 필자에겐 상상을 현실로 만드는 열정이자 구체적인 과학적 실천이었다. 당시 돈스코이호 탐사 소식이 알려지자 일본 NHK 방송국에서도 공동추진 의사를 보내왔지만, 양국 간 역사 갈등 등 여러 가지를 고려한 끝에 정중히 거절했다. 그 후 한국의 심해탐사 기술을 세계에 널리 알리겠다는 목적 아래 한국해양과학기술원 자체로 독자적인 팀을 꾸려 탐사에 나섰다. 그 결과 2003년 5월 한국의 울릉도 근해 수심 400m 해저에서 꿈에 그리던 돈스코이호를 발견하는 쾌거를 거뒀다.

이는 한국 해양탐사기술의 획기적인 성과였다. 또한, 심해탐사기술의 성공 못지않게 소중했던 것을 발견했다. 돈스코이호에서 소중한 역사적 교훈을 되새기고 중요한 문화적 유산을 되살릴 수 있게 된 것이다.

한·러 협력

2013년 11월 13일 열린 한러대화(KRD)에서는 양국 간에 돈스코이호 관련 영화, 다큐멘터리 등을 공동으로 제작키로 합의했다. 이를 통해 제작될 돈스코이호 다큐멘터리는 러시아 젊은이들에게 애국심을 고취하고, 러시아가 진행하는 극동 지역에서의 역할을 더욱 다채롭게 구상할 수 있는 매개체가 될 수도 있다.

또 한국은 울릉도를 평화의 섬으로 지정하고 러시아 해군의 추모비 건립 등을 통해 한국과 러시아가 함께 공동 평화의 장을 만들어낼 수도 있다. 109년 전 돈스코이호가 침몰할 당시 한국과 러시아는 우방국이었고, 일본의 제국주의 야욕에 맞서 함께 싸운 동반자로서 공동의 역사를 갖고 있다. 역사가 살아 숨 쉬는 친선 관계는 양국의 경제 협력과 창조적 미래에 새로운 지평을 여는 디딤돌이 될 것이다.

(2014년 6월 9일 제271호)

49. 러일전쟁과 한반도

김 종 헌

고려대학교 역사연구소 연구교수

러일전쟁은 근대 동북아 역사의 전개 과정에서 매우 중요한 의미가 있는 일대 사건이다. 이 전쟁으로 한국은 일본의 식민지가 되었으며, 동시에 영국의 극동정책이 실패로 돌아가면서 극동과 아시아의 인류는 일본이 저지른 인류 최악의 비극을 겪어야 했다.

근대 시기 영국 대외정책의 핵심은 세력균형이었다. 영국이 약 1세기에 걸쳐 무력충돌마저 불사하며 러시아의 외해 진출을 막으려 한 것은 유럽과 아시아에서의 세력균형을 유지한다는 자국의 대외정책 기조를 따랐기 때문이다. 거대 게임(Great Game)으로 불리는 러·영 갈등은 러일전쟁 이후 러시아가 친영·친일정책으로 급선회하면서 종결되었다.

여기서 가장 먼저 지적하고 싶은 점은 거대 게임의 종언이 곧 극동 지역 세력균형의 와해로 이어졌다는 것이다. 1894년 청일전쟁 발발 이전까지 영국은 청의 중국을 이용하여 러시아의 남하를 막으려 했다. 청일전쟁에서 청이 패하자, 영국은 일본이 청의 역할을 대신해주길 바랐다. 일본 역시 영국의 의도에 잘 따라주면서, 유럽의 기준에서 보자면 불완전하지만, 일본과 러시아가 대립하고 영국이 균형자(balancer) 역할을 하는 구도로 세력균형이 작동하게 되었다. 그러나 러일전쟁에서 러시아의 패전과 전후 러시아의 극단적 친영·친일정책으로 극동에서 일본을 견제할 수 있는 세력이 사라졌다. 특히 영국은 포츠머스 강화조약이 체결되기 약 3주 전인 1905년 8월 12일 일본의 한국 지배를 외교적으로 보장한 제2차 영일동맹을 체결함으로써 극

공격당한 바랴그 호

출처 : www.yaplakal.com

동에서 세력균형 정책을 완전히 포기한 것과 같은 모습을 보여주었다.

결국, 러일전쟁 이후 극동의 헤게모니는 일본의 수중으로 들어갔다. 세력균형 체제가 작동할 수 없었음은 물론, 국제정치적으로도 일본을 견제할 방법이 존재하지 않게 되었다. 정치에서 가장 중요한 요소 중의 하나인 '견제와 균형'이 무시된 것이다. 일본의 무한 질주가 가능한 상황이 형성되었다. 결국, 1931년의 만주사변, 1937년의 중일전쟁 그리고 1941년의 태평양전쟁이 도미노처럼 발발했다. 영일동맹은 영국 극동정책의 실패라는 결론이 나오게 된다. 영국에 별다른 대안이 없었던 것도 사실이기는 하다. 그러나 강대국 대외정책의 실패가 약소국에 어떤 피해를 줄 수 있는지 극명하게 보여준 사건이 바로 러일전쟁이다.

러일전쟁이 주는 다른 의미를 파악하려면, 전쟁의 공간적 규모를 확실히 이해해야 한다. 일반적으로 러일전쟁은 한국, 중국 그리고 극동 지역의 러시아 영토에서 진행된 것으로 알려져 있다. 다음의 두 사건을 보자. 1902년 당시 일본 육군 대령이었던 아카시 모토지로(明石元二郞)가 상트페테르부르크 주재 일본 육군 무관에 임명되었다. 그는 부임 직후부터 러시아 혁명세력과 접촉하고 러시아군 장교를 매수하는 방법으로 전쟁 발발 시 러시아의 후방을 교란하기 위한 토대를 마련했다. 러일전쟁 발발 직후 아카시는 파리로 자리를 옮겨 후방교란전에 임했다. 이로써 유럽의 러시아 역시 러일전쟁의 전쟁터였음을 알 수 있다.

러일전쟁의 공간을 전 세계로 확대시킨 것은 도거 뱅크(Dogger Bank) 사건이었다. 흔히 알려진 바와는 달리, 도거 뱅크 사건은 일본의 포함이 러시아의 제2 태평양 분함대를 북해에서부터 극동까지 추적하는 도중, 일본 포함과 러시아 전함 간에 도거 뱅크에서 벌어진 포격전이다. 이 사건이 발생한 후, 사건의 전모를 밝히고자 영국, 러시아, 프랑스, 미국, 오스트리아 등의 대표가 참석하는 국제위원회가 구성되었다. 영국과 미국이 일본을 지원하고, 프랑스가 러시아를 지지하는 상황에서 이 사건으로 말미암아 오스트리아마저 간접적이나마 러일전쟁에 관여하게 되었다. 따라서 러일전쟁은 러시아와 일본이 전면에 나서고 그 뒤에 세계의 모든 열강이 참가한 상태에서 전 세계를 무대로 펼쳐진 세계적 규모의 전쟁이었다. 이런 면에서 보면, 러일전쟁은 제0차 세계대전이었다는 상트페테르부르크 역사연구소 소속 루코야노프(Игорь Лукоянов) 교수의 주장이 설득력을 지닌다. 특히, 러일전쟁 최초의 해전과 최후의 해전, 그리고 최초의 육전과 최후의 육전이 모두 한국에서 치러졌으며, 한국인도 이 전쟁에 참전했다는 점에서 러일전쟁이 6·25전쟁과 함께 우리에게 시사하는 바가 적지 않다.

러일전쟁과 6·25전쟁 등 근대 시기 이후 한국에서 벌어진 전쟁은 모두 세계대전 축소판 성격을 띠고 있었다. 그리고 그 중심에 있었던 한국은 세계에서 가장 약한 국가 중 하나였다. 역사에 가정이란 있을 수 없지만, 조선이 근대화에 성공하여 팽창을 시도할 만큼 강력한 국가는 아니더라도 최소한 자신의 국토를 지켜낼 수 있는 국력을 확보한 근대국가로 성장했다면, 애초에 러일전쟁은 발발하지도 않았을 것이고, 따라서 6·25라는 비극도 발생하지 않았을 것으로 생각하는 게 억지는 아니리라. 우리가 약했던 것이 두 전쟁의 발발에 실마리를 제공했다는 말이다. 여기서 우리는 미시적 관점과 거시적 관점에서 두 가지 결론을 도출할 수 있다.

미시적 관점에서 동북아 평화를 위해 한국은 강력한 국가가 되어야 한다. 팽창정책을 추구하기 위한 힘이 아니라, 우리에게 가해지는 외부의 압력을 견뎌낼 수 있을 정도의 국력을 상비하고 있어야 한다는 것이다. 세계에서 가장 강력한 4개 국가에 둘러싸여 있는 한국의 영토가 힘의 진공 지대로 남을 경우, 주변의 힘이 그 진공 지대로 침투하는 것은 오히려 자연스러운 현상이라 하겠다. 따라서 역사적 측면에서 우리 민족은 물론, 동북아 평화를 위해서도 우리는 자강(自彊)의 의무를 지니고 있다.

(2014년 6월 16일 제272호)

50. 20세기 초 러시아 공연예술의 전령사: 해삼위 한인예술단

양 민 아

이화여자대학교 한국문화연구원 연구교수

1921년 4월 29일 오후 8시 종로중앙청년회관에는 러시아 해삼위(블라디보스토크)에서 자란 한인 학생들로 조직된 해삼위조선학생음악단의 내한공연을 보려는 사람들로 인산인해였다. 이들의 공연은 클래식 기악 연주, 서양 민속춤(러시아, 스페인, 헝가리), 성악, 러시아 민속악기 연주 등 당시 우리 사회에서는 볼 수 없던 작품들로 구성되어 전국 15개 도시에서 대환영을 받으며 총 23회의 공연을 했다. 1920년대 연해주에서는 한인들의 전통공연부터 러시아 민속예술, 클래식 음악공연까지 다양하고 활발한 공연예술 활동이 있었다. 이러한 활동은 국내로 이어져 20세기 초 우리 사회에 서양 민속춤과 음악을 전국적으로 유행시키고 춤의 대중화에 크게 기여했다. 이와 함께, 1930년대 최승희, 배구자와 함께 신무용 3인방으로 불리는 조택원은 러시아 민속춤인 고팍춤에 매료되어 해삼위조선학생음악단 단원인 박시몬에게 고팍춤을 배우며 춤에 입문한다. 이는 그가 전문 무용가의 길을 걷는 계기가 된다. 이처럼 한국 근대 무용사에서는 이주민들이 현지 사회의 공연문화를 가지고 들어와 우리 춤 문화에 큰 변화를 이끈 해삼위한인예술단의 내한공연 활동을 중요한 사건으로 다루고 있다.

해삼위한인예술단은 1921년~1922년까지 2년간 해삼위조선학생음악단(1921.4.22.~6.4), 해삼위천도교청년회연예단(1922.4.14~8.10), 해삼위기독교학생예술단(1922.7.1~8.9) 3단체가 우리나라를 방문하여 순회공연을 했다. 이 예술단은 이주 1, 1.5, 2세대들의 비전문인으로 구성된 소인예술단(素人

藝術團)의 형태를 취하고 있다. 각 예술단의 단장은 이강(李剛, 1878~1964), 한용헌(韓容憲, Хан Андрей Константинович, 1888~?), 곽병규(郭秉奎)로 당시 연해주 한인 사회의 종교계(기독교와 천도교)에서 활발히 활동하던 독립운동가들이었다. 내한공연의 목적은 청년회관 건립기금 마련, 혁명 이후 살기 어려워진 해삼위 동포를 구제하기 위한 성금 모금이었다. 그러나 당시의 공연들은 비밀독립운동을 하거나 독립운동을 위한 의연금 모금이 목적인 경우가 많았다. 공연은 일본의 눈을 피해 자연스럽게 사람이 모일 수 있고, 모금할 수 있는 명분으로 충분했다. 이와 더불어, 1920년대 초중반은 일본의 '문화통치'가 본격화하던 시기로 식민지를 선전하기 위한 수단으로 해외동포 학생들의 모국방문단의 방문을 허용했다. 이러한 예술단의 활동은 독립운동을 위한 모임을 하거나 독립운동자금을 모집하기 위한 것일 가능성이 매우 농후하다.

해삼위한인예술단의 정치적인 목적은 차치하고, 이들의 활동이 20세기 초 당시 러시아에서 유행하던 민중 공연예술로 우리 사회의 큰 반향을 일으킨 것은 부인할 수 없는 사실이다. 사회주의 혁명은 러시아에서 민중들의 여흥거리가 공연예술로 인정받을 수 있는 중요한 계기를 제공한다. 따라서 혁명 이후에는 아마추어 예술단인 소인예술단과 에스트라다(Эстрада)의 공연형식이 각광을 받는다. 특히 에스트라다 공연에서는 러시아 여러 민족의 민속춤과 노래가 공연작품으로 큰 인기를 끌며 민족예술 발굴에 박차를 가한다.

해삼위한인예술단의 공연작품을 보면 다양한 민속춤과 노래 중심의 에스트라다 공연형식을 취하고 있고, 해군무도(海軍舞蹈)와 비행기무도(飛行機舞蹈)는 러시아 내전이라는 러시아의 시대성과 연해주라는 지역성을 반영하는 작품들이다.

이처럼 해삼위한인예술단은 우리 사회에 러시아의 춤 문화를 확산시키며 한국 근대 무용사에 큰 영향을 끼친 것 외에도 중요한 역사적 의미도 있다. 첫째, 이들은 원조 재외동포예술단으로 초국가적 민족 정체성을 형성하여 일제강점기를 겪고 있던 우리나라에 재외동포방문의 물꼬를 튼다(관성연예단, 하와이 모국방문단 등). 둘째, 국내외 독립운동가들의 네트워크 형성과 독립운동자금을 모으는 조력자 역할을 했다. 하지만 이와 같은 해삼위한인 예술단의 내한 공연활동은 1922년 12월 30일 소비에트 연방의 탄생으로 더는 이어지지 못했다. 만약 이들의 내한공연이 지속되었더라면 현재 우리의 춤 문화는 현재와는 사뭇 다른 모습일 것이다.

1922년 해삼위 천도교연예단의 연주회

출처 : 「동아일보」, 1922년 4월 27일

올해로 한인들이 러시아로 이주한 지 150주년을 맞았다. 이를 기념하기 위해 한국과 러시아는 다양한 행사들을 개최하고 있다. 이 중에서도 CIS 지역 한인 공연예술의 핵심인 카자흐스탄 국립 고려극장(Государственный республиканский корейский театр музыкальной комедии)의 내한공연은 남다른 의미가 있다. 고려극장의 존재는 CIS 지역의 한인 문화에서 춤과 음악이 중요한 자리를 차지하고 있다는 것을 암시한다. 고려극장은 20세기 초 연해주 한인들의 다양한 공연예술활동에 기초하여 1932년 원동변강 고려극장(Корейский краевый передвижный театр)으로 탄생했다. 그리고 강제이주 후에는 카자흐스탄으로 자리를 옮겨 현재까지 82년간 한인 디아스포라의 구심점 역할을 하고 있다. 러시아 한인들은 러시아와 한인 문화 사이의 경계인으로서 1920년대에는 우리 사회에 러시아의 공연문화를 전파했다. 이후 소비에트 시기에는 한인들의 공연활동이 제한적이었지만, 앞으로는 러시아 한인들의 역할이 다양한 방면에서 펼쳐지기를 기대해 본다.

(2014년 10월 27일 제291호)

한국외국어대학교 러시아연구소
HK 연구사업단 학술연구총서 15

2015 러시아는 어디로 가는가?

초판 인쇄 2015년 5월 19일
초판 발행 2015년 5월 26일

편저자 김현택 · 김선래 · 최우익
발행인 김인철
발행처 한국외국어대학교 지식출판원
130-791 서울특별시 동대문구 이문로 107
전화 02)2173-2495~7
팩스 02)2173-3363
홈페이지 http://press.hufs.ac.kr
전자우편 press@hufs.ac.kr
출판등록 제6-6호(1969. 4. 30)
디자인 · 편집 (주)이환디앤비 02)2254-4301
인쇄 · 제본 상지사피앤비 031)955-3636

ISBN 978-89-7464-627-1 94920 정가 13,000원
ISBN 978-89-7464-650-9 (세트)

*잘못된 책은 교환하여 드립니다.